本书是四川省社会科学研究"十三五"规划2018年度课题（后期资助）"中国农业转型与农机服务的发展（专著）"（项目批准号：SC18H009）的最终研究成果

中国农业转型与农机服务的发展

Agricultural Transformation and the
Development of Agricultural Machinery
Service in China

董 欢 著

中国社会科学出版社

图书在版编目（CIP）数据

中国农业转型与农机服务的发展/董欢著.—北京：中国社会科学出版社，2019.12
ISBN 978-7-5203-5790-6

Ⅰ.①中… Ⅱ.①董… Ⅲ.①农业发展—研究—中国②农业机械化—研究—中国 Ⅳ.①F323 ②S23

中国版本图书馆 CIP 数据核字（2019）第 286323 号

出 版 人	赵剑英
责任编辑	刘晓红
责任校对	周晓东
责任印制	戴 宽

出　　版	中国社会科学出版社
社　　址	北京鼓楼西大街甲 158 号
邮　　编	100720
网　　址	http://www.csspw.cn
发 行 部	010-84083685
门 市 部	010-84029450
经　　销	新华书店及其他书店
印刷装订	北京君升印刷有限公司
版　　次	2019 年 12 月第 1 版
印　　次	2019 年 12 月第 1 次印刷
开　　本	710×1000　1/16
印　　张	15.75
插　　页	2
字　　数	243 千字
定　　价	88.00 元

凡购买中国社会科学出版社图书，如有质量问题请与本社营销中心联系调换
电话：010-84083683
版权所有　侵权必究

序

改革开放以来，中国农业发展的成就为世人瞩目，中国农民的获得感、幸福感、安全感显著增强。如果要问是什么使得中国农业取得如此辉煌的成就，那么我要告诉你，是中国农业的转型！这种转型既表现为中国农业经济体制转型，又表现为中国农业发展方式和发展模式的转型。两种转型并行推进，又相互交织、融合渗透，共同推进传统农业向现代农业的发展转型，也为农业经营主体的分化和农民的转型提升、为农民收入增长提供了持续动力。

中国农业转型可以从不同侧面来观察。如果有人要问，改革开放以来，中国农业转型中最引人瞩目的标志性事件是什么？那么，我的答案是中国农业生产性服务业的发展。中国农业生产性服务业的发展，不仅呼应了农业分工分业深化和农业经营主体转型成长的需求，也为推进中国农业转型和农业高质量发展做出了重要贡献。近年来，中国农业转型提速，不仅体现在农业乃至农村经济的发展质量上，在农业生产性服务业的发展上也有突出表现。近年来，中国农业生产性服务业迅速发展，推动农村第一、第二、第三产业融合发展迅速深化，也带动了农业发展新动能的迅速成长。互联网＋农业、平台经济＋农业、农业产业链延伸型融合、农业生产托管服务、农业共营制、农业产业化联合体等农业新业态新模式的成长，既与农业生产性服务业的发展息息相关，又拓展了农业生产性服务业的内涵。

农业生产性服务业的发展，为推进小农户与现代农业发展的有机衔接不断开拓新的路径，也为发展多种形式的农业规模经营闯出了一条新路。农业生产性服务业的发展，不仅疏通了科技、人才、良种、资本和现代发展理念植入农业的通道，还为推进质量兴农、绿色兴农、品牌强农、服务强农提供了有力支撑。有了专业化的施肥撒药机构面向农户提供服务，推进化肥、农药的减量化和降低农产品生产的化肥、农药成本，就容易进入"快车道"。有了专业化的农业生产性服务机构提供服务，如面向区域特色农产品生产基地提供品牌服务、农产品质量安全服务、动植物疫病防治服务，农民推进农业高质量发展干不了、干不好、干得不经济的问题也可以迎刃而解。因此，我很早就提出，农业的根本出路在于发展农业生产性服务业；新型农业经营主体+农业生产性服务业主体+小规模农户，是推进中国农业转型和农业现代化发展的重要方向，有利于解决"谁来种地、如何种地"的问题。借此，可以将发挥新型农业经营主体的示范带动作用，同培育优势互补、各展其长、分层分类发展的农业生产性服务主体结合起来，形成新型农业经营主体、农业生产性服务主体、小农户共同推进中国农业转型发展的"大合唱"。

农机服务业以面向农业经营主体提供农机服务为使命。长期以来，在中国农业生产性服务业的发展中，农机服务业的发展最为引人瞩目。农机服务业不仅是发展农业生产性服务业的"开路先锋"和示范样板，还为推动新型农业经营主体的成长做出了重要贡献。农机服务业的发展，还有利于新型农业经营主体便捷有效地推进农业规模经营，从而将新型农业经营主体的成长导入高质量发展的轨道。新型农业经营主体的成长，也为推进农机等农业生产性服务业的规模化、标准化、产业化，不断提出新的要求；促进农机服务乃至整个农业生产性服务业更好地实现提质增效升级。近年来，小农户与现代农业发展有机衔接能力不断提升，保障国家粮食安全的底蕴不断丰富，农机服务业的发展居功至伟。观察中国农业转型，农机服务业的发展为此提供了一个很好的"窗口"。

中国农业转型、农机等农业生产性服务业的发展，往往呈现良好的互动关系。中国农业转型对农业生产性服务业的发展提出了日趋强烈的需求拉动，农业生产性服务业的发展也为推进中国农业转型提供了日趋强劲的引领支撑。但是，如何有效引导中国农业转型和农机等农业生产性服务业的发展，一直是我国农业发展中亟待回答的现实课题，也引起了中国农业农村经济研究者的浓厚兴趣。中国知识分子的报国情怀在此又有了集中体现。

前段时间我的学生董欢多次联系我，她的著作《中国农业转型与农机服务的发展》即将问世，邀我为她的新书作序。翻看她的书稿，感到兴奋，又觉宽慰。兴奋的是，农业生产性服务业至今仍是国内较为新颖的研究领域，董欢在全书中展现的探索精神，作为她曾经的博士生导师，想起这些还是有些激动。经常看到相关学者关于农业生产性服务业的研究综述，提到董欢的研究，作为她的博士生导师，同时又作为长期致力于研究并倡导发展农业生产性服务业的学者，确实难抑兴奋之情。宽慰的是，通过董欢博士毕业后的言谈举止，体会到她在为人和做研究方面都有了"质的提升"，"小董"开始"大懂"了；感受到她在学术的道路上展现了更强的韧劲和创新精神，董欢在学术的道路上越走越"欢"了。尤其是听到她的领导和同事夸我培养了一个高水平的博士生时，内心多少还是有些满足。因此，当董欢邀请我为她这本新书作序时，我这个向来不愿随便作序的人，欣然应允。董欢这本新著《中国农业转型与农机服务的发展》尽管仍有一些稚嫩之处，但总体来说应该是瑕不掩瑜，值得一读。况且，中国农业转型是一个高难度的研究领域，农机等农业生产性服务业的发展则是较为新颖的研究课题，对这方面的研究多些包容理解、少些求全责备，也有利于活跃研究氛围，激励更多的学者共同推动相关研究"转型提升"和"可持续发展"。

董欢是我比较看好的学生，也是一个大有希望的年轻学者。希望董欢将该书出版作为一个新的起点，深入研究、深入观察、深入思考，不骄不躁，踏实前行，对做学术的道理越"懂"越多，在学术探索的道路上越走越"欢"！我期待着……

在中国农业转型和农业生产性服务业的发展上深化研究，是我们的责任，更是你们年轻学者应该担负的使命之一！今晚出国刚回，听到一个年轻同事说，"年轻时候不吃点苦，以后会有大苦头吃"，深以为然！将这句话转译一下，"年轻时候愿意吃点苦，以后会有大甜头吃"，转赠董欢和像董欢这样有志于中国农业农村经济研究的年轻学者。学术研究本是苦中有乐、苦中有甜的事，只要你一步一个脚印，不仅前面的苦会转化为后面的乐和甜，而且你会越来越感受到"乐在研究""甜在收获"！学术研究"不怕慢，就怕站"。谨记：无论你前期的成果有多么多，都不是你后期懈怠的理由；无论你昨天的成果有多么少，都不是你明天徘徊的借口。在此方面，也需要"不忘初心，牢记使命"，坚定前行，扎实工作。报效国家，需要说出来，更要动起来！我相信"董欢们"知道自己的使命和责任！我祝愿中国农业农村经济研究明天会更好，也祝愿从事中国农业农村经济研究的年轻学者们明天"都挺好"！

中国宏观经济研究院产业经济与技术经济研究所
副所长、研究员，中国农业大学博士生导师
中国国外农业经济研究会　副会长
2019 年 9 月 13 日于北京

目 录

第一章 转型中的中国农业 … 1

第一节 农业转型：经典学术命题 … 2
第二节 农业发展和转型的理论思想演进 … 3
第三节 国内关于农业转型的研究进展 … 8
第四节 中国农业转型：当前问题 … 19
第五节 农业转型的本书观察视角：农机服务发展 … 23
第六节 数据来源及获取 … 26

第二章 农业转型中的经营主体分化：历史、现实与未来 … 30

第一节 农业经营主体分化的概念界定 … 30
第二节 农业经营主体分化的理论回顾与观点讨论 … 32
第三节 制度改革、政策变化与农业经营主体分化演变 … 35
第四节 农业经营主体分化的现实观察 … 42
第五节 转型背景下农业经营主体进一步分化的趋势 … 51

第三章 农机服务发展的理论阐释、历程回顾及现实意义 … 56

第一节 农机服务的概念界定和研究范围 … 56
第二节 农机服务发展的理论阐释 … 60
第三节 关于农机服务发展的研究述评 … 64
第四节 农机服务在中国的发展历程 … 74
第五节 发展农机服务的重大现实意义 … 78

第四章　农业经营主体分化与农机服务需求 …… 81

第一节　不同类型经营主体的农机服务需求 …… 81
第二节　经营主体分化对农机服务需求的影响 …… 84
第三节　规模经营主体：外包服务，还是自购农机 …… 97
第四节　普通农户农机服务需求的影响因素及其比较 …… 102
第五节　政策变量对农机服务需求的影响 …… 106
第六节　主要研究发现与启示 …… 107

第五章　农业转型中的农机服务供给 …… 109

第一节　农机服务供给的发展演变 …… 109
第二节　农机服务模式：主要类型与发展评价 …… 112
第三节　农业经营主体对农机服务供给的选择与评价 …… 131
第四节　农机服务供需失衡在不同类型经营主体中的表现 …… 141
第五节　供给层面导致农机服务供需失衡的原因 …… 144

第六章　农机服务发展与粮食经营的现代化转型 …… 148

第一节　西南地区粮食经营的土地、劳动力和服务约束 …… 149
第二节　困局突破：崇州"农业共营制"的案例观察 …… 152
第三节　服务支撑下的粮食经营现代化转型 …… 158
第四节　启示：农业转型是联合效应的结果 …… 160

第七章　农机服务发展与小农衔接现代农业 …… 162

第一节　小农衔接现代农业的重大意义 …… 163
第二节　传统农区的"老人农业"现象 …… 164
第三节　警惕传统小农生产中没有"发展"的
　　　　农机服务引进 …… 173
第四节　配套变革激发农机服务对传统小农的改造作用 …… 178

第八章　农业转型视角下优化农机服务发展的政策选择 …… 180

第一节　农机服务发展的宏观环境变化 …… 180

第二节 农业经营主体进一步分化对农机服务发展的
　　　　新要求 ································· 185
第三节 优化农机服务发展的政策支持体系 ············· 187

附　录 ··· 191

参考文献 ··· 215

后　记 ··· 238

第一章　转型中的中国农业

中国经济社会正处于快速而全面的转型之中。作为国民经济基础的农业，自然也是转型的重要方面。近半个世纪以来，中国农业一直在努力追求现代化转型。应当承认，改革开放以来，中国农业发展取得了令人瞩目的进展，不仅从根本上解决了长期困扰的农产品短缺矛盾，实现了农民收入的较大幅度增长，而且有效支撑了中国国民经济的持续增长。但是，主要由于整体进入从传统农业向现代农业过渡的重要转型期，中国农业正面临一系列新的严峻挑战。在中国农业快速发展进程中，如何推动农业转型的问题备受热议，成为亟待回答的重大理论和实践问题。

早在2013年中央农村工作会议上，习近平总书记就提出"中国要强，农业必须强"。这也是国家领导人对中国农业发展基础性地位的总体把握。2016年12月20日，习近平总书记再次在中央农村工作会议中强调，"要坚持新发展理念，把推进农业供给侧结构性改革作为农业农村工作的主线，培育农业农村发展新动能，提高农业综合效益和竞争力"。[①]《关于实施乡村振兴战略加快推进农业转型升级的意见》中也进一步明确要求，"按照高质量发展的要求，推动农业尽快由总量扩张向质量提升转变，唱响质量兴农、绿色兴农、品牌强农主旋律，加快推进农业转型升级"。农业转型升级既是中国农业供给侧结构性改革的重要任务，也是中国农业现代化进程中的长期任务。随着农业转型实践的不

---

① 习近平：《"平语"近人——农业供给侧结构性改革怎么做，习近平这样说》，新华网，http://www.xinhuanet.com//politics/2017-02/08/c_129470899.htm。

断探索以及相关理论研究的不断深入,人们对农业转型的面向认识也日益丰富。因此,在已有研究基础上,以农业转型实践为依据,努力形成基于实践而又具有前瞻性和决策参考价值的研究成果,具有重要意义。

第一节　农业转型:经典学术命题

农业是国民经济发展的基础。没有农业部门生产率的提高,任何一个国家都不可能真正实现经济社会结构转型。因此,农业转型不仅仅是一个世界性的课题,更是一个经典的学术命题,是农业经济学和发展经济学的重要研究内容。农业的准公共品属性也同时决定了农业的发展与转型问题并不是简单的经济问题,而是经济、社会、政治、生态等的复合问题。

从宏观经济发展视角观察,转型意味着一个国家的技术和各产业对 GDP 相对贡献的转变。具体地,从传统技术到现代技术,从农业到工业和制造业,然后转向高收入服务型经济。与此同时,随着农业生产力的提高,剩余农业劳动力从农村转移到城市。虽然农业转型进程会导致农业占国内生产总值和劳动力就业比例不断下降,但是,由于农业现代化进程对实现经济社会转型、食物安全、生态环境等其他发展目标至关重要[1],因此,农业转型不仅是农业自身发展的需要,更是宏观经济增长与社会结构转型的外在客观要求。

那么,在农业占国内生产总值比重和农业的就业份额都逐渐下降并趋于收敛零值的世界里[2],究竟该如何实现农业的现代化转型?从世界农业发展实践来看,农业本来就没有统一的标准发展模式。由于人们对经济、生态、社会、政治等效益的不同偏好组合的选择,农业总体呈现多种模式并存的发展格局。因此,关于农业转型的实践和理论研究一直存有争议,长期以来也受到了高度关注和激烈讨论。

---

[1]　林毅夫:《经济能否成功转型,农业现代化是关键》,《中华工商时报》2018 年 5 月 29 日第 3 版。

[2]　Timmer C. P., *A World without Agriculture: The Structural Transformation in Historical Perspective*, The AEI Press, 2009.

第二节　农业发展和转型的理论思想演进

关于农业发展和转型的思想研究，都经历了一个不断深化和成熟的过程。对这些思想和相关研究的回顾，有助于更好地理解何谓农业转型，如何真正实现农业转型，从而为本研究奠定重要的理论基础。

一　马克思政治经济学视角下的农业转型思想

马克思主义政治经济学是一门研究生产关系和生产力之间相互作用，进而揭示生产关系如何演进的科学。马克思[①]基于英国农业转型的历史观察，认为小农将不可阻挡地被资本主义消灭，并分化成农村资产阶级和农村无产阶级两个社会阶级。他还认为，应该把大地产转交给在国家领导下独立经营的合作社。[②] 恩格斯在《法德农民问题》[③] 中也指出，"资本主义生产的发展，割断了农业小生产的命脉，使这种小生产不可抑制地走向灭亡和衰落"。总体来看，马克思和恩格斯关于农业发展的基本思想是小农不利于生产资料积累，也不利于分工协作，与先进生产力不相容，因而，小农经营终将被社会化大生产取代。

在马克思和恩格斯理论思想的延续下，考茨基[④]又发现资本主义在农业领域的演进其实并未完全消灭小农。不过，他也指出，小农经营的保存并不是因为其顽强的生命力，而是因为资本大经营的需要，是资本特意部署的结果。他认为，农业部门会逐步适应外部资本主义发展需要而发生转变，最终走向资本主义生产的方向。列宁继承和发展了马克思主义的农业合作化思想，也认为，"应当以合作制的方式引导农民走上

[①] ［德］卡尔·马克思：《资本论》第1卷，人民出版社2004（1867）年版。
[②] ［德］卡尔·马克思、弗里德里希·恩格斯：《马克思恩格斯全集》第36卷，人民出版社1974年版，第416页。
[③] ［德］弗里德里希·恩格斯：《法德农民问题》，载马克思、恩格斯《马克思恩格斯全集》第22卷，人民出版社1974年版，第563—587页。
[④] ［德］卡尔·考茨基：《土地问题》，梁琳译，生活·读书·新知三联书店1955（1899）年版，第199页。

社会主义道路"。①

不难看出，马克思主义政治经济学者非常重视农业的作用。但在马克思主义政治经济学思想的影响下，小农是被排斥在现代农业发展之外的。他们认为，小农最终都会被资本主义农场所替代，并成为其雇佣劳动力。从实践来看，许多社会主义国家的农业发展实践也呈现从生产联合到互助合作，再到农业集体化的转型过程。但是，由于大多国家的农业转型实践忽略了小农的主观意愿和农业生产的基本规律，最终并未取得成功。

二 西方经济学视角下的农业转型思想

西方经济学视角下的农业发展与转型思想经历了较曲折的演进。早期的西方经济学表现为典型的重农主义，片面地将农业作为唯一的生产部门，代表人物如弗朗斯瓦·魁奈等。亚当·斯密在《国富论》中，分析指出，"耕作优良的土地数量一定和农地自能生产的肥料量成比例，而农地自产肥数量，又一定和农地所维持的牲畜数成比例"。② 杜能在《孤立国同农业和国民经济的关系》③ 中，进一步提出了"没有绝对合理的农业制度，只要适合当地条件就是合理"的农业发展思想，并阐明了区位因素对农业生产经营的重要影响。他认为，农业生产的动力在于获取最大的区位地租。

然而，随着工业化的快速发展，西方经济学家又普遍开始认为工业化才是经济发展的主流。这一时期，关于农业发展的思想也随之发生重大转变，开始认为农业是落后的，其报酬递减规律可能阻碍工业扩张和经济增长。以刘易斯的二元经济结构思想为例，严重低估了农业的作用。刘易斯将整个国家经济划分为传统农业部门和现代工业部门。他认为，农业在经济发展中的作用是消极适应工业扩张，提供廉价的粮食和

---

① ［俄］列宁：《论合作制》，载《列宁选集》第4卷，人民出版社1972年版，第682—683页。
② ［英］亚当·斯密：《国民财富的性质和原因的研究》，郭大力、王亚南译，商务印书馆1972年版，第212页。
③ ［德］约翰·冯·杜能：《孤立国同农业和国民经济的关系》，吴衡康译，商务印书馆1986年版。

充足的劳动力。① 进入20世纪，虽然拉尼斯和费景汉②等学者也逐渐开始强调农业对经济发展的贡献。他们指出，农业不仅是为工业部门扩张提供所需劳动力，还为其提供农业剩余。但是，总体来看，在二元经济结构思想下，农业自身的发展转型被严重忽视。

到20世纪70年代，由于城乡发展的极度不平衡，收入分配严重不均，原来以工业化为中心的发展理论不断被质疑。经济学家才再度意识到农业发展对经济增长的推动作用，关于农业发展转型的认识也得以进一步深化。钱纳里③分析认为，国民经济中农业份额的下降并不是线性的，而且，其下降与资本对劳动的替代有紧密联系。梅勒④在此基础上，又进一步从技术停滞、劳动密集、资本密集三个阶段探讨了农业的结构转变。他认为，尽管农业在整个国民经济中的相对份额会不断下降，但是，新资源的投入配置也可能推动农业结构转变，进而促进农业转型升级。

总体来看，西方经济学家关于农业发展和转型的思想演变主要随着学者们对农业部门和工业部门的辩证关系的认识而不断变化。

三 发展经济学视角下的农业转型思想

由于实践中农业的发展停滞引发了整体经济的严重抑制，自20世纪60年代中期以来，发展经济学者日渐重视农业在经济发展中的重要作用。以恰亚诺夫、舒尔茨为代表的家庭农业生产倡导者，主张家庭农业是农业发展的主要方向。恰亚诺夫⑤认为，在资本主义生产方式渗入农业的过程中，农民群体因自身的经营逻辑和顽强的生命力依然会持久存在。而由于小农可以在劳动边际产出低于工资的情况下继续投入劳

---

① [美] 阿瑟·刘易斯：《二元经济论》，施炜等译，北京经济学院出版社1989年版。
② Ranis G. and Fei J. C. H., "A theory of economic development", *American Economic Review*, Vol. 51, No. 4, 1961.
③ Chenery H. B., "The structural approach to development policy", *American Economic Review*, Vol. 65, No. 2, 1975.
④ Mellor John W., *The New Economics of Growth: A Strategy for India and the Developing World*, Ithaca, N. Y.: Cornell University Press, 1976.
⑤ [俄] A. 恰亚诺夫：《农民经济组织》，萧正洪译，中央编译出版社1996年版，第268页。

动,因而能够比资本主义农场支付更高的地租,进而可将其排挤出农业。总体而言,他认为家庭农场具有强大抵抗力和历史稳定性,可以抵御资本主义的渗透,甚至会排斥资本主义农场。他认为,未来农民农场的发展方向是合作化。

发展经济学家舒尔茨在《改造传统农业》① 中也指出,传统农业是一种特殊类型的经济均衡状态,是技术和产量不变的经济均衡状态。他还认为,许多精耕细作的农业部门只有在小农经济范围才能展示出效率,小农经营具有强大生命力。因此,他提出改造传统农业的正确途径不是发展苏联式的大农场,而是在保留家庭农业生产形式的基础上,通过市场机制向农民提供现代农业生产要素。不过,他也认为,单纯依靠重新配置受传统农业束缚的农业所拥有的要素不会使农业生产有显著的增加,改造传统农业的关键是引进新的现代农业生产要素。他在《经济增长与农业》② 一书中,还指出,"传统农业停滞不是因为小农缺乏进取心和努力,而是因为传统投入的边际报酬递减,缺乏足够的经济刺激,改造传统农业的关键是在保留或者建立小农户经营的前提下进行技术变革,而技术变革的关键又在于制度创新"。

然而,在观察到中国明代至 20 世纪 50 年代农业产量一直增长的事实后,珀金斯在舒尔茨理论基础上提出,传统农业也可能出现"技术停滞中的产量增长"现象。③ 黄宗智④通过对长江三角洲地区的考察也发现,小农生产并没有随着商品化的发展而衰落,反而,商品经济的发展支持了小农家庭生产的发展。

四 发展经济政治学视角下的农业转型思想

现实世界的经济实际上是深深嵌入政治之中的。波兰尼⑤早就指

---

① [美]西奥多·W. 舒尔茨:《改造传统农业》,梁小民译,商务印书馆 1987 年版。
② [美]西奥多·W. 舒尔茨:《经济增长与农业》,郭熙保译,北京经济学院出版社 1991 年版。
③ [美]珀金斯:《中国农业的发展 1368—1968 年》,宋海文等译,上海译文出版社 1984 年版。
④ [美]黄宗智:《长江三角洲小农家庭与乡村发展》,中华书局 2000 年版。
⑤ [英]卡尔·波兰尼:《大转型:我们时代的政治与经济起源》,冯钢等译,浙江人民出版社 2007 年版,第 121 页。

出,"完全自发调节的市场经济从来只是一个乌托邦而已,从来没有在现实中存在过"。具体到农业问题,学者们也日渐开始强调国家和地方政府在农业发展和转型中的作用。美国发展经济政治学家罗伯特·贝茨在《热带非洲的市场与国家:农业政策的政治基础》[①] 中,纠正了新古典经济学理论忽视制度和政治的研究范式,他认为市场是受政治控制的,并从农业商品市场、农业投入品市场及消费品市场等研究了政府如何通过干预市场来提取资源并进行再分配,进而推动农业转型。他还指出,政府对农业生产进行的补贴政策导致了大农场在农村迅速发展,而小农场则被冷落和边缘,甚至被替代。斯科特[②]以国家视角为切入点探讨了苏联和坦桑尼亚工业化农业的发展逻辑,通过对如何发生,又如何失败问题的回答,充分论述了国家在农业转型中的重要作用。但他也认识到,由于国家在实施项目中往往忽视社会的复杂性、地方性特征,因此,那些试图改善人类状况的项目大多以失败告终。Hart 等[③]也认识到仅从商品化和技术化等角度解释农业转型是不充分的,还必须将国家到地方的干预及权力作用纳入农业转型的分析框架中。甚至,他们认为技术进步和市场化进程等都是国家干预的推动结果。

五 可持续发展视角下的农业转型思想

由于环境破坏、污染、食品安全等事件频发,人们不断反思农业发展理论和实践。1987 年,可持续发展理念被正式提出,那种"既满足当代人需要,又不对后代人的需求构成危害"的理念一经提出,便产生了深远影响。1988 年,联合国粮农组织正式提出可持续农业和农村发展战略。1991 年,《登博斯宣言》中进一步将可持续农业定义为:能保护土地、水资源、植物和动物遗传资源,不会造成环境退化,并且技术上适当、经济上可行,能被社会接受的农业发展方式。1992 年,《21

---

① [美]罗伯特·贝茨:《热带非洲的市场与国家:农业政策的政治基础》,曹海军、唐吉洪译,吉林出版集团有限责任公司 2011 年版。
② [美]詹姆斯·C. 斯科特:《国家的视角——那些试图改善人类状况的项目是如何失败的》,王晓毅译,社会科学文献出版社 2004 年版。
③ Gillian Patricia Hart, Andrew Turton, Benjamin White, *Agrarian Transformations: Local Processes and the State in Southeast Asia*, Berkeley: University of California Press, 1989.

世纪方程》还将农业视为整个社会可持续发展的根本保证和优先领域。

美国农业经济学家Ruttan也早就提出，"面向21世纪，我们必须认真地着手研究，在土地利用、耕作制度和粮食生产方式等方面如何改弦易辙"。[①] 越来越多的学者也逐渐强调有机农作，鼓励缩小农场规模，采用生物防治和有机方式，减少农业投资（Robinson[②]，1996）。

总体而言，可持续发展观强调农业发展转型的最终目的在于，实现农业的可持续发展，即用环保、高效的生产方式，满足消费者对自然、健康、高品质农产品和农业多功能的需求。在该思想影响下，实践中相继又涌现出了绿色农业、生态农业、有机农业、循环农业等多种发展模式。

第三节　国内关于农业转型的研究进展

虽然关于"农业转型"的研究历史非常久远，研究文献汗牛充栋，但是，由于"农业转型"是一项复杂的系统工程，所涉及的问题繁多、分析工具多样，不同专业背景的学者围绕农业转型的研究结论分歧不断。在中国人多地少的资源禀赋条件下，如何实现农业转型，特别是如何带动小农户实现农业的现代化转型，一直都是学术界研究最多的重大问题之一，也是争论较多的问题之一。

一　关于农业转型的概念

不少学者都对农业转型进行了概念界定，认为农业转型是一个从传统农业向现代农业转变的过程[③]。还有些学者从"改造传统农业""农业现代化""农业经营方式转型"等角度对农业转型进行了更丰富的阐释。"中国传统农业向现代农业转变的研究"课题组[④]认为："农业现代

---

① Ruttan Vernon W., *Sustainable Agriculture and the Environment*, San Francisco: Westview Press, 1992, p.180.
② Robinson John B., *Life in 2030: Exploring a Sustainable Future for Canada*, Vancouver: UBC Press, 1996, p.98.
③ 欧阳峣：《中国农业转型：困境和出路》，《大国经济研究》2012年第4辑。
④ "中国传统农业向现代农业转变的研究"课题组：《从传统到现代：中国农业转型的研究》，《农业经济问题》1997年第5期。

化是农业由传统型向现代型转变的过程,它不仅是一个现代生产要素引入或技术进步的过程,同时还是一个要素优化配置的过程或制度创新的过程。农业现代化是一种发生在边际上的连续变迁。"姜长云[1]强调了农业转型的市场化特征,他认为:"现代农业首先是一个产业概念。在市场经济条件下,作为一个产业,必须能够经受住市场竞争的风雨考验。在经济全球化的背景下,没有竞争力的产业是不可能持续的,没有竞争力的农业,也不可能是现代农业。"罗必良等[2]认为,农业经营方式转型在本质上是农业经营制度的创新与变迁,改善规模经济性是农业经营方式转型的重要目标。匡远配等[3](结合农民、农村问题,提出了"三农"转型概念,他们认为"三农"转型是指一定时期内农村经济社会结构发生根本性变化的过程,是农村生产力和生产关系全面变化的过程,也是"三农"发生分化和"三农"现代化目标得以实现的过程。杜鹰[4]强调,农业现代化主要体现在四个方面:用现代的物质技术装备农业,农业经营要有一定的规模效益,要有一套贯穿产前、产中、产后全过程的专业化、社会化服务体系,农业劳动生产率要提高到接近非农产业劳动生产率水平。

也有学者从发展与增长的辩证关系视角对农业转型展开研究。陈江[5]在考察了清代经济增长轨迹后,提出了"没有发展的增长"概念,他指出经济增长是一国生产的商品和劳务总量的增加,而发展则意味着结构和制度上的改革。王崇理[6]进一步指出:"从传统农业过渡到现代农业,是一个生产力发展及其生产关系变革的过程。在这两种不同的生产力水平条件下,不仅农业的发展机制与农业的增长机制是截然不同的,而且传统农业条件下的增长机制与现代农业条件下的增长机制也是

---

[1] 姜长云:《转型发展:中国"三农"新主题》,安徽人民出版社2011年版,第137页。
[2] 罗必良、胡新艳:《农业经营方式转型:已有试验及努力方向》,《农村经济》2016年第1期。
[3] 匡远配、陆钰凤:《农地流转实现农业、农民和农村的同步转型了吗》,《农业经济问题》2016年第11期。
[4] 杜鹰:《小农生产与农业现代化》,《中国农村经济》2018年第10期。
[5] 陈江:《清代经济增长轨迹试析》,《思想战线》1991年第6期。
[6] 王崇理:《传统农业与现代农业:农业的增长与发展问题》,《云南学术探索》1995年第1期。

不相同的。凡是能够实现使传统农业转变为现代农业的，我们就称之为'农业发展'；如果不能实现这种转变，仅只是引起农业生产某些方面局部变化的，就只属于'农业增长'。当然，农业增长与农业发展之间并不是毫无关系的，农业发展必然也会反映出增长的效果，但很多发展中国家所面临的却常常是'有增长而无发展'的情况，尽管农业生产已经有很大变化，但受诸多因素影响，却仍然停留在传统农业阶段上，没有走出困境。"黄宗智[1]在《长江三角洲小农家庭与乡村发展》中还提出了"农业过密型增长"概念，即以边际劳动报酬的递减为代价进行劳动投入增加带来的单位面积总产值的增加。总体而言，学者们逐渐意识到农业转型是指真正意义上的农业发展，而非简单的农业增长。

二 关于农业转型的推动因素

一些学者认为，农业转型的推动因素主要是物质资本积累和技术进步，如张谦[2]认为，市场的发展与资本的进入是引发中国农业转型的主要动力，而差异化市场结构又是导致各地形成多元化农业转型模式的主要因素。黄宗智[3]在《中国农业隐性革命》中指出，当代农业的隐性革命来源于收入增加之后人们的食品消费结构变化。

还有部分学者运用制度经济学理论，认为制度是中国农业发展的主要动力。林毅夫[4]的研究认为，相比要素投入和技术创新，家庭联产承包责任制的土地制度变迁，极大促进了中国农业经济增长。黄少安[5]通过对中国1949—1978年农业生产效率的实证研究，认为即使在投入相同农业生产要素的条件下，由于土地制度差异的存在，不同时间里的农业生产效率存在较大差异。Alejandro 等[6]通过对中国1961—2006年农业全要素增长率明显优于印度的事实分析，认为导致农业全要素增长率

---

[1] [美] 黄宗智：《长江三角洲小农家庭与乡村发展》，中华书局2000年版。
[2] 张谦：《中国农业转型中地方模式的比较研究》，《中国乡村研究》2013年第1期。
[3] [美] 黄宗智：《中国农业隐性革命》，中国政法大学出版社2010年版。
[4] Justin Yifu Lin, "Institution Reform and Dynamics of Agricultural Growth in China", *Food Policy*, Vol. 22, No. 3, 1997.
[5] 黄少安：《关于制度变迁的三个假说及其验证》，《中国社会科学》2000年第4期。
[6] Alejandro Nin-Pratt, Bingxin Yu, Shenggen Fan, "Comparisons of Agricultural Productivity Growth in China and India", *Journal of Productivity Analysis*, Vol. 33, No. 3, 2010.

差异的最主要原因是中国与印度的土地制度及政策改革不同。夏玉莲等①利用 Translog 模型，实证检验了土地流转制度变迁对农业可持续发展的促进作用。孔祥利等②通过将土地制度变迁引入农业经济转型框架中，认为在中国特色社会主义市场经济体制背景下，土地制度变迁对农业经济增长和转型的影响非常重要。

还有部分学者认为，中国农业转型主要是政府行政力量推动的结果，如果没有政府干预，各地农业转型肯定会缓慢下来或者大大往后推迟。他们认为，行政干预在中国农业转型中扮演的推动作用不仅表现在家庭农场的兴起、龙头企业等工商资本下乡等方面③④，还表现在土地规模化进程上⑤。龚为纲等⑥基于对中国畜牧业和种植业近十年的转型事实分析，认为在农业转型过程中，市场逻辑和国家干预逻辑是相互交织的，国家从粮食安全等角度出发，实施了一系列项目扶持，从而重构了农业经营主体，并进一步为资本积累、商品化、技术进步、农业劳动力转移等农业转型推动因素作用的发挥解除了枷锁。冯小⑦指出，地方政府在农业改革中往往利用以资本下乡推动土地规模流转的方式来培育新型农业经营主体，从而推行强制性的农业经营制度变迁。他以 T 镇为案例的研究还发现：在政府引导工商资本进村的农业转型过程中，生计保障型小农不断萎缩，中农不断解体和新生，家庭农场日渐兴起。⑧

---

① 夏玉莲、曾福生：《中国农地流转制度对农业可持续发展的影响效应》，《技术经济》2015 年第 10 期。

② 孔祥利、赵娜：《农业转型：引入土地制度变迁的生产函数重建》，《厦门大学学报》（哲学社会科学版）2018 年第 5 期。

③ 陈义媛：《资本主义式家庭农场的兴起与农业经营主体分化的再思考——以水稻生产为例》，《开放时代》2013 年第 4 期。

④ 孙新华：《农业规模经营主体的兴起与突破性农业转型——以皖南河镇为例》，《开放时代》2015 年第 5 期。

⑤ 赵阳：《城镇化背景下的农地产权制度及相关问题》，《经济社会体制比较》2011 年第 2 期。

⑥ 龚为纲、黄娜群：《农业转型过程中的政府与市场——当代中国农业转型过程的动力机制分析》，《南京农业大学学报》（社会科学版）2016 年第 2 期。

⑦ 冯小：《新型农业经营主体培育与农业治理转型——基于皖南平镇农业经营制度变迁的分析》，《中国农村观察》2015 年第 2 期。

⑧ 冯小：《农业转型中家庭农业的分化与农利再分配——以 T 镇的农业转型道路为考察对象》，《南京农业大学学报》（社会科学版）2016 年第 2 期。

刘军强等[①]指出，各地的农业产业结构调整都是在政府的强力干预下进行的，从而构成了推动农业转型的直接动力。

三 关于农业转型的面向与路径讨论

近年来，各地区依托自身资源禀赋，因地制宜地在农业发展转型方面进行了不同路径的改革探索，如现代农业产业示范区引领的区域现代农业发展[②]，浙江省"现代农业综合体"的探索[③]，崇州"农业共营制"改革试验[④]等。围绕农业转型路径的相关学术探讨也在实践基础上日渐丰富。

（一）基于农业经营主体的转型讨论

关于农业经营主体的讨论一直存在不少争议。有学者认为，小农经营与现代农业背道而驰，在实践中阻碍了农业劳动生产率的提高[⑤]，阻碍了农民脱贫和经济发展[⑥]，更是农业现代化推进的最大体制性障碍[⑦]。但是，也有部分学者认为，由于农业生产存在较长的自然周期，不似工业生产那样容易计量劳动和监督劳动，因此，家庭经营更为合适[⑧]。黄宗智[⑨]也认为中国农业的未来不在于大规模机械化农场生产，而是资本

[①] 刘军强、鲁宇、李振：《积极的惰性——基层政府产业结构调整的运行机制分析》，《社会学研究》2017年第5期。
[②] 肖卫东：《中国农业生产地区专业化的特征及变化趋势》，《经济地理》2013年第9期。
[③] 陈剑平、吴永华：《以现代农业综合体建设加快中国农业发展方式转变》，《农业科技管理》2014年第5期。
[④] 郭晓鸣、董欢：《西南地区粮食经营的现代化之路——基于崇州经验的现实观察》，《中国农村经济》2014年第7期。
[⑤] 张红宇、李伟毅：《新型农业经营主体：现状与发展》，《中国农民合作社》2014年第10期。
[⑥] 韩朝华：《个体农户和农业规模化经营：家庭农场理论评述》，《经济研究》2017年第7期。
[⑦] 温铁军：《"三农"问题与制度变迁》，中国经济出版社2009年版。
[⑧] 林毅夫、蔡昉、李周：《中国的奇迹：发展战略与经济改革》，上海人民出版社1999年版。
[⑨] ［美］黄宗智：《中国新时代的小农场及其纵向一体化：龙头企业还是合作组织》，《中国乡村研究》2010年第2期。

和劳动双密集的小规模家庭生产。高梦滔等[①]通过对农户粮食生产率和粮食面积之间的关系估计，还发现中国粮食生产上存在很强的"小农户更有效率"的证据，具体地，粮食面积每增加1%，就会使粮食亩产降低0.58%。

在此基础上，阮文彪[②]还提出改造传统农业不是要消灭小农户，而是要在小农户经营的基础上选择一条正确的现代农业发展道路，而这其中的关键就是沿着改造传统农业的制度路径，全面推进包括产权制度、生产耕作制度、交易制度、收入分配制度等在内的与小农户经营相关的制度创新。陈靖等[③]基于河滩村产业规模化的考察，认为村社统筹与村庄动员是新时代以小农户为主体的农业转型的社区动力机制，村社组织是市场经济环境中小农户与现代农业发展有机衔接的重要纽带。

不少学者还提出了家庭农场转型论。陆文荣等[④]认为，与发展龙头企业、农民专业合作社、农业生产基地相比，家庭农场是社区内生的，具有深厚的社区基础，与种粮大户、种植专业户相比，家庭农场是制度化的。他强调家庭农场才应该成为中国农业规模化经营的正途。杜志雄[⑤]也强调，家庭农场作为农业新型生产经营主体的主要构成部分之一，是中国现阶段众多农业新型经营主体中"最适宜"和"最合意"的。

还有学者指出加快现代农业发展，必须构建新型农业经营体系李国祥[⑥]。顾海英[⑦]提出，构建新型农业经营体系的重点应是发展农民专业合作社与家庭农场，其中，农民专业合作社发展重点在于抓好规范，提

[①] 高梦滔、张颖：《小农户更有效率？——八省农村的经验证据》，《统计研究》2006年第8期。

[②] 阮文彪：《小农户和现代农业发展有机衔接——经验证据、突出矛盾与路径选择》，《中国农村观察》2019年第1期。

[③] 陈靖、冯小：《农业转型的社区动力及村社治理机制——基于陕西D县河滩村冬枣产业规模化的考察》，《中国农村观察》2019年第1期。

[④] 陆文荣、段瑶、卢汉龙：《家庭农场：基于村庄内部的适度规模经营实践》，《中国农业大学学报》（社会科学版）2014年第3期。

[⑤] 杜志雄：《家庭农场是乡村振兴战略中的重要生产经营主体》，《农村工作通讯》2018年第4期。

[⑥] 李国祥：《中央1号文件：改革创新驱动现代农业》，《中国青年报》2015年2月9日第2版。

[⑦] 顾海英：《关于上海松江区发展家庭农场的思考》，《科学发展》2013年第12期。

高农业生产的组织化程度；家庭农场发展重点在于健全机制，提高市场主体的素质。

（二）基于农业经营规模的转型讨论

学界关于"农业经营规模过小是造成中国农业发展中各种问题的主要根源"的认识是基本达成共识的。学者们也普遍认为，小规模兼业经营不是现代农业发展的目标模式[1]，发展规模经营特别是土地规模经营，是建设现代农业的必然要求，也是世界各国发展现代农业的重要着力点[2]。

在何谓规模经营、规模到底应该多大等问题上，仍见仁见智，分歧较大。韩俊[3]认为，适度扩大农业经营规模的确可以提高农业经营效益，但是经营规模也并非越大越好。他强调，发展规模化农业经营主体并不是指换一个农业经营主体，必须清楚认识到农业经营规模超过自身经营能力后，资源利用率、土地产出率和经济效益等反而可能下降。何秀荣[4]强调，实行规模经营是中国农业发展的必过之坎，扩大农场规模应遵循的思路是：从农民的利益关心出发，通过扩大农场规模使之达到经济可持续性的农场规模底线，从而吸引部分农民愿意专业、专心地从事农业生产。

关于适度规模经营面积大小的影响因素问题，农业部经管司、经管总站研究组[5]认为："发展规模经营既要注重提升劳动生产率，也要兼顾土地产出率，应当把经营规模控制在适度范围内。从吸引青壮年劳动力从事农业的角度看，土地经营的适度规模，就是实现种地收入与进城务工收入相当。若从事粮食作物生产，在北方单季地区，家庭经营的适度规模应在 100 亩左右；在南方两季地区，则为 50 亩左右。当然，规

---

[1] 刘传江：《世界农业经营规模：变迁、现实、政策与启示》，《经济评论》1997 年第 5 期。

[2] 农业部经管司、经管总站研究组：《构建新型农业经营体系，稳步推进适度规模经营——"中国农村经营体制机制改革创新问题"之一》，《毛泽东邓小平理论研究》2013 年第 6 期。

[3] 韩俊：《农业经营规模不是越大越好》，《农村工作通讯》2013 年第 4 期。

[4] 何秀荣：《关于我国农业经营规模的思考》，《农业经济问题》2016 年第 9 期。

[5] 农业部经管司、经管总站研究组：《构建新型农业经营体系，稳步推进适度规模经营——"中国农村经营体制机制改革创新问题"之一》，《毛泽东邓小平理论研究》2013 年第 6 期。

模经营适度范围的确定,因区域、作物、生产力水平不同而有所差异。"张绪科[1]认为,与小规模经营和大规模经营相比,发展6.67公顷左右规模的家庭农场具有成本小、风险小、土地流转难度小、经济效益高、生态效益高、产量高等特点,便于政府管理,是实现规模经营最合适的度。顾海英[2]基于现有生产力和各类农事生产情况的考虑,指出,在南方地区,一般粮食生产的家庭农场经营面积可在10—15公顷;由能人或村干部带头的农村集体服务组织,如农机服务队统一经营的集体合作农场的规模可在30—50公顷;而蔬菜生产规模经营面积则相对要小一些,一般家庭农场的经营面积为1公顷,园艺场经营的面积可在10—15公顷为宜。陆文荣等[3]基于上海松江的案例分析,发现农业经营的适度规模并不是一个客观存在的技术规模或效率规模,而是被政府、市场和村庄共同建构,是一个处于动态变化中的适度规模。

此外,还有学者从公平视阈出发,认为如果放任家庭农场的经营规模无上限扩张,可能会导致农村土地集中速度过快,而同时城镇化发展并不能吸纳被土地集中挤出的劳动力,普通农户的生存权就会受到侵犯[4]。李宽等[5]也提出了"村庄意义上的适度规模"概念,他强调经营规模的确定不单是投入产出比、效率的考量,还受村庄观念制约,应当兼顾农民之间的公平。

(三) 基于农业资本投入的转型讨论

还有不少学者从资本角度对农业转型路径进行了探讨。仝志辉等[6]指出,没有资本就没有农业的市场化和商业化转变。涂圣伟[7]认为,工

---

[1] 张绪科:《规模家庭农场的发展优势》,《现代农业科技》2013年第9期。
[2] 顾海英:《关于上海松江区发展家庭农场的思考》,《科学发展》2013年第12期。
[3] 陆文荣、段瑶、卢汉龙:《家庭农场:基于村庄内部的适度规模经营实践》,《中国农业大学学报》(社会科学版)2014年第3期。
[4] 孙葆春、牟少岩:《家庭农场适度规模发展公平视阈的内涵及特点》,《改革与战略》2015年第3期。
[5] 李宽、曹珍:《实践中的适度规模:基于村庄公平的视角——以上海松江区林村家庭农场为例》,《农村经济》2014年第2期。
[6] 仝志辉、温铁军:《资本和部门下乡与小农户经济的组织化道路——兼对专业合作社道路提出质疑》,《开放时代》2009年第4期。
[7] 涂圣伟:《工商资本下乡的适宜领域及其困境摆脱》,《改革》2014年第9期。

商资本下乡是中国农业向现代化转型中的长期趋势。严海蓉等[1]指出，中国农业转型的动力既有资本下乡这种自上而下的力量，也有农民内部分化产生专业大户这种自下而上的方式。陈义媛[2]强调，农业的资本化并不一定伴随着土地流转和规模化，资本可以通过对农业不同环节的改造、重组，从农业中占取剩余，形成资本积累。

虽然学者们对农业转型的资本化特征已基本达成共识，但对资本化进程中的资金来源仍存有一定争议。一些学者认为工商资本可能会对农村社会结构带来破坏，压缩农民的切身利益和生存空间，对其形成挤出效应[3][4]，导致农业"非粮化""非农化"[5]。贺雪峰等[6]基于农业资本在粮食种植环节无利可图的特征，还总结认为资本下乡无法推动农业规模化和现代化。周其仁[7]则认为农业转型的资本来源问题应主要通过完善市场体系和产权制度来解决。

（四）基于农业技术进步的转型讨论

在农业转型面向中，技术进步也一直都是重要方面。陈卫平[8]基于1990—2003年中国农业全要素生产率的增长研究，发现中国农业技术进步与农业效率损失并存，进而他认为中国现有农业技术的推广和扩散都不成功，因此，农业转型不仅要大力推动农业生产技术创新，更重要的是要加强对现有技术的推广和扩散，提高农业生产综合效率。马晓冬等[9]

---

[1] 严海蓉、陈义媛：《中国农业资本化的特征和方向：自下而上和自上而下的资本化动力》，《开放时代》2015年第5期。

[2] 陈义媛：《农业技术变迁与农业转型：占取主义/替代主义理论述评》，《中国农业大学学报》（社会科学版）2019年第2期。

[3] 孙新华：《农业规模经营的去社区化及其动力——以皖南河镇为例》，《农业经济问题》2016年第9期。

[4] 温铁军：《中国农业如何从困境中突围？》，《中国经济时报》2016年2月19日第9版。

[5] 郭晓鸣：《中国农地制度改革的若干思考》，《社会科学战线》2018年第2期。

[6] 贺雪峰、印子：《"小农经济"与农业现代化的路径选择——兼评农业现代化激进主义》，《政治经济学评论》2015年第2期。

[7] 周其仁：《产权与制度变迁：中国改革的经验研究》，北京大学出版社2004年版。

[8] 陈卫平：《中国农业生产率增长、技术进步与效率变化：1990—2003年》，《中国农村观察》2006年第1期。

[9] 马晓冬、孙晓欣：《2000年以来江苏省农业转型发展的时空演变及问题识别——基于全要素生产率的视角》，《经济地理》2016年第7期。

也基于农业全要素生产率的演化分析，提出应当充分重视科技进步对农业转型升级的重要作用，加快提升技术进步效率，降低因农业科技进步缓慢对农业全要素生产率增长带来的消极影响。

但是，关于农业转型的技术选择一直都是争议较大的研究话题。刘凤芹[1]基于东北农村的实证分析，发现：现代化农业发展的道路一条是节约土地和劳动力的生物技术发展，另一条是节约劳动力的机械化发展，这两种技术在农业生产中是相容的。还有学者认为虽然化学技术（如化肥、农药、农膜等）在很大程度上提高了土地产出率，但却使农业生态系统和人类健康受到了严重威胁[2]，绿色发展道路才是新时期农业现代化的必由之路[3]。胡瑞法等[4]和魏金义等[5]认为，中国农业转型应以土地节约型技术为主。杜志雄等[6]提出了保护和增强农业可持续发展能力的技术才是中国农业政策的新目标。还有学者具体指出，加快发展和推广水稻秸秆还田技术不仅可以有效改善环境质量，缓解经济发展与环境保护之间的矛盾，还可以培肥地力，从而减少化肥施用和提高资源循环利用率，这对促进农业发展绿色转型、增强农业可持续发展能力意义重大[7][8]。

（五）基于农业服务体系的转型讨论

还有学者立足于规模经营的分工本质，关注服务规模经营与农业转

---

[1] 刘凤芹：《农业土地规模经营的条件与效果研究：以东北农村为例》，《管理世界》2006年第9期。

[2] 余志刚、樊志方：《粮食生产、生态保护与宏观调控政策》，《中国农业资源与区划》2017年第5期。

[3] 曹慧、赵凯：《农户非农就业、耕地保护政策认知与亲环境农业技术选择——基于产粮大县1422份调研数据》，《农业技术经济》2019年第5期。

[4] 胡瑞法、黄季焜：《农业生产投入要素结构变化与农业技术发展方向》，《中国农村观察》2001年第11期。

[5] 魏金义、祁春节：《中国农业要素禀赋结构的时空异质性分析》，《中国人口·资源与环境》2015年第7期。

[6] 杜志雄、金书秦：《中国农业政策新目标的实现路径》，《中国经济时报》2016年5月13日。

[7] 中国国际经济交流中心课题组：《中国实施绿色发展的公共政策研究》，中国经济出版社2013年版。

[8] 吴雪莲、张俊飚、何可、张露：《农户水稻秸秆还田技术采纳意愿及其驱动路径分析》，《资源科学》2016年第11期。

型之间的相互关系。从已有研究来看，学者们已观察到：生产性服务这一现代生产要素的引进可改善农业分工效率，进而实现改造传统农业[1]，克服农业劳动力短缺和劳动力技能不足的弊端[2]，有效实现资源要素的集聚，带动农业产业化和专业化分工[3]，在一定程度上还可弥补中国受土地资源约束的超小规模家庭经营的局限，通过服务规模经营推动农业转型[4]。具体地，关锐捷[5]认为，为农民提供全方位的生产经营服务是提高农业组织化程度、解决农业小生产与大市场矛盾的重要手段，是确保国家食物安全、实现农业现代化的必然要求。罗必良[6]强调，从农地规模经营转向服务规模经营也是中国农业经营方式转型的重要线索。甚至可以说，农业生产性服务的发展状况是衡量一个国家和地区农业现代化发展水平的重要标志之一[7]。赵晓峰等[8]的研究发现一些新型主体在为小农户提供机械化服务、农业科技服务、合作金融服务和市场购销服务等方面成效显著，这种社会化服务在一定程度上破解了束缚小农经济发展的约束性条件，为小农经济再造和小农经济基础上的农业现代化提供了可能性。钟真[9]强调农业生产效率的提升不能主要依靠土地规模经营，而应该开辟多种途径的适度规模经营，在当前农业供给侧结构性改革的背景下，尤应以加强农业社会化服务为新时代中国特色农业现代化的重点方向。

---

[1] 罗必良：《现代农业发展理论：逻辑线索与创新路径》，中国农业出版社 2009 年版，第 31 页。

[2] 王志刚、申红芳、廖西元：《农业规模经营：从生产环节外包开始——以水稻为例》，《中国农村经济》2011 年第 9 期。

[3] 姜长云：《农业生产性服务业发展的模式、机制与政策研究》，《经济研究参考》2011 年第 51 期。

[4] 朱守银：《对发展农业适度规模经营的认识与建议》，《中国农民合作社》2014 年第 10 期。

[5] 关锐捷：《构建新型农业社会化服务体系初探》，《农业经济问题》2012 年第 4 期。

[6] 罗必良：《论服务规模经营——从纵向分工到横向分工及连片专业化》，《中国农村经济》2017 年第 11 期。

[7] 阮文彪：《小农户和现代农业发展有机衔接——经验证据、突出矛盾与路径选择》，《中国农村观察》2019 年第 1 期。

[8] 赵晓峰、赵祥云：《新型农业经营主体社会化服务能力建设与小农经济的发展前景》，《农业经济问题》2018 年第 4 期。

[9] 钟真：《社会化服务：新时代中国特色农业现代化的关键——基于理论与政策的梳理》，《政治经济学评论》2019 年第 2 期。

从微观层面的研究来看，陈宏伟等[1]利用环渤海设施蔬菜主产区的调研数据，运用内生转换模型的实证分析结果，表明农业生产性服务具有显著的增收效应，农户使用劳务服务、农机服务或技术服务均能够显著提高收入水平，其中农机服务的收入提升效果最好。

还有学者从不同角度对农业服务体系的构建问题展开了丰富研究。朱启臻等[2]指出，农业产品的公共产品性质使生产农产品的农业也具有公共产品属性，因此，建立完善农业社会化服务体系是政府的重要职责。李春海[3]指出，新型农业社会化服务体系构建的关键在于改进相关制度设计，培育服务主体、创新服务机制、整合服务资源、优化服务环境。仝志辉等[4]提出，完善农业社会化服务体系，应推动农民合作社联合组织成长，通盘考虑农村金融发展框架，推动财政支农体系和农业社会化服务体系有机融合。

第四节　中国农业转型：当前问题

农业转型并不是纸上谈兵，是实践中正在发生的重大现象。从20世纪80年代"分田到户"后，中国农业便开始逐渐转型[5]。应当承认，随着中国整体经济的持续快速发展，作为基础产业的农业在制度创新、政策突破和市场化推进等综合作用下，取得了世界公认的增长奇迹，不仅一举从根本上解决了长期困扰的农产品短缺矛盾，而且在很大程度上依靠产业结构调整和优化促进了农民增收，支撑了整个国民经济的良性增长。但是，主要由于整体进入从传统农业向现代农业过渡的重要转型期，中国农业也面临了一系列新的严峻挑战。2017年中央一号

---

[1] 陈宏伟、穆月英：《农业生产性服务的农户增收效应研究——基于内生转换模型的实证》，《农业现代化研究》2019年第3期。

[2] 朱启臻、鲁可荣：《农业的公共产品性与农业服务体系建设》，《中国农业科技导报》2007年第1期。

[3] 李春海：《新型农业社会化服务体系框架及其运行机理》，《改革》2011年第10期。

[4] 仝志辉、侯宏伟：《农业社会化服务体系：对象选择与构建策略》，《改革》2015年第1期。

[5] 严海蓉、陈义媛：《中国农业资本化的特征和方向：自下而上和自上而下的资本化动力》，《开放时代》2015年第5期。

文件也明确指出：中国农业农村发展已进入新的历史阶段，农业的主要矛盾由总量不足转变为结构性矛盾。因此，必须坚持问题导向，清晰认识中国农业转型的面向与面临问题，为科学制定农业转型相关政策和路径提供重要实践依据。

一 现代农业与传统农区农业倒退并存的分化发展困境

近年来，国家对传统农业的改造不断加快，现代农业的发展受到前所未有的重视。但遗憾的是，农业发展在步入现代化发展轨道的实践进程中却表现出明显的二元分化态势，未能齐驱并进，以赢利为目标的商品化现代农业和以满足自身需要为主的自给性传统农业在不同区域共同存在。一方面，在一些资源和区位条件相对优越的农业区域，以土地、资本、技术、生产性服务等为主的生产要素不断集聚，涉及的生产领域也实现了较高的商品率或完全商品化生产。这一较快的农业现代化进程，不仅加速了农业产业的结构升级，而且也引致了农业产业形态发生重大变化。另一方面，农业转型在一些传统农区却表现为长时期的阵痛过程，大量农村劳动力外出导致农村老龄化和空心化日趋加重的同时，并没有带来土地等相关生产要素的合理集中和适度规模经营，相反，大多数传统农区仍然维持着分散的小农户经营状态，甚至部分区域还出现了从精耕细作的农业生产方式向粗放经营的农业生产方式倒退的反向发展。而且，更为重要的是，传统农区的农业倒退并不是以技术要素的退化作为特征表现，因为在这些区域仍然有大量资本、技术、生产性服务等新的外部要素进入。从而形成了传统农业形态与现代生产性服务要素共存的经济现象。

党的十九大报告中也指出，中国社会的主要矛盾已经转化为人民日益增长的美好生活需要和不平衡不充分的发展之间的矛盾。而农业转型的分化态势正是这种不平衡不充分发展的主要表现之一。因此，如何在实现资源和区位条件相对优越的农业区域转型的同时，也能同步带动传统农区的农业转型，已然是一个不能忽视的重大课题，关系到人民日益增长的美好生活需要和整个经济社会结构转变。

二 依托农地经营权流转推动农业转型的不可持续性

不少学者都赋予了农地经营权流转以重大使命，认为通过流转农地经营权有助于优化配置农地资源和劳动力资源，[1] 是解决"三农"问题、推进农业转型的核心措施。[2] 不可否认，从宏观数据来看，农地经营权流转在一定程度上的确推动了农业适度规模经营的发展。截至2016年6月底，全国家庭承包农地经营权流转面积已超过家庭承包经营农地总面积的1/3，约达4.6亿亩。

但是，仔细观察实践发现，依托农地经营权流转的农业转型之路已然表现出一系列不适应性。第一，农地经营权流转所形成的规模经营付出了高昂代价。特别是在城郊地区，由于地理位置优越及农户投机性行为的增强，农地经营权流转的租金不断高涨，甚至超出了农业生产经营的正常盈利范围，从而成为农产品价格倒挂的最主要原因之一。这不仅对通过农地经营权流转实现农业规模经营的发展模式提出了严峻挑战，更须警惕的是，这也进一步诱致了农业经营主体的非粮化和非农化经营行为。若不能消除农业发展中的这些不良情形，中国农业农村发展难以在本质上实现显著变化。[3] 第二，农地经营权流转所形成的规模经营往往具有较明显的短期倾向。由于转让的农地经营权期限一般都较短，且较不稳定，因此，新型农业经营主体的长期投资预期往往受到较大抑制。故而农业发展容易陷入表面规模化，实际却缺乏长远规划、短期经营倾向较明显的假繁荣困境。[4] 总体来看，部分已有研究夸大了农地经营权流转所带来的积极影响，并未看到它可能使农业陷入"规模化但短期化、高成本"的发展困境。显然完全依托农地经营权流转的农业转型之路并不利于中国农业可持续发展。

---

[1] 曹建华等：《农村土地流转的供求意愿及其流转效率的评价研究》，《中国土地科学》2007年第5期。
[2] 匡远配、陆钰凤：《农地流转实现农业、农民和农村的同步转型了吗？》，《农业经济问题》2016年第11期。
[3] 党国英：《当前中国农村改革的再认识》，《学术月刊》2017年第4期。
[4] 董欢：《农地承包经营权有偿退出的现实合理性及可行性分析——基于农业转型、新型城镇化和乡村治理视角的考察》，《复旦学报》2017年第4期。

三 工商资本农业局限性和小农经营不适应性的双重矛盾

农业经营主体的转型是中国农业转型的最明显表征，既包括农户内部分化而形成的专业大户和家庭农场的崛起，也包括工商资本等外部经营主体的进入。由于城市工商资本具有较明显的发展优势，如拥有更强的资源整合能力、技术吸纳能力、市场拓展能力和质量控制能力，以及与政府更密切的利益联系等，因此，正在日益成为不同区域农业转型的事实上主导力量。但是，基于利益驱动的工商资本农业在实践发展中也表现出了较明显的局限性和潜在风险。一是工商资本农业难免会对原有小农生产者产生替代作用，使其更难分享农业产业转换和升级所带来的利益增长；二是大多工商资本农业都具有明显的短期化经营倾向，极易引发非农化和非粮化等潜在风险，从而可能放大中国农业发展与转型的不稳定风险。

更关键的是，从中国国情来看，完全寄希望于依托工商资本来实现农业规模化经营与农业转型的潜力是十分有限的。截至2016年年底，中国农业经营规模在50亩以下的农户约占农户总数的97%，其所经营的耕地面积约占全国耕地总面积的82%。据农业农村部预测，到2050年，中国农业经营规模在50亩以下的农户将仍有1亿户左右，其所经营的耕地面积仍将占全国耕地总面积的50%左右。[①] 因此，未来较长时期里，小农户仍是中国农业生产的核心主体，农业转型难以将他们完全排除在外。

然而，必须承认，中国小农户具有诸如经营规模小、地块分散、交易成本高、技术进步动力不足等缺陷。因此，小农户自我应对农业转型的总体效果并不理想，小农户依靠自我积累来推动农业生产规模扩大和发展合作经营的进展也非常迟缓，他们对农业产业的扩张能力和带动能力都明显不足。

故而，在小农经营不适应性和工商资本农业局限性的双重矛盾困境下，如何加快提升小农户的经营能力以适应现代农业建设的发展需要，

---

① 屈冬玉：《全国2.6亿小农户的出路在这里》，http://www.sohu.com/a/207919906_76014。

如何加快构建新型农业经营体系以推进农业经营方式创新等都是必须攻克的重大难题。

四 资源环境超载与低效利用的长期性矛盾不断加剧

近年来，中国农业现代化取得了显著成绩，但背后也付出了非常大的资源环境代价，突出表现在耕地和水资源过度利用、农业面源污染加重、生态系统退化等方面。长期以来，在"重视产品产出、忽视成本核算，特别是自然资源成本核算"的价值观作用下，中国农业生产中往往大肥大药。相较于 2004 年，2015 年的中国粮食产量虽然增加了 44.3%，但与此同时，粮食作物播种面积、农用化肥施用量、农机总动力等也分别增加了 14.0%、36.5%、85.0%。[①] 特别是，中国农作物亩均化肥用量已高达 21.9 公斤，远高于世界 8 公斤的平均水平。这些不仅导致农业生产成本上升，还导致了农业资源环境严重超载、食品安全等问题频发。

更关键的是，在农业现代化进程中，中国农业资源要素的低效利用状况并未得到同步有效转型。具体来看，三大粮食作物的氮肥、磷肥、钾肥的利用率仅为 33%、24%、42%。[②] 这不仅严重浪费了资源要素，而且，因为长期过度使用各种化肥，还导致土壤生态环境持续恶化，致使中国土壤有机质的含量平均不到 1%。

因此，必须改变当前资源环境超载与低效利用的现状，转变农业可持续发展观，以"绿水青山就是金山银山"理念为指引，以资源环境承载力为基准，加快推进农业绿色发展转型。

第五节 农业转型的本书观察视角：农机服务发展

多年来，中国一直致力于农业发展方式的转变，但总体上成效并不尽如人意。除了许多深层次的体制机制障碍尚未根本突破，农业支持政

[①] 姜长云等：《多维视角下的加快转变农业发展方式研究》，中国社会科学出版社 2017 年版，第 47 页。

[②] 彭玮：《破解"三农"难题，促进农业转型发展——第十三届全国社科农经协作网络大会综述》，《社会科学动态》2017 年第 7 期。

策有待进一步增强之外，农业生产性服务业发展严重滞后同样是一个需要高度重视的影响因素。国际经验也表明，现代农业是建立在社会分工协作基础上的社会化农业，离不开农业生产性服务的大力支撑。特别是受资源禀赋及制度安排等现实约束的中国农业，经营规模等农业内部条件短期内无法取得明显突破，客观上又进一步强化了生产性服务等外部条件对中国农业转型的支撑作用。

早在1991年的《国务院关于加强农业社会化服务体系建设的通知》中，就强调了加强农业社会化服务体系建设，并认为这对于深化农村改革、健全双层经济体制、壮大集体经济、实现小康目标、促进农业现代化等都具有极其重要而又深远的意义。2004年以来连续出台的中央一号文件也都对"健全农业社会化服务体系"提出了明确要求。2008年党的十七届三中全会通过的《中共中央关于农村改革若干重大问题的决定》还强调"建设覆盖全程、综合配套、便捷高效的社会化服务体系[①]是发展现代农业的必然要求"。2015年国务院办公厅印发的《关于推进农村一二三产业融合发展的指导意见》中，也明确指出，"发展农业生产性服务业是延伸农业产业链的重要途径"，并提出"鼓励开展代耕代种代收、大田托管、统防统治、烘干储藏等市场化和专业化服务"。2016年的中央一号文件《中共中央国务院关于落实发展新理念加快农业现代化实现全面小康目标的若干意见》中，也进一步强调"加快发展农业生产性服务业"。2017年，原农业部、发改委、财政部还专门联合出台了《关于加快发展农业生产性服务业的指导意见》，提出要以服务农业农民为根本，以推进农业供给侧结构性改革为主线，大力发展多元化、多层次、多类型的农业生产性服务，带动更多农户进入现代农业发展轨道，全面推进现代农业建设。习近平总书记在党的十九大报告中，更是将"健全农业社会业服务体系，实现小农户和现代农业发展有机衔接"作为乡村振兴战略的重要内容，进一步表明了党中央对发展农业生产性服务的高度重视。

[①] "加强农业社会化服务体系建设"与"发展农业生产性服务业"在大的方向上是一致的，在内容上也大致相同。但相对于农业社会化服务体系建设，发展农业生产性服务业更多强调农业服务供给的市场化和产业化，强调服务创造价值（参见姜长云《关于发展农业生产性服务业的思考》，《农业经济问题》2016年第5期）。

农机服务是农业产中生产性服务的重要内容,同农业生产环节的经营主体联系最直接、对农业生产的影响也最直观[①]。农业机械化也是农业现代化的重要特征。虽然近年中国农业机械化发展迅速,农作物耕种收综合机械化水平已达63%[②],但相比欧美等发达国家,差距依然较大。未来进一步提高农业机械化水平仍是推进农业现代化的重要内容和实现路径。然而,在人多地少、小规模经营的基本农情下,对大部分农业经营主体而言,自己购置农机设备既不经济也不现实。与此同时,普通农户农业经营的兼业化、老龄化趋势不断加剧,释放了大量农机服务需求;家庭农场、专业大户、农民合作社、农业企业等的快速发展,也亟须大型化、高端化、全程化的农机服务作为外部支撑条件。韩俊[③]强调:发展规模经营,不能只局限于发展土地的规模经营,规模化的服务也是规模经营的重要方面。2018年12月国务院出台的《关于加快推进农业机械化和农机装备产业转型升级的指导意见》中,专门强调了"积极发展农机社会化服务"。

可见,加快发展农机服务产业,建立和完善农机服务体系,不仅关系到破解"谁来种田""如何种田"等现实难题,更是建设现代农业产业体系、实现中国农业现代化的关键所在。在快速市场化及农业生产方式加速转变过程中,农机服务需求总量和结构都在快速变化,虽然服务供给也在相应发生转变,但发展失衡问题仍然较为明显。那么,农机服务发展的需求市场容量和供给结构究竟如何,存在怎样的失衡,原因何在?农机服务发展对农业转型又究竟产生了怎样的积极效应?传统农区农机服务的引进真的实现了传统农业的改造吗?应当如何进一步优化农机服务水平以发挥其对农业转型的积极作用?这些问题的回答,对于把握中国农机服务的发展趋势,调整并优化农机服务发展,从而实现对农业转型升级的支撑作用具有重大意义。

---

① 姜长云、张藕香、洪群联:《农机服务组织发展的新情况、新问题及对策建议》,《全球化》2014年第12期。

② 张桃林:《加快打造中国农业机械化升级版——在2016年全国农业机械化工作会议上的讲话(摘要)》,《农机科技推广》2016年第2期。

③ 韩俊:《供给侧结构性改革是塑造中国农业未来的关键之举》,《人民日报》2017年2月6日。

第六节　数据来源及获取

本书所用数据主要来自抽样问卷调查和半结构访谈调查。下面将详细介绍问卷调查步骤及实地调查所用方法。

一　调查步骤

（一）调查对象的确定

抽样问卷调查旨在了解水稻经营主体基本情况及农业经营情况，农机服务的微观需求和供给情况。由于所有水稻经营主体都有可能成为农机服务的有效需求者，因此，抽样问卷调查对象既包括已经在水稻生产过程中购买过农机服务的水稻经营主体，也包括尚未购买服务的水稻经营主体。

半结构访谈的调查对象主要包括乡（镇）或村负责农业发展的干部，新型农业经营主体，不同类型农机服务供给主体，具体包括农机户、农机专业合作社负责人、土地托管服务组织负责人、农业服务公司负责人等。

（二）调查问卷的设计

本书所用调查问卷属于国家自然科学基金课题[①]调查问卷的子部分，调查问卷设计共分为三个步骤：首先，借鉴已有研究，针对本研究对象和研究内容，设计了一套半开放式的调查问卷。其次，为考察调查问卷的实际可操作性及与农业生产实际情况的对接程度等，在正式调查之前，课题组其他成员与笔者在北京、广州、安徽等地开展了多次小规模预调查。最后，基于预调查发现的问题、研究内容的进一步细化及课题组专家提出的修改建议，在原调查问卷基础上，课题组其他成员与笔者[②]又分别对调查问题的设计、问题的前后逻辑等方面进行了全面修改，以保证调查问卷质量。

[①] 国家自然科学基金课题"农业生产性服务业发展的模式、机制、需求及不同区域支持重点的选择"（项目负责人：姜长云，项目批准号：71273070）。

[②] 总调查问卷设计者包括姜长云、刘志荣、张晓敏、董欢。

关于水稻经营主体基本情况，调查问卷主要包括以下内容：一是水稻经营主体个人基本情况，包括年龄、性别、受教育程度、就业情况等；二是家庭资源禀赋情况，包括承包经营耕地面积、耕地流转情况、农业机械拥有情况等；三是家庭农业劳动力情况，包括农业劳动力数量、劳动时间分配情况等；四是家庭收入情况，包括收入水平、收入结构等。

关于农机服务发展情况，调查问卷共设置以下主要内容：一是水稻种植基本情况，包括水稻种植规模，生产条件情况（如地块规模、机耕道路建设情况等），地貌特征；二是农机服务需求情况，包括水稻经营主体对农机服务的需求意愿、实际购买情况、购买原因、满意度评价等；三是农机服务供给情况，包括服务供给主体类型、获取服务信息的渠道、交易方式和供给存在的问题等。

半结构访谈问卷分为两类：一是针对农业干部，问卷主要涉及当地农业发展情况、农业机械化发展情况、农机服务发展情况及发展面临的困难与挑战等；二是针对农机服务供给主体，问卷主要了解从事农机服务事业的原因、服务经营情况、面临的突出困难、制约发展的主要因素等。

（三）调查地点的选择

结合中国农业生产实际情况，各省之间，即便同一省份内，都存在较大的地貌、经济和文化差异，而这些差异都对水稻经营主体的农机服务需求行为有较大影响。因此，在进行抽样问卷调查时，本书主要按照兼顾地形、地区和水稻经营主体类型的分类原则确定调查省份，然后，再按照简单随机抽样原则进行经营主体面对面调查。最终调查样本包括内蒙古、广东、河南、江苏、浙江、安徽、四川、辽宁、陕西及新疆10省（区），地形涵盖平原、丘陵及山区，地区覆盖东部、中部及西部。由于经费限制及调查时间制约，半结构访谈问卷调查主要在四川省宜宾市、崇州市、德阳市、新津县、郫县及湖北省宜昌市等地展开。

（四）调查形式与开展

为了获取更为直接、准确和丰富的一手调查数据，此次抽样问卷调查和半结构访谈问卷调查都主要采用一对一、面对面的访谈形式，辅之关键信息人访谈、座谈会访谈等。抽样问卷调查的调研员以硕士、博士研究生及科研工作者为主，主要来自中国农业大学、安徽农业大学、南京农业大学、新疆农业大学、四川省社会科学院、沈阳农业大学、内蒙古财经学院、中国人民大学、四川农业大学、台州职业技术学院、广东金融学院等高校或科研机构。

正式调查前期，课题组针对研究背景、调查问卷内容、调查问卷填写规范、科学提问方法、调查技巧、调查问卷录入方法、调查注意事项等内容对调研员进行了专门培训，以保证问卷调查质量。调查后期，课题组成员对调查问卷数据进行了反复核查，并剔除了重要数据缺失及数据前后逻辑不相符的调查问卷。

在具体开展形式上，此次抽样问卷调查主要采取调查小组的形式，即由课题组核心成员[①]带领调研员下乡，进行农村入户调查。同时，辅之发放问卷的形式，即将问卷发放给调研员，让其利用寒假回家的机会，在家乡邻近地区开展农村入户调查。

二　调查方法

本书广泛采用抽样问卷调查、典型案例调查、关键信息人访谈和座谈会访谈等调查方法。

（一）抽样问卷调查

设计调查问卷，在选择的调研地区，按照分层抽样方法，抽取不同类型水稻经营主体进行一对一、面对面问卷访谈，重点从微观层面考察农机服务需求行为，以及从需求者角度评价服务供给实践效果。

（二）典型案例调查

选择农机服务模式的典型案例进行调查，如农机户、农机专业合作社、土地托管服务组织、农业服务公司等。利用案例研究深入分析不同类型农机服务模式的运行特征及发展适应性。

（三）关键信息人访谈

基于半结构访谈问卷，以县、乡（镇）或村负责农业发展的干部为关键访谈对象，重点了解农机服务发展的实际情况、面临的问题及未

[①] 参与总体及各省问卷调查的组织者包括姜长云、罗剑朝、董欢、张晓敏、刘明轩、武翔宇、宋玉兰、刘志荣、李显戈、杜宇能。

来发展趋势等，从而对农机服务发展情况形成总体判断，并了解农机服务对农业发展的促进作用。

（四）座谈会访谈

在关键信息人访谈基础上，本书还辅之座谈会的访谈形式，包括不同类型水稻经营主体座谈会、地方政府相关部门座谈会及专家座谈会等。通过座谈会的形式，更深入了解农机服务发展现状、存在的问题及未来发展趋势，了解农机服务对农业发展的促进作用。

第二章 农业转型中的经营主体分化：历史、现实与未来

农业经营主体分化是农业转型进程中的最明显表征。作为农机服务的直接需求者，农业经营主体的分化现状和演进方向必然将对农机服务需求产生重大影响。因此，总结农业经营主体的分化进程不仅能从侧面折射中国在农业现代化上经历的曲折探索，也有助于判断中国农机服务需求以及未来转型的应取方向。这也是后文分析农机服务需求及未来发展的重要微观基础。

从历史角度考察，农业经营主体分化是在传统、封闭的小农经济不断进入开放、分工的社会化体系的变迁中产生的现象，是持久的演进过程。分化的结果既受各类经济主体自身决策行为影响，也受国家经济社会发展形势、农业发展战略、相关制度安排及政策环境等强烈影响。本章在回顾农业经营主体分化的相关理论基础上，重点以制度改革和政策变化为逻辑依据，梳理改革开放以来农业经营主体分化的演变进程。然后，利用调查问卷数据对农业经营主体的分化特征进行描述性统计分析。进而结合农业转型等宏观变化，进一步讨论农业经营主体的未来分化趋势。

第一节 农业经营主体分化的概念界定

首先，需要明确的是，农业经营主体的概念并不等同于农户的概念。农户可以从直接从事农业生产的劳动者、居住在农村的人口、具有

农业户口的人口等多个层面理解①。而农业经营主体是指直接从事农业生产经营活动的各类经济主体,既包括直接从事农业生产经营活动的承包农户,也包括那些不具有农业户口或不居住在农村但直接从事农业生产经营活动的经济主体。

可以说,农户是农业经营主体的初级表现形式。正因如此,当前关于农业经营主体分化的讨论也多集中于对农户(或农民)分化的讨论。秦宏②认为,农户分化是指农户从传统单一经营农业的高度同质化局面,逐渐分解成不同类型和不同规模的群体,并不断演变的过程。陈胜祥③解释到:农民分化是指,集体化时期被束缚在土地上并被大一统的土地制度改造为同质型的农民,在不断突破制度壁垒、条件限制,以及不断向非农领域拓展的过程中,由于资源禀赋、努力情况等方面的差异而导致的在职业、收入、社会地位等方面的异质化过程。总体来看,学界关于农户分化的定义都主要强调从同质到异质的演进过程。

借鉴已有相关讨论和概念界定,本书认为农业经营主体分化可从两个层面理解:一是传统承包农户从单一经营农业的高度同质化局面,逐渐发展为不同类型、不同规模的以家庭经营为基础的多类经营主体的演变过程;二是工商资本通过不同利益连接方式与传统承包农户(或已经分化后的经营主体)形成的各种直接从事农业生产经营活动的经营主体的演变过程。按照此逻辑,农业经营主体可划分为社区亲和型和外部植入型④。总体来看,农业经营主体分化可从以下维度进行划分,具体如表2-1所示。

---

① 罗必良:《经济组织的制度逻辑——一个理论框架及其对中国农民经济组织的应用研究》,山西经济出版社2000年版。
② 秦宏:《沿海地区农户分化之演变及其与非农化、城镇化协调发展研究》,博士学位论文,西北农林科技大学,2006年。
③ 陈胜祥:《分化与变迁:转型期农民土地意识研究》,经济管理出版社2010年版,第35页。
④ 姜长云:《支持新型农业经营主体要有新思路》,《中国发展观察》2014年第9期。

表 2-1　　　　　　农业经营主体分化的划分标准及类型

划分标准	划分类型
演进路径	社区亲和型、外部植入型
产业类别	种植业经营主体、林业经营主体、畜牧业经营主体、水产业经营主体等（每个大类产业都可以再具体细分，比如种植业可根据种植品种再划分为粮食作物经营主体、经济作物经营主体等）
经营规模	小规模、中规模和大规模经营主体（不同产业、不同区域的规模划分标准可能有所不同）
收入结构	以农为主的经营主体、以农为辅的经营主体
兼业经营程度	纯农业经营主体、农业兼业经营主体（以经营农业为主，兼营他业）、非农业兼业经营主体（以非农业为主，兼营农业）
组织模式	家庭型经营主体（如普通农户、专业大户、家庭农场）、合作型经营主体（如农民专业合作社、合作社联社等）、企业型经营主体（如产业化龙头企业等）
农业经营能力	职业型经营主体、普通型经营主体
商品化程度	自给型经营主体、商品型经营主体

第二节　农业经营主体分化的理论回顾与观点讨论

农业经营主体分化是与农业转型相伴而生的，两者之间有着必然的联系。不同的农业发展路径会促成不同的农业经营主体，而不同的农业经营主体也代表着不同的农业发展道路。长期以来，国内外在发展现代农业方面主要有两种不同的思路：

一是在家庭承包经营基础上，土地逐渐向专业农户集中，发展规模、集约经营，不适应市场环境的经营单位则在市场竞争中逐渐消亡；二是农业资本主义化，即农户的土地被剥夺，以及农户逐渐从属于一个为利润经营农业的资本家[①]。以上两种农业发展思路，也正对应着两种

---

① 张晓山：《农民专业合作社的发展趋势探析》，《管理世界》2009 年第 5 期。

不同的农业经营主体分化理论：一是以马克思、列宁为代表的学说。在经典马克思主义论述中，随着农业资本主义进程，小农将逐渐从"生活条件相同，生产方式以自给自足、较为封闭为主，较少与社会交往"的同质状态，分化为农业资产阶级或农业无产阶级，其中，大部分农户将沦为为资本主义农场工作的廉价劳动力。① 列宁以俄国农民分化为研究对象，将农民划分为富农、中农、贫农三个阶段。他强调，伴随着商品性农业的发展，富农将不断扩大规模，成为农业资产阶级，贫农则逐渐沦为无产阶级劳工，中农阶级则呈现两极分化，少数人会进入前者行列，大多数人成为后者②。然而，从资本主义国家的农业发展实践来看，农业资本化过程并未造成传统农民的完全消失，相反，由于不同类型农民在现代化、资本化冲击下做出了不同的选择，分化过程表现出多向性的特点③。这也正折射出上述"两极分化"理论的局限性。

二是以恰亚诺夫、舒尔茨为代表的学说。恰亚诺夫在自给小农论中认为，由于农户家庭在劳动边际产出低于工资的情况下仍可能会继续投入劳动，因此，相较于资本主义农场，农户家庭在支付地租等方面更具优势，甚至可以抵御资本主义的渗透④。他还强调，小规模、相对高度劳动集约化的小农经济有自身的运行逻辑，小农家庭经营将长期占据主导地位。

虽然与恰亚诺夫的"自给行为"理论有所差异，但舒尔茨也同样认为小农家庭经营具有较强的生命力。他认为，在传统农业范围内，小农行为是理性、有效率的。不过，他也指出，如果没有现代生产要素的引进，传统农业将持续低效⑤。

在上述两种理论学说基础上，国内研究关于农业经营主体的分化与

---

① ［德］卡尔·马克思、弗里德里希·恩格斯：《马克思恩格斯选集》第1卷，人民出版社2012年版，第68页。

② ［俄］列宁：《俄国资本主义的发展》，人民出版社1984年版，第147—154页。

③ 郭景润：《英国早期现代化进程中的农民分化问题研究》，硕士学位论文，武汉大学，2005年。

④ ［俄］A.恰亚诺夫：《农民经济组织》，萧正洪译，中央编译出版社1996年版，第220—271页。

⑤ ［美］西奥多·W.舒尔茨：《改造传统农业》，梁小民译，商务印书馆1987年版。

发展也产生了多种不同观点。较具代表性的有：专业大户发展论①②农业产业化企业发展论③④，农民专业合作社发展论⑤⑥。近年，还逐渐兴起了家庭农场发展论⑦⑧，以及适度规模的、"小而精"的家庭农场发展论⑨⑩⑪。

总体来看，较为广泛认可的观点是：虽然小农经济存在较明显的发展弊端，但是，以家庭经营为基础的各类适度规模经营主体在农业现代化建设实践中的确扮演了非常重要的角色，而且，由于各类新型农业经营主体所发挥的作用有所区别，因此，新型农业经营主体的发展应当保持多元化⑫⑬，各类主体之间不应当是简单的竞争性对立关系，而应当寻求互补性和合作性的发展模式⑭，允许各类农业经营模式由实践检验⑮。

---

① 陈春生：《中国农户的演化逻辑与分类》，《农业经济问题》2007年第11期。
② 纪永茂、陈永贵：《专业大户应该成为建设现代农业的主力军》，《中国农村经济》2007年（专刊）。
③ 李炳坤：《发展现代农业与龙头企业历史责任》，《农业经济问题》2006年第9期。
④ 杨林生、论卫星：《论中国农业经营主体的经济属性及其企业化升级》，《现代经济探讨》2014年第6期。
⑤ 张益丰、刘东：《谁能成为现代化农业建设的中坚力量——论适度规模化农业生产与保障机制的实施》，《中央财经大学学报》2012年第11期。
⑥ 李显刚：《现代农机专业合作社是创新农业经营主体的成功探索》，《农业经济问题》2013年第9期。
⑦ 董亚珍、鲍海军：《家庭农场将成为中国农业微观组织的重要形式》，《社会科学战线》2009年第10期。
⑧ 苏昕、王可山、张淑敏：《中国家庭农场发展及其规模探讨——基于资源禀赋视角》，《农业经济问题》2014年第5期。
⑨ 杨华：《农村土地流转与社会阶层的重构》，《重庆社会科学》2011年第5期。
⑩ 林辉煌：《江汉平原的农民流动与阶层分化：1981—2010——以湖北曙光村为考察对象》，《开放时代》2012年第3期。
⑪ ［美］黄宗智：《"家庭农场"是中国农业的发展出路吗？》，《开放时代》2014年第2期。
⑫ 陈锡文：《构建新型农业经营体系，加快发展现代农业步伐》，《经济研究》2013年第2期。
⑬ 陈晓华：《大力培育新型农业经营主体——在中国农业经济学年会上的致辞》，《农业经济问题》2014年第1期。
⑭ 郭晓鸣：《家庭农场：特征、问题及发展对策》，《中国乡村发现》2014年第12期。
⑮ 张晓山：《大力培育新型农业经营主体》，《农民日报》2014年10月30日。

第三节 制度改革、政策变化与农业经营主体分化演变

根据新制度经济学理论,组织变迁的根本诱因在于已有组织安排下无法获取的外部利润的出现①。从变迁路径来看,不同类型农业经营主体的出现都是在农业发展内在要求、外部制度改革、政策环境变化等共同作用下,主体自发响应外部潜在利润的结果。然而由于较难准确定位各种类型农业经营主体自发产生的时间节点,此部分重点以制度改革和政策变化为逻辑线索对农业经营主体分化展开讨论。

一 农业经营主体分化的制度基础:家庭联产承包责任制

人民公社时期,由于实行"三级所有,队为基础"的制度安排,农户并不具备自我发展的动力。所以,农户分化在这一时期基本处于停滞状态②。然而,从农业生产行为特征来看,农户之间其实是存有差异的,一些农户生产积极性高,一些农户则下地"磨洋工"。不过,这些具有不同行为特征的农户,所面临的结果却都是"干不干,都吃饭;干不干,都吃一样的饭"。正是这些不公平现象的广泛存在,生产积极性较高的那部分农户逐渐产生了变革的动力。

1978年12月,安徽省凤阳县小岗村18位农民通过签订土地承包合同,率先打破了"干好干坏一个样的'大锅饭'"局面。由于承包到户后,他们可以自主决定种植品种、安排种植结构等,他们与其他农民在生产行为等方面的隐性差异逐渐显性化,特别表现在农业经营绩效方面。这一事件成为了农业经营主体分化的起点,也由此引发了农业经营制度的全国性变革。

在随后的农村经济体制改革中,人民公社体制被废除,代之以分户

---

① [美]兰斯·戴维斯、道格拉斯·诺斯:《制度变迁的理论:概念与原因》,载[美]罗纳德·H.科斯、阿曼·阿尔钦、道格拉斯·诺斯(编)《财产权利与制度变迁——产权学派与新制度学派论文集》,刘守英译,上海三联出版社1994年版。

② 姜长云:《农村非农化过程中农户(农民)分化的动态考察——以安徽省天长市为例》,《中国农村经济》1995年第9期。

经营为主要内容的农业经营制度。虽然这一制度安排并未直接促成农业经营主体分化,但是,按照交足国家的、留够集体的、剩下都是自己的分配原则,农户在相当程度上获得了生产经营自主权①。这种制度内生的调动农户生产积极性的利益激励机制,成为了打破农业经营主体高度同质化、均等化格局的重要制度基础。然而,由于国家对土地、劳动力等要素流动仍采取较严格的限制政策,因此,短期内的农业经营主体分化现象并不十分明显。

二 农业经营主体分化的制度激励:生产要素市场化改革

1992年,中国共产党第十四次全国代表大会确立了"中国经济体制改革的目标是建立社会主义市场经济体制"。党的十四届三中全会通过的《中共中央关于建立社会主义市场经济体制若干问题的决定》,也进一步明确了市场化改革的基本框架和任务。随着市场经济的加快发展,"市场需要什么就生产什么"的商品经济意识逐渐渗透到农村地区②。正是由于与外部世界日益广泛深入的联系,以及促进土地、劳动力等生产要素市场化的系列政策的制定和实施,农业经营主体之间才逐渐发生了重大差异性变化③。

(一)土地承包经营权流转是农业经营主体分化的重要前提

虽然市场经济及家庭联产承包责任制改革都为农业经营主体分化提供了良好契机,但是,由于土地均分的普遍做法,以及在土地承包经营权流转方面的限制性规定,承包农户的分化一直较为缓慢。1984年,中央一号文件《关于1984年农村工作的通知》中提出,"社员在承包期内,因无力耕种或转营他业而要求不包或少包土地的,可以经集体同意后进行转包"。随后,1993年的中央一号文件《关于当前农业和农村经济发展的若干政策措施》又强调,"在坚持土地集体所有和不改变土地用途的前提下,经发包方同意,允许土地使用权依法有偿转让"。

---

① 陈吉元、韩俊:《邓小平的农业"两个飞跃"思想与中国农村改革》,《中国农村经济》1994年第10期。

② 乌东峰、李思维:《中国农户分化与异质融资需求》,《东南学术》2013年第6期。

③ 姜长云:《农村非农化过程中农户(农民)分化的动态考察——以安徽省天长市为例》,《中国农村经济》1995年第9期。

1996年，第八届全国人大第四次会议批准通过的《国民经济和社会发展"九五"计划和2010年远景目标纲要》也明确提出，"鼓励土地使用权依法转让"。至此，国家对农村土地承包经营权流转的政策态度从限制转变为鼓励。

因为潜在利润的客观存在及政策的允许，少部分有经营眼光的承包农户便开始通过流转土地承包经营权，扩大生产规模，逐渐发展成为规模化的农业经营主体①。而另一部分外出打工或转营他业的承包农户则逐渐将部分土地承包经营权流转出去，转变成了兼业经营者。

21世纪以来，农村土地要素市场建设进一步加快。2003年，《中华人民共和国农村土地承包法》规定，"通过家庭承包取得的土地承包经营权可以依法采取转包、出租、互换、转让或者其他方式流转"，这标志着农村土地承包经营权流转制度正式确立②。2008年，党的十七届三中全会审议通过的《中共中央关于推进农村改革发展若干重大问题的决定》中提出，"建立健全土地承包经营权流转市场，按照依法自愿有偿原则，允许农民以转包、出租、互换、转让、股份合作等形式流转土地承包经营权，发展多种形式的适度规模经营"。国家层面从鼓励到规范再到推广的政策态度转变，进一步使农村土地承包经营权流转市场不断完善。截至2014年年底，全国家庭承包耕地流转面积达4.03亿亩，流转面积占家庭承包经营耕地总面积的30.4%。③

从现实观察来看，农村土地承包经营权流转的制度安排对农业经营主体分化有着积极的推动作用。甚至可以说，越是土地承包经营权流转较快、较好的地区，农业经营主体之间的分化现象越是明显。具体表现为：第一，传统承包农户之间的分化，即土地承包经营权转入方的经营规模不断扩大，转出方的经营规模逐渐缩小；第二，由于流转形式、制度安排的差异，实践中还产生了家庭农场、农民专业合作社等多种农业

---

① 徐勇、邓大才：《社会化小农：解释当今农户的一种视角》，《学术月刊》2006年第7期。

② 王家庭、张换兆：《中国农村土地流转制度的变迁及制度创新》，《农村经济》2011年第3期。

③ 资料来源：《国务院关于稳定和完善农村土地承包关系情况的报告》，财经网，http://china.caixin.com/2015-08-27/100844298.html。

经营主体；第三，大量工商资本通过流转土地承包经营权，成为了农业经营主体。截至2014年年底，全国经营面积在50亩以上的农户数超过341万户，依法登记的农民专业合作社达129万家，龙头企业超过12万家。[①]

（二）农业劳动力转移是农业经营主体分化的重要推动

虽然在城乡二元刚性结构下，承包农户之间也存在自发的土地流转行为，但是，由于农业劳动力的自由流动长期受到限制，因此，农业经营主体之间的分化在早期一直未得到充分反映。直到1984年的中央一号文件《关于1984年农村工作的通知》明确提出，"允许务工、经商、办服务业的农民自理口粮到集镇落户"，标志着政府对城乡人口流动的限制性政策规定开始松动。此后，尽管关于农业劳动力转移的政策在不同时期的侧重点有所不同，如1984—1988年允许流动、1989—1991年控制盲目流动、1992—2000年规范流动、2000年开始公平流动，但总体来看，农业劳动力转移在不断推进，城乡统筹的劳动力市场也在逐步完善[②]。

随着单个农户越来越广泛、深入进入高度开放、流动、分化的社会体系中，他们自主择业的意识不断增强，择业的领域日益丰富，由此，农业生产行为分化也日趋明显[③]。而工业化、非农经济的快速发展，使农业劳动力向非农产业、城镇转移的速度和规模都不断增加，从而进一步加速了承包农户之间的分化。集中表现在：第一，受比较利益驱使，部分承包农户进入非农产业，选择了兼业经营农业。不过，因为自身能力、资源禀赋的差异及获得非农就业机会的不均等，所以，承包农户之间在兼业程度上存在较大差异，在实践中形成了农业兼业经营主体和非农兼业经营主体。第二，那些未转移的承包农户则发展成为了纯农业经营主体，他们之间的分化主要体现在经营规模、产品商品化程度等方

---

① 资料来源：《国务院关于稳定和完善农村土地承包关系情况的报告》，财经网，http://china.caixin.com/2015-08-27/100844298.html。
② 宋洪远、黄华波、刘光明：《关于农村劳动力流动的政策问题分析》，《管理世界》2002年第5期。
③ 徐勇：《"再识农户"与社会化小农的构建》，《华中师范大学学报》（人文社会科学版）2006年第3期。

面。第三，还有少部分承包农户选择了彻底转让甚至出售土地承包经营权，逐渐退出农业经营主体的行列。

近年来，由于国家层面对推进农业劳动力转移工作的高度重视，以及新型城镇化、人口城镇化等发展理念的提出，一系列政策性文件得以出台。如2014年的《国务院关于进一步推进户籍制度改革的意见》中提出"有序推进农业转移人口市民化""建立城乡统一的户口登记制度"等。2015年的中央一号文件《中共中央国务院关于加大改革创新力度加快农业现代化建设的若干意见》中，还明确要求"加快户籍制度改革，建立居住证制度，分类推进农业转移人口在城镇落户并享有与当地居民同等待遇"。随着这些政策的逐步落实，以及户籍、社会保障、就业、住房、教育等制度的不断完善，农业劳动力转移将逐渐从过去以个体、季节性转移为主向以全家转移为特征转变。而这一转变势必将对农业经营主体分化产生更深远的影响。

三 新型农业经营主体产生与发展的政策环境

随着社会主义市场经济体制的逐步完善，农业各个产业环节之间的联系也更趋紧密，农业产业化经营随之应运而生[①]，农业经营主体的分化也随之更趋明显。除传统意义上的承包农户外，专业大户、家庭农场、农民专业合作社、产业化龙头企业等农业经营组织形式不断涌现。党的十八届三中全会明确指出，"鼓励承包经营权在分开市场上向专业大户、家庭农场、农民合作社、农业企业流转，发展多种形式规模经营"。其中，专业大户实质上就是承包农户内部分化的一种表现形式。他们是在家庭承包经营框架内，由生产要素向经营能手或优势产业（产品）聚集而形成的[②]。因此，专业大户的形成与发展主要是承包农户自下而上的变迁结果，受政策强制性推动的影响较弱。其他类型新型农业经营主体演变的政策环境分析如下：

[①] 张晓山：《合作社的基本原则与中国农村的实践》，《农村合作经济经营管理》1999年第6期。

[②] 纪永茂、陈永贵：《专业大户应该成为建设现代农业的主力军》，《中国农村经济》2007年（专刊）。

（一）产业化龙头企业是在农业产业化进程中快速发展起来的，受政策约束较明显

20世纪90年代初期，山东省潍坊市率先提出"农业产业化"概念。之后，国家也开始倡导农业产业化经营，并将其视为提高农业竞争力和实现农业现代化的重要途径[①]。1999—2002年的中央一号文件都连续提出开展农业产业化经营，扶持龙头企业的发展。各级政府也开始大力倡导以龙头企业带动农业转型的产业化经营模式，并制定了一系列扶持龙头企业发展的优惠政策。实践中，龙头企业得到了快速发展。仅2000—2006年，被认定的国家级和省级重点龙头企业就分别达580多家、4800多家[②]。

但是，因为工商资本大规模流转土地的过程往往伴随着非农化、非粮化现象，不仅可能引发粮食安全、农产品供给等问题，还可能挤压农户的经济利益[③][④]，所以，以产业化龙头企业主导的农业发展模式颇受争议。2013年的中央一号文件《中共中央国务院关于加快发展现代农业进一步增强农村发展活力的若干意见》，在提出"鼓励和引导工商资本到农村发展适合企业化经营的现代种养业，向农业输入现代生产要素和经营模式"的同时，也强调了"探索建立严格的工商企业租赁农户承包耕地准入和监管制度"。2015年，农业部联合中央农办、国土资源部、国家工商总局下发了《关于加强对工商资本租赁农地监管和风险防范的意见》，进一步对工商资本流转农地的监管和风险防范做出明确要求。

总体来看，国家对工商资本进入农业的政策取向是：工商资本下乡是带动农户发展现代农业，而不是代替，应当引导龙头企业主要进入农

[①] 陈超、周宏、黄武：《论农业产业化过程中龙头企业的创新》，《农业经济问题》2002年第5期。

[②] 农业部农村经济研究中心（编）：《中国农业产业发展报告》，中国农业出版社2008年版。

[③] 杜志雄、王新志：《加快家庭农场发展的思考与建议》，《中国合作经济》2013年第8期。

[④] 郭晓鸣：《推进土地流转与适度规模经营需要高度关注四个问题》，《农村经营管理》2014年第11期。

户和合作社干不了的关键环节和产业发展的薄弱环节①。

(二) 农民专业合作社是由农户自愿联合形成的经营组织形式，其发展在很大程度上需要政府的制度保障和政策支持

随着市场经济建设和农业产业结构调整的不断深入，小规模家庭经营的弊端越发明显，一些农户逐渐产生了联合发展的需求。20世纪90年代左右，在一些发达地区的农村，专业大户开始用合作制推进农业产业化②。但是，由于没有得到政府认可，当时合作社的发展进程一直较为缓慢。

进入21世纪，农民专业合作社发展的政策环境发生了重大积极变化。党的十六大报告提出"提高农民进入市场的组织化程度"。2004年的中央一号文件《中共中央国务院关于促进农民增加收入若干政策的意见》中，明确指出"积极推进有关农民专业合作组织的立法工作"，并提出中央和地方应当安排专门资金、制定财政扶持政策，以促进农民专业合作社的发展。2006年的中央一号文件《中共中央国务院关于推进社会主义新农村建设的若干意见》，进一步指出"建立有利于农民合作经济组织发展的信贷、财税和登记等制度"。特别是2007年开始实施的《农民专业合作社法》，通过法律形式确立了农民专业合作社的合法经营地位，为其发展提供了法律和制度保障。党的十七届三中全会通过的《中共中央关于推进农村改革发展若干重大问题的决定》，更是将农民专业合作社的地位提到前所未有的战略高度，强调农民专业合作社是引领农民参与国内外市场竞争的现代农业经营组织。

在国家和地方政府的大力扶持下，农民专业合作社总体呈现加速发展态势。不过，主要由于各地市场经济发达程度不一，及地方政府对合作社发展的不同态度和采取的不同政策，农民专业合作社之间也表现出较明显的分化，具体指不同地区的农民专业合作社、不同类型农民专业合作社在发展水平等方面都存在较大差异③。

---

① 张晓山：《大力培育新型农业经营主体》，《农民日报》2014年10月30日。
② 张晓山：《合作社的基本原则与中国农村的实践》，《农村合作经济经营管理》1999年第6期。
③ 苑鹏：《中国农民专业合作经营组织发展的基本条件》，《农村经营管理》2006年第8期。

（三）家庭农场内生于传统承包农户（或专业大户），以土地规模化和商品化经营为主要特征，其成长得益于外部政策环境的积极推动

20世纪80年代，一些种田能手通过流转土地承包经营权，开始从事专业化和规模化农业生产。虽然当时并不将其称为家庭农场，但其实他们是具有家庭农场经营特征的。21世纪以来，上海松江、湖北武汉、吉林延边、浙江宁波、安徽朗溪等地一直进行着家庭农场的实践探索[①]。2008年，党的十七届三中全会通过的《中共中央关于推进农村改革发展若干重大问题的决定》中提出，"有条件的地方可以发展专业大户、家庭农场、农民专业合作社等规模经营主体"。这是首份提到"家庭农场"的中央文件。2013年的中央一号文件《中共中央国务院关于加快发展现代农业进一步增强农村发展活力的若干意见》中，进一步指出，"鼓励和支持承包土地向专业大户、家庭农场、农民合作社流转，发展多种形式的适度规模经营""创造良好的政策法律环境，采取奖励补助等多种方法，扶持联户经营、专业大户、家庭农场"。这表明党和政府不仅充分肯定家庭农场是新型农业经营主体的重要形式，还就发展家庭农场做出重大、明确部署。自此，各级政府也开始高度重视家庭农场的发展，地方探索热情迅速高涨。2014年，农业部还专门印发了《关于促进家庭农场发展的指导意见》。此后的中央农村工作会议也都进一步明确和肯定了家庭农场在现代农业建设中的重要地位。

实践中，家庭农场得以迅速发展壮大。截至2014年年底，全国家庭承包耕地流转中，流转入农户的比例达58.4%，经农业部门认定的家庭农场数量为13.9万家，比2013年年底增幅92.3%[②]。

第四节 农业经营主体分化的现实观察

结合种植规模和收入来源两种划分依据，并参考农业部相关定义，本书将分化后的水稻经营主体划分为三种类型：以农为主的普通农户、

[①] 潘慧琳等：《家庭农场：现代农业发展新道路——对中央一号文件首次提出发展家庭农场的解读》，《决策探索》2013年第2期。

[②] 农业部农村经济体制与经营管理司、中国社会科学院农村发展研究所：《中国家庭农场发展报告（2015）》，中国社会科学出版社2016年版。

以农为辅的普通农户和规模经营主体。

具体界定如下：普通农户是指种植规模在50亩（南方）或100亩（北方）以下，以家庭成员为主要劳动力，直接从事水稻生产的承包农户。其中，以农为主的普通农户是指全部家庭收入主要来自农业，以农为辅的普通农户是指全部家庭收入主要来自非农经营或就业。

规模经营主体是指水稻种植规模在50亩（南方）或100亩（北方）及以上，专业从事水稻规模化、商品化生产的各类经营主体，包括种粮大户、家庭农场、农民专业合作社及产业化龙头企业等。应当承认的是，各类规模经营主体之间在要素禀赋、生产行为等方面是存有一定差异的。但是，受调研经费、调研时间等多因素制约，本书最终获取的专业大户、家庭农场、农民专业合作社、产业化龙头企业样本量较少，所以，在实证分析中，将这些农业经营主体纳入规模经营主体进行统一分析。

一 调查样本概况

此次抽样问卷调查共获取农业经营主体问卷1213份，剔除重要数据缺失及数据质量存有问题的问卷，实际有效调查问卷1121份，问卷有效率为92.4%。其中，水稻经营主体调查问卷有413份，即本书实证研究的有效样本量。

从413个被调查水稻经营主体的基本特征来看，以农为辅的普通农户占比最大，为46.7%；其次是以农为主的普通农户，为41.2%；规模经营主体的占比最小为12.1%。水稻种植规模以10亩以下为主（占79.7%），种植规模最大为4032亩，最小为0.3亩。在农业生产决策者方面，年龄以40—60岁为主（占65.6%），60岁以上占23.0%。性别以男性为主，女性仅占16.2%。受教育程度以小学及以下和初中居多，分别占38.7%、44.5%。在农业劳动力方面，被调查水稻经营主体家庭平均拥有2个农业劳动力，最多拥有10个，最少拥有1个（见表2-2）。

二 水稻经营主体分化后的特征比较

为更直接、形象地展现水稻经营主体分化结果情况，此部分主要利用调查问卷数据，对以农为主的普通农户、以农为辅的普通农户和规模经营主体进行详细的特征比较。

表2-2　　　　　　　　　　　样本基本信息

水稻经营主体类型 (n=413)	样本量 (个)	占比 (%)	决策者年龄 (n=413)	样本量 (个)	占比 (%)
以农为主的普通农户	170	41.2	(0, 40]	47	11.4
以农为辅的普通农户	193	46.7	(40, 60]	271	65.6
规模经营主体	50	12.1	(60, ∞)	95	23.0
家庭收入来源 (n=413)	样本量 (个)	占比 (%)	决策者性别 (n=413)	样本量 (个)	占比 (%)
农业	218	52.8	男	346	83.8
非农经营或就业	195	47.2	女	67	16.2
地貌特征 (n=410)	样本量 (个)	占比 (%)	地区特征 (n=413)	样本量 (个)	占比 (%)
平原	286	69.8	中部地区	115	27.8
丘陵	80	19.5	西部地区	130	31.5
山区	44	10.7	东部地区	168	40.7
受教育程度 (n=413)	样本量 (个)	占比 (%)	农业劳动力占总人口 的比例 (n=413)	样本量 (个)	占比 (%)
小学及以下	160	38.7	(0, 30%]	96	23.2
初中	184	44.5	(30%, 50%]	143	34.6
高中、中专	44	10.8	(50%, 80%]	124	30.1
大专及以上	25	6.0	(80%, 100%]	50	12.1

注：n为该项指标的有效样本量。

(一) 水稻经营主体的个人特征比较

1. 从年龄来看，普通农户的老龄化态势较为明显，规模经营主体以中青年为主

虽然所有类型水稻经营主体的年龄都集中在40—60岁，但还是可以明显看出，普通农户已经呈现较明显的老龄化发展态势。问卷调查数据表明，分别有25.9%、26.4%的以农为主的普通农户和以农为辅的

普通农户的年龄在60岁以上。相比较而言,规模经营主体则表现出年轻化发展趋势,其中,年龄小于40岁的规模经营主体达26.0%(见图2-1)。

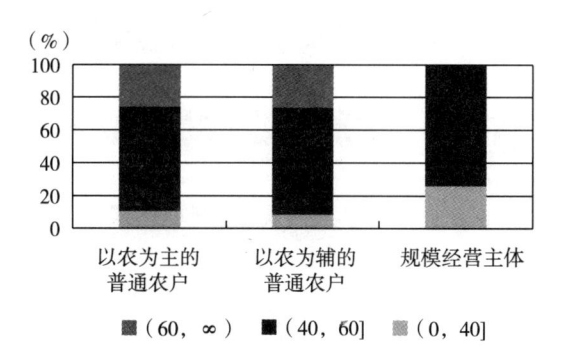

图2-1 不同类型水稻经营主体的年龄结构情况

2. 从受教育程度来看,规模经营主体的文化程度明显高于两种类型的普通农户

在规模经营主体中,具有初中及以上学历的样本占比达90.0%。而以农为主的普通农户和以农为辅的普通农户的受教育程度都普遍较低,以小学及以下学历为主,占比分别达41.8%、43.5%(见图2-2)。

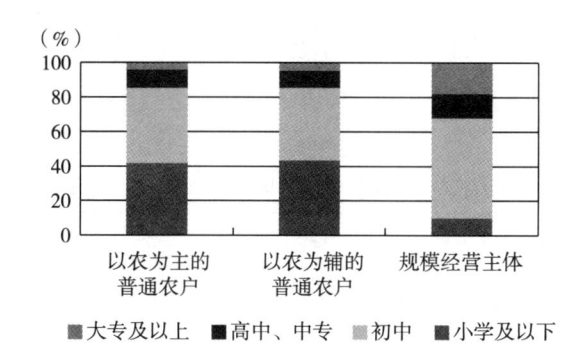

图2-2 不同类型水稻经营主体的受教育程度结构情况

3. 从性别来看,普通农户的妇女化经营趋势更为突出

虽然所有类型水稻经营主体都以男性为主,但是,相比较而言,普通农户在一定程度上已表现出较明显的妇女化经营趋势，特别是在以农为辅的普通农户中，女性经营主体占比高达21.8%。

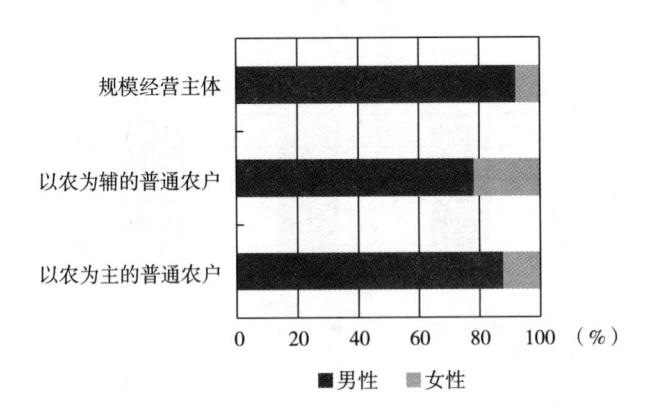

图2-3 不同类型水稻经营主体的性别结构情况

4. 从收入水平来看，以农为主的普通农户的平均收入水平最低

这里主要用家庭人均纯收入指标进行分析。如表2-3所示，规模经营主体的家庭人均纯收入平均值为23804元，比以农为主的普通农户和以农为辅的普通农户的家庭人均纯收入平均值分别高15827元、9636元。而且，规模经营主体家庭人均纯收入的最大值达250000元，最小值为3000元。可见，规模经营主体的收入总体相当可观。再比较普通农户，发现以农为辅的普通农户家庭人均纯收入的平均值、中位数、最小值和最大值都明显高于以农为主的普通农户。

表2-3 不同类型水稻经营主体的家庭人均纯收入情况 单位：元

收入	以农为主的普通农户（n=170）	以农为辅的普通农户（n=193）	规模经营主体（n=50）
平均值	7977	14168	23804
中位数	5000	10000	16000
最小值	750	1000	3000
最大值	50000	100000	250000

注：n为该项指标的有效样本量。

(二) 水稻经营主体的经营特征比较

1. 从种植规模来看，以农为辅的普通农户的种植规模总体最小

在规模经营主体中，种植规模最大值达 4032.0 亩，平均种植规模为 434.2 亩，都远高于普通农户的种植规模情况。而在普通农户中，无论从平均值、中位数，还是从最小值、最大值来看，以农为主的普通农户的种植规模都略大于以农为辅的普通农户（见表 2-4）。

表 2-4　　　　不同类型水稻经营主体的种植规模情况　　　　单位：亩

种植规模	以农为主的普通农户（n=170）	以农为辅的普通农户（n=193）	规模经营主体（n=50）
平均值	7.5	4.7	434.2
中位数	3.5	3.0	230.0
最小值	0.5	0.3	50.0
最大值	47.0	45.0	4032.0

注：n 为该项指标的有效样本量。

2. 从耕地投入情况来看，规模经营主体转入耕地面积以 100—500 亩为主，以农为辅的普通农户更倾向于转出或撂荒耕地

在转入方面，所有被调查的规模经营主体都不同程度地转入过耕地，转入规模以 100—500 亩为主（占比 62.2%），还有 8.1% 的规模经营主体的转入规模达 1000 亩以上。而普通农户则较少发生耕地转入行为，且以 0—10 亩的小规模转入为主。

表 2-5　　　　不同类型水稻经营主体的耕地转入情况　　　　单位：%

经营主体	发生率	转入规模的发生率					
		(0, 10]	(10, 20]	(20, 50]	(50, 100]	(100, 500]	(1000, ∞)
以农为主的普通农户（n=170）	25.3	62.8	20.9	16.3	0	0	0

续表

经营主体	发生率	转入规模的发生率						
			(0, 10]	(10, 20]	(20, 50]	(50, 100]	(100, 500]	(1000, ∞)
以农为辅的普通农户（n=193）	11.9	65.2	34.8	0	0	0	0
规模经营主体（n=45）	100.0	0	0	5.4	24.3	62.2	8.1

注：n为该项指标的有效样本量。

从转出情况来看，以农为辅的普通农户较倾向于将耕地流转出去。如表2-6所示，有73.3%的以农为辅的普通农户都表示转出过耕地，转出面积以0—5亩为主。以农为主的普通农户则较少发生耕地转出情况。此外，还有14.0%的规模经营主体也表示发生过耕地转出情况，而且转出规模较大。在进一步访谈中了解到，规模经营主体转出耕地主要是为了形成连片耕地，方便规模种植而发生的互换行为（见表2-6）。

表2-6　　　　不同类型水稻经营主体的耕地转出情况　　　　单位:%

经营主体	发生率	转出规模的发生率		
			(0, 5]	(5, 10]	(10, ∞)
以农为主的普通农户（n=170）	4.7	87.5	12.5	0
以农为辅的普通农户（n=193）	73.3	90.3	9.7	0
规模经营主体（n=50）	14.0	28.6	14.2	57.2

注：n为该项指标的有效样本量。

至于撂荒情况，数据表明规模经营主体和以农为主的普通农户都较少发生耕地撂荒情况，发生比例分别仅为4.0%和4.7%。而以农为辅的普通农户的耕地撂荒意愿则相对较高，撂荒规模在0—5亩和5亩以上的样本比例分别占8.7%和4.1%（见图2-4）。

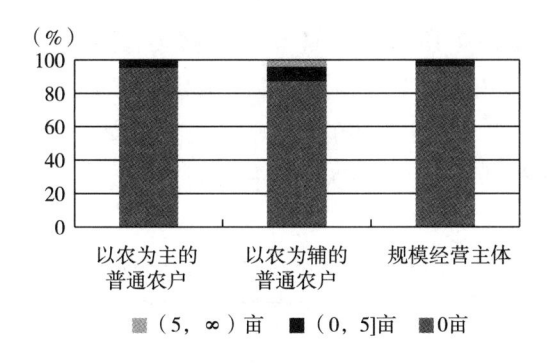

第二章 农业转型中的经营主体分化：历史、现实与未来 | 49

图 2-4 不同类型水稻经营主体的耕地撂荒情况

3. 从农业劳动投入来看，规模经营主体的总农业投入时间最多，以农为辅的普通农户最少

在农业劳动力数量方面，绝大多数被调查样本都表示仅拥有1—2个农业劳动力。以农为辅的普通农户平均拥有的农业劳动力数量最少。

在农业劳动力工作时间方面，规模经营主体的农业投入时间相对最多。具体来看，分别有56.0%、32.0%的规模经营主体表示平均每年的农业工作时间约占全年的1/3、2/3。而以农为辅的普通农户的农业投入时间最少，有45.1%的以农为辅的普通农户表示平均每年的农业工作时间不足全年的1/3（见表2-7）。

表2-7　不同类型水稻经营主体的农业劳动投入情况　　单位:%

经营主体	自己拥有的农业劳动力数量			工作天数		
	1—2人	3—5人	6人及以上	0—120天	121—240天	241—365天
以农为主的普通农户（n=170）	73.1	24.6	2.3	26.5	35.3	38.2
以农为辅的普通农户（n=193）	86.6	12.9	0.5	45.1	30.0	24.9
规模经营主体（n=50）	68.0	26.0	6.0	12.0	56.0	32.0

注：n为该项指标的有效样本量。

在雇用劳动力方面，规模经营主体的雇工情况最为普遍，而且雇工人数最多。如表2-8所示，有54.0%的规模经营主体平均每年雇用的农业劳动力达11人及以上。相比之下，分别仅有19.8%、10.8%的以农为主的普通农户和以农为辅的普通农户发生过雇工情况。此外，与以农为辅的普通农户相比，以农为主的普通农户的雇工情况更为普遍。

表2-8　　　　　不同类型水稻经营主体的雇工情况　　　　　单位:%

经营主体	0人	1—2人	3—5人	6—10人	11人及以上
以农为主的普通农户（n=166）	80.2	3.6	7.2	4.2	4.8
以农为辅的普通农户（n=192）	89.2	5.7	2.5	2.6	0.0
规模经营主体（n=50）	14.0	4.0	8.0	20.0	54.0

注：n为该项指标的有效样本量。

4. 从资本投入来看，规模经营主体对固定资产的投资意愿更为强烈

这里以对农业机械的投资为例。被调查样本中，84.0%的规模经营主体都拥有农业机械，如大中型拖拉机、收割机等。较为诧异的是，在以农为主的普通农户和以农为辅的普通农户中，购买农业机械的比例也较高，分别达60.6%、45.6%。不过，进一步访谈了解到，普通农户所投资的农业机械以农用水泵、小型运输车、手扶拖拉机等为主（见图2-5）。

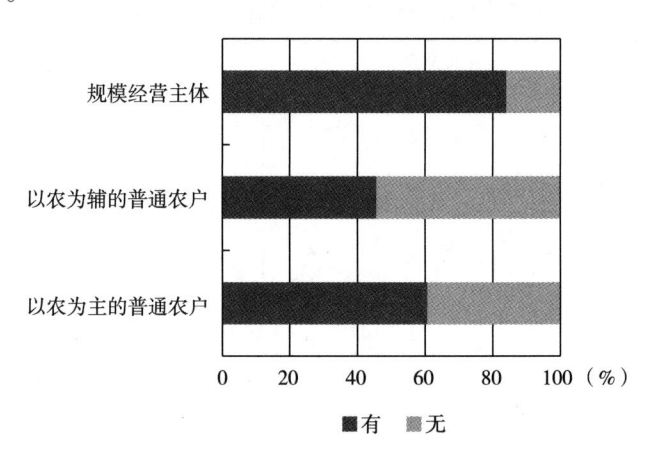

图2-5　不同类型水稻经营主体的农业机械拥有情况

5. 从销售行为来看，规模经营主体的商品化程度普遍较高

有 90.0% 的被调查规模经营主体的水稻商品化率都在 75.0% 以上，这表明规模经营主体的生产经营行为普遍具有较强的市场属性。而普通农户的水稻商品化率则明显偏低。47.1%、40.4% 的以农为主的普通农户和以农为辅的普通农户的水稻商品化率都低于 25.0%（见图 2 - 6）。

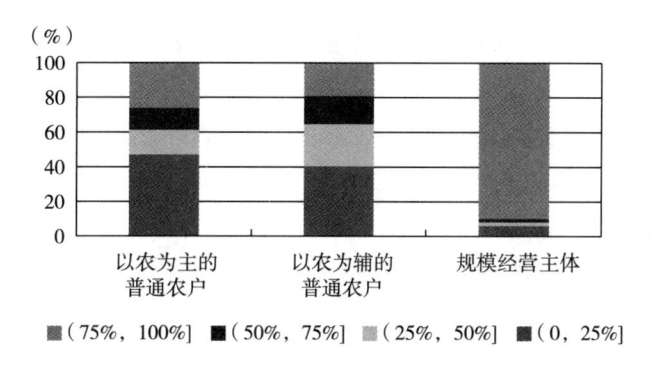

图 2 - 6　不同类型水稻经营主体的商品化情况

第五节　转型背景下农业经营主体进一步分化的趋势

上述现实观察表明，不同类型水稻经营主体在个人特征和经营特征等方面都表现出了较大差异，而这些都可能引致差异化的农机服务需求。因此，分析农业经营主体未来分化的趋势，是后文进一步探讨农机服务未来发展的重要基础。

前文农业经营主体分化的演进脉络也表明：农业经营主体分化及其演进是诱致性制度变迁和强制性制度变迁共同作用的结果。农业经营主体的分化不仅是由于外部潜在利润的出现，更关键的是，农业经营主体对外部潜在利润的不同反应。原有农业经营主体在不同时期的行为选择之所以表现不同，一是由于不同农业经营主体所面临的约束条件、目标函数及行为逻辑存在较大区别；二是因为外部制度和政策环境的变化，及由此造成的可供农业经营主体选择方案的不同。那么，在日益开放、流动、分工的社会环境，日趋激烈的市场竞争及加速推进的农业现代化等发展格局下，农业经营主体又将如何进一步分化？

一　承包农户仍将长期大量存在且内部分化进一步加深

应当承认的是，超小规模基础上的家庭经营在全球化农业竞争中已表现出种种弊端，也是近30年来中国现代农业建设成效不显著的主要约束[①]。不过，发展农业适度规模经营是一个较长的转型过程。在这个过程中，只要农业劳动力转移和人口迁移不同步，分散、小规模家庭经营便有其存在的制度空间和生存土壤[②]。而且，即便当中国的城镇化率进入较高水平以后，中国农村依然会有高达四亿的常住人口[③]。因此，在中长时期内，分散、小规模承包农户仍将在农业经营主体中占据较大份额。与此同时，承包农户内部的分化程度将进一步加深。

（一）少部分承包农户生产效率将进一步提高，明显向规模化、专业化、商品化经营转变，逐渐发展成为专业大户或家庭农场

为了克服生产规模小、市场竞争能力弱、抗风险能力不强等发展弊端，以及提高盈利能力，部分以农业为主，且愿意继续从事农业的承包农户便不断积累以扩大生产经营规模，并向专业化、商品化经营转变。该行为背后的经济学逻辑在于：使农业收入至少不低于非农就业的机会成本。而就现实条件来看，扩大经营规模是实现该目的最快、最直接的路径之一。与此同时，新型工业化、人口城镇化带来的农业劳动力转移速度加快和规模扩大等积极变化，在客观上也为适度规模经营的发展提供了重要契机，有利于专业大户及家庭农场的成长与发展。由于既克服了承包农户"小而全"的不足，又延续了家庭经营的优势，在承包农户基础上壮大起来的专业大户及家庭农场，具有较强的发展能力。

[①] 何秀荣：《公司农场：中国农业微观组织的未来选择？》，《中国农村经济》2009年第11期。

[②] 赵佳、姜长云：《兼业小农抑或家庭农场——中国农业家庭经营组织变迁的路径选择》，《农业经济问题》2015年第3期。

[③] 韩俊：《农业改革须以家庭经营为基础》，《经济日报》2014年8月7日第014版。

(二) 发展较好的部分专业大户和家庭农场将在未来逐步成为农业生产性服务，特别是农机服务的供给主体

这主要是因为，当资本积累达到一定程度、经营面积达到一定规模，部分专业大户或家庭农场出于成本—收益考虑，就会不断增加对固定资产的投资，特别是农业机械。而为了快速收回投资成本、实现资产的最大化效益，他们在满足自我服务需求基础上，也会逐渐向市场供给相关的农机服务。更关键的是，随着农业经营经验、农产品销售网络的不断积累，专业大户和家庭农场在农业生产实践中的辐射带动作用将更加明显，其所提供的农业生产性服务内容也将逐渐拓展。

(三) 部分承包农户将明显衰退，老龄化和兼业化程度都将进一步加深，并逐渐降低经营的商品化程度

需要强调的是，能够发展成为专业大户或家庭农场的承包农户毕竟是少数，大部分承包农户将继续以兼业形式从事农业生产。而且，这些分散、小规模承包农户的老龄化程度还将随着新生代农民工的不断向外转移和第一代农民工的陆续返回农村而进一步加深。其一，新生代农民工的农民特征明显减少，对农业生产并不熟悉，甚至在农村没有土地，总体来看，他们对城市的认同远大于对农村、农业的认同，愿意从事小规模农业生产的意愿较小[1]。其二，绝大多数第一代农民工已逐渐进入退休年龄阶段，体力的不断下降使他们难以继续留在城市或非农产业就业，没有经济能力的他们也难以通过买房等途径继续留在城市，因此，退回农村成了他们的最主要现实选择。然而，当这些陆续进入老人行列的第一代农民工再次成为农业经营主体时，不仅可能会进一步加深农业经营主体的老龄化程度，而且，还可能会显化稀缺土地资源所具有的社会保障功能，进而，可能会固化分散、小规模的家庭经营格局，在一定程度上阻碍农业适度规模经营进程[2]。

此外，在农业生产机会成本不断高涨的背景下，特别是在农业适度规模经营发展的冲击下，这些较为传统、分散的小规模家庭经营的比较

---

[1] 郭晓鸣、董欢：《新生代农民工融入城市的障碍分析与思考》，《学习论坛》2011年第4期。

[2] 董欢、郭晓鸣：《新型城镇化与农业现代化：第一代农民工的转移取向及其多元影响》，《人口与发展》2013年第6期。

利益下降得更为明显,农业收入在其家庭总收入中的占比也将进一步下降。由此,不仅可能导致小规模承包农户的农业经营行为越发兼业化和单一化,还可能促使其降低经营的商品化程度,甚至可能逐渐退出农业商品生产者的行列。总体来看,对这些承包农户而言,农业生产已并非赚钱的主要手段,而是演变成了一种满足自给需求的粗放经营方式,或者说将更多扮演生活方式的角色。

二 农民专业合作社将呈现多元发展态势并更多发挥服务功能

从理论渊源和国际农业发展实践来看,家庭经营都具有旺盛生命力,即使在生产力水平提高以后,家庭经营的基础性地位依然值得肯定①。不过,在中国农业转型的关键时期,必须通过改善家庭经营的资源配置及其外部环境,以增进家庭经营发展现代农业的适应性②。虽然实践中农民专业合作社的发展不尽理想,有关负面评价频发,如"空壳""休眠""挂羊头卖狗肉"等,但是,作为一种在家庭经营的根基上发展起来的农业经营组织,农民专业合作社不仅是坚持和完善农村家庭基本经营制度的重要组织载体③,其在帮助农户提高组织化程度、降低市场交易成本、增强市场主体地位等方面的作用都是值得充分肯定的④。

从发展趋势来看,第一,随着农村分工分业深化、农户分层分化加快,农户之间在内容、层次、领域等方面的合作需求都将更加多样,因而,农民专业合作社总体也将呈现更为多元的发展特征。第二,农民专业合作社在未来还将发挥更多服务功能。因为大部分农民专业合作社都是围绕某种特定农产品,在一定区域范围内组建的,所以,其成员构成通常具有地域集中、同质性较强等特点⑤。这就使合作社在提供农业生

---

① 韩俊:《农业改革须以家庭经营为基础》,《经济日报》2014年8月7日。
② 韩俊:《准确把握土地流转需要坚持的基本原则》,《农民日报》2014年10月22日。
③ 苑鹏:《欧美农业合作社的实践创新及其对我国的启示》,《学习与实践》2015年第7期。
④ 杜志雄、王新志:《加快家庭农场发展的思考与建议》,《中国合作经济》2013年第8期。
⑤ 苑鹏:《农民专业合作组织与农业社会化服务体系建设》,《农村经济》2011年第1期。

产性服务方面具有较明显优势，一是将分散农户组织起来、建立生产基地的过程，也生成了一个为广大农户开展科技服务的最佳平台；二是由于成员内部对农业生产性服务的需求较为一致，有利于农民专业合作社以较低的组织成本开展服务，从而实现服务的规模经济效应。

三 工商资本受政策约束和自身优势驱动将更多进入农业生产性服务领域

不可否认，在高科技农业开发、荒山荒水、滩涂大水面作业等单家独户农户无法胜任或能力不强的领域，工商资本确实具有较强经营优势。但是，无论从建设现代农业，还是从保障国家粮食安全角度考虑，工商资本经营农业的可持续性都相对较弱，其天生的逐利性与农业所具有的多元功能在一定程度上是相矛盾的。因此，工商资本下乡应是带动农户发展现代农业，而不是代替，不应鼓励其与农户争夺传统的农地经营，而应当引导其主要进入农户和合作社干不了的关键环节或产业发展薄弱环节[①]，通过错位经营实现工商资本和农户的共赢。

从外部发展环境来看，由于专业大户、家庭农场等规模经营主体大多植根于农村内部，具有较明显地缘优势和熟人关系，因此，随着他们的快速发展，工商资本直接从事农业生产的竞争优势也将逐渐减弱。更现实的是，在城镇化和工业化进程中，绝大多数地区的农地租金和劳动力工资价格都可能进一步上涨，从而，对于需要大量流转农地和雇工的工商资本而言，其直接从事农业生产的成本也将进一步增加。从自身发展选择来看，由于农业企业具有较明显的资本和经营管理优势，更适合进入能够企业化运作的农业生产性服务领域。而专业大户、家庭农场、专业合作社等规模经营主体的发展壮大，都将扩大对农业生产性服务的市场需求。这也是工商资本进入农业生产性服务领域的重要市场基础。

---

① 张晓山：《大力培育新型农业经营主体》，《农民日报》2014年10月30日。

第三章　农机服务发展的理论阐释、历程回顾及现实意义

从国际农业发展经验来看，相较于农业经营主体自购农业机械进行农业生产，发展市场化农机服务更为符合世界上大多数国家农业发展的实际情况。在耕地细碎的资源禀赋条件及家庭经营的制度安排下，农机服务一经产生，便在中国农业生产实践中表现出了较强的适应性，不仅在农业机械化全面推进方面发挥着越来越重要的作用，而且对于加快农业发展方式转变也有着重要的激发效应①。甚至可以说，发展农机服务是伴随中国农业发展方式转型过程的必然趋势，其发展既有深刻的理论成因，也是中国现实背景下的客观需求。因此，从已有理论和研究两个层面考察农机服务在中国的产生与发展，不仅是后文进一步详细分析农机服务未来发展的基础，而且对于全面认识农业机械化发展、探讨农业转型等重大问题都有重要启示意义。

第一节　农机服务的概念界定和研究范围

一　生产性服务

关于生产性服务的探讨始于 17 世纪。随着后工业社会时期发达国家生产性服务业的持续快速发展，相关方面的研究才更为深入和清晰。

---

① 姜长云：《农业产中服务需要重视的两个问题》，《宏观经济管理》2014 年第 10 期。

20世纪美国经济学家Greenfield[①]最早系统地提出了生产性服务的概念，他认为，生产性服务是企业、非营利组织和政府主要向生产者而不是向消费者提供的服务产品和劳动。在已有研究基础上，马歇尔[②]认为，生产性服务是那些为其他部门在其生产过程的各个阶段提高产出产品价值的活动。Coffey等[③]强调，生产性服务不是直接用来消费、直接产生效用的，它是用来生产其他产品或服务，是中间性的投入而非产出。总体而言，学术界对于生产性服务是一种中间需求性服务而非最终消费，并且具有专业性和知识性等特点的认识已基本取得共识。然而，当前国内外的研究多是讨论面向工业及制造业的生产性服务，面向农业的生产性服务的研究略显薄弱，甚至国内学者对农业生产性服务这一术语还较陌生。

那么，究竟何为农业生产性服务？从已有研究来看，韩坚等[④]、姜长云[⑤]等从产业链视角出发认为，农业生产性服务即面向农业产业链提供的生产性服务；也有学者从服务归属视角观察，如关凤利[⑥]认为，农业生产性服务主要包括农业先进生产技术发明与推广服务体系、农产品供给需求信息提供服务体系、农产品质量评估服务体系、农产品运输销售加工服务体系、农业支持与风险防护体系等。总体而言，到目前为止，学术界在相关概念的使用方面仍存在一定分歧，除农业生产性服务外，还有学者广泛使用农业服务、农业社会化服务、农业现代服务、现代农业服务、服务农业的生产性服务等概念。[⑦]

基于现有研究，本书将农业生产性服务的定义进一步具体阐释为：

---

① Greenfield H. I., *Manpower and the Growth of Producer Services*, New York: Columbia University Press, 1966.

② ［英］阿尔弗雷德·马歇尔：《经济学原理》，朱志泰、陈良璧译，商务印书馆2009年版。

③ Coffey W. J., Mario Polese, "Producer Service and Regional Development: A Policy - oriented Perspective", *Papers in Regional Science*, Vol. 67, No. 1, 1989.

④ 韩坚、尹国俊：《农业生产性服务业：提高农业生产效率的新途径》，《学术交流》2006年第11期。

⑤ 姜长云：《着力发展面向农业的生产性服务业》，《农村工作通讯》2010年第22期。

⑥ 关凤利：《中国农业生产性服务业的发展对策》，《经济纵横》2010年第4期。

⑦ 姜长云：《农业生产性服务业发展的模式、机制与政策研究》，《经济研究参考》2011年第51期。

农业生产性服务是指政府涉农部门、龙头企业、涉农市场、农民专业合作组织以及专业大户等主体向农业生产者提供的生产性服务和劳动，这种服务和劳动表现出已外部化和市场化的独立形态。从农业生产链条来看，产前涉及的农业生产性服务包括良种（包括牲畜）、饲料、化肥、农药、能源等农用物资的生产供应以及农机作业等服务，产中涉及的农业生产性服务包括农业机械、植保动物防疫、农业科技、农业管理信息咨询及农业金融等服务，产后涉及的农业生产性服务包括农产品收购、质量检验检测、贮藏、加工、包装、销售、品牌建设等服务。

二　农机服务

本书所指的农机服务是指市场化、外部化的农机服务。从服务范围来看，农机服务涉及除草、耕地、播种、插秧、施肥、撒药、收割和搬运等所有农业生产环节。总体来看，农机服务呈现以下重要特征：

（一）农机服务是一种生产与消费过程同时进行的特殊商品

从经济学角度理解，农机服务的本质属性是商品，其发展须同时满足两个基本条件：一是农业经营主体有购买农机服务的意愿和在市场价格条件下具备一定的支付能力；二是农机服务供给主体有出售农机服务的愿望和在市场价格条件下具备一定的供给能力。此外，农机服务也遵循正常商品的一般供需特征，如需求量与自身价格呈负相关、需求量与替代品价格（劳动力工资价格）呈正相关、供给量与自身价格呈正相关等。

但是，由于农机服务的生产与消费过程同时进行[1]，因此，农机服务还表现出了不同于一般商品的特殊性：一是无法贮存，不能依靠存货来缓冲和适应市场需求变化；二是不能转售或退回，参加农业生产活动后便被消耗掉，具有易逝性。

（二）农机服务是一种经常性的、无形的重要中间投入要素

农机服务其实是农业机械的衍生品，是开展农业生产活动特别是现代农业生产活动的重要中间投入要素。但是，与农业机械实体不同的是，农业机械设备是作为长期固定资本被投入到农业生产过程中，而农

---

[1] 蒋三庚：《现代服务业研究》，中国经济出版社2007年版，第11—12页。

机服务是具有短期、速效、流动性等特点的经常性投入。另一重要区别在于，农机服务是一种无形的服务活动，不能像有形农业机械设备那样被观察和触摸到。因而，农机服务只有被用于具体的农业生产活动后，才能真正发挥其所具有的生产要素价值，才能被检验其产品质量。

（三）农机服务是一种质量波动较大、监控较难的技术要素

与农业机械相似，农机服务也扮演着替代人、畜力等劳动工具进行农业生产活动的角色，其在农业生产活动中的使用同样是一个运用先进农业机械设备以降低劳动强度、节约劳动消耗、提高农业劳动生产效率的技术过程。不过，值得注意的是，由于农机服务的使用需要人的主观操作才能实现，因此，其质量在很大程度上受到作业操作者自身素质、经验及主观能动性等综合影响。而因为作业操作者质量良莠不齐，以及同一操作者的行为表现也很可能因需求者、作业时间等不同而有所差异，所以，农机服务质量在实践中存在较大波动性。更重要的是，农机服务具有经验品的经济特性，供给主体与需求主体之间存在较严重的信息不对称。从而又导致农机服务在质量监督控制方面存在较大难度。

（四）农机服务是一种受到自然再生产规律影响的引致需求

农业生产是人类有意识干预自然的再生产过程，这种干预必须符合动植物生长发育的自然规律[①]。因此，作为农业生产活动的一种引致需求，农机服务在很大程度上也受到自然规律的影响，具体表现为：第一，基于农作物种类繁多、种植环节复杂多样、绝大部分农业机械具有资产专用性的事实，农机服务也呈现出种类繁多、技术难度不一等特征，实践中有用于水稻、小麦、玉米、蔬菜等不同农作物的犁地、播种、插秧、收割、搬运等不同环节的多种农机服务。第二，受农业生产季节性影响，农机服务也具有较明显的时节性，同一农业生产周期中的不同时节对应着不同的农机服务需求。第三，农机服务具有较强的作业适时期。同一农机服务，如果完成时间不同，其作业效果会出现较大差异。例如，在收割环节，提前或延迟服务，都会严重影响农作物的最终产量与质量。第四，由于农业生产通常表现出较强的地域分布特征，因此，不同地形、地区之间的农机服务通常也有所区别。

[①] 李秉龙、薛兴利：《农业经济学》，中国农业大学出版社2009年版。

三 研究范围界定

从产业视角来看，农机服务发展包含的内容相当丰富。但是，为了在有限篇幅内，突出研究重点、提高研究深度，本书着重从需求和供给两个层面展开研究，并未分析整个农机服务产业的发展问题。此外，考虑到不同农作物之间的自然、经济属性的差异性，以及相应的农业机械研发、农机服务市场发展等情况都各有不同，为排除不同农作物之间的农机服务发展差异，本书的实证分析集中围绕水稻展开讨论。之所以选择将水稻作为实证分析对象，主要是基于以下原因：第一，水稻在中国的种植历史悠久，不仅是最主要的农作物，而且是最重要的粮食作物，因此，研究水稻生产过程中的农机服务发展问题具有较好的代表性和重要意义；第二，在主要粮食作物中，小麦的机械化程度已经较高，玉米等其他粮食作物的机械化程度又偏低，而水稻的机械化程度较为适中，所以，从农业经营主体截面来看，农机服务发展情况在水稻中的差异更为明显。从而，更能够通过比较截面数据之间的差异性来分析农机服务发展中存在的问题，以及导致这些差异和问题的原因。

第二节 农机服务发展的理论阐释

就本质而言，农机服务是在一定的制度环境中成长起来的，是农业经济发展到一定阶段的产物，并伴随着农业经济的进一步发展而得以不断完善。理论分析表明，农业生产专业分工深化、生产活动外包、交易成本降低及共享理念等是促成农机服务快速发展的主要原因。

一 农业生产专业分工与农机服务发展

亚当·斯密[①]在著作《国民财富的性质和原因的研究》中，利用扣针制造业的案例，详尽阐释了分工的原因、产生的条件及所发挥的重要作用等。他认为，正是由于分工所带来的熟练、技巧和判断力的不断提

---

① ［英］亚当·斯密：《国民财富的性质和原因的研究》，郭大力、王亚南译，商务印书馆1972年版，第12页。

高,才使得劳动生产率大幅提升。尔后,马歇尔①在著作《经济学原理》中也对分工做了大量分析。他认为,专业分工深化与经济组织的发展之间是一种相辅相成的关系。在上述新古典经济学专业分工思想基础上,马克思等②又进一步提出,任何新的生产力都会引发进一步的分工。他还强调,一方面,生产力发展水平在很大程度上决定了社会整体分工程度;另一方面,分工程度又在很大程度上反映了社会生产力发展水平,并反作用于生产力。

随着农业生产专业分工不断深化,各种农业机械不断被发明制造,极大便利和简化了农业生产活动。实践中部分经营主体逐渐开始从事农机服务经营活动。分工不仅提高了他们的作业熟练程度,还进一步强化了他们专门从事农机服务的意愿。另一部分农业经营主体出于效率和成本的综合考虑,也逐渐选择从市场交易中购买农机服务来完成农业生产活动。随着这一交易过程缓慢而渐进地发展,市场上农业经营主体对农机服务的需求更为强烈,进而又催生了专业性农机服务供给主体的快速成长。反过来,专业性服务供给主体的不断成长,又进一步促进了农业生产专业分工深化和专门性服务市场的发展,从而刺激了农机服务作为一种产业而迅速发展。

二 农业生产活动外包与农机服务发展

外包理论起源于管理学思想,最早被应用于商业领域。早在20世纪80年代,管理学大师彼得·德鲁克③在著作《大变革时代的管理》中就提出,那些不产生收入的支持性工作和不提供向高级发展机会的活动或业务,最终都会被企业外包出去。尔后,管理学家 Prahalad 和 Hamel④ 在论文《企业的核心竞争力》中也进一步提出外包的概念。他

---

① [英]阿尔弗雷德·马歇尔:《经济学原理》,朱志泰、陈良璧译,商务印书馆2009年版。
② [德]卡尔·马克思、弗里德里希·恩格斯:《马克思恩格斯选集》第1卷,人民出版社2012年第3版,第68页。
③ [美]彼得·德鲁克:《大变革时代的管理》,赵干城译,上海译文出版社1999年版。
④ Prahalad C. K., Hamel G., "The Core Competence of the Corporation", In: Hahn D., Taylor B. (eds), Strategische Unternehmungsplanung — Strategische Unternehmungsführung, Springer, Berlin, Heidelberg, 2006.

们认为，为了保持自身核心竞争力，企业应该专注于核心业务、资源的管理和发展，将非核心业务外包给具有专业化优势的外部企业。

所谓农业生产活动外包，是指农业经营主体选择将部分原来属于自己处理的农业生产活动，以合同或其他契约形式委托给家庭以外的专业性服务组织。在传统农业社会中，农业生产形态以高度自给自足为主，几乎所有的农业生产活动都由农户家庭自己独立完成。而随着市场经济体制的不断完善、农业发展水平的不断提高，以及专业性服务组织的不断成熟，相较于外部化交易成本，农业生产活动通过家庭内部独立完成所产生的组织管理、运营等成本越发显得昂贵，生产活动外包的交易成本及运作效率的优势不断凸显。因此，在专业性服务组织能将生产活动做得更有效率和更加便宜的背景下，农业经营主体自然会不断选择将部分农业生产活动以商业形式外包给家庭外部的专业性服务组织。伴随着外包业务和服务市场范围的日益扩大，外包活动的成本进一步下降，这又进一步刺激了更多的农业经营主体选择将更多的农业生产活动从家庭内部分离出去。专业性农机服务市场也正是在农业生产活动不断外包的过程中形成和持续发展的。

三 交易成本理论与农机服务发展

交易成本理论是由经济学家 Coase 提出的。在《企业的性质》一文中，他分析了企业边界、交易成本等概念，认为交易成本是获得准确市场信息、谈判和经常性契约等所需付出的全部时间及成本。[1] 他还强调，之所以存在企业就是因为存在市场交易成本，企业和市场是两种可以相互替代的资源配置机制。虽然企业的存在降低了外部交易成本，但是，也产生了额外管理成本。Williamson[2] 进一步将交易成本划分为事前交易成本和事后交易成本，并对各自包含的内容进行了梳理，还对可能影响交易成本的因素作了详细讨论。

借鉴 Williamson 的交易成本分类，本书认为，农业经营主体购买农

---

[1] Coase R. H., "The nature of the firm", *Economica*, Vol. 4, No. 16, 1937.

[2] Williamson O. E., "Transaction - cost Economics: The Governance of Contractual Relations", *Journal of Law and Economics*, Vol. 22, No. 2, 1979.

机服务的交易成本主要包括：第一，事前交易成本，即农业经营主体寻找与收集农机服务供给主体及其作业质量、服务态度、交易价格等市场信息所需付出的时间和成本，以及针对农机作业的时间、地点、价格等与农机服务供给主体进行讨价还价所发生的成本。第二，事后交易成本，即监督农机服务供给主体是否按照合约规定从事农机作业，以及违约等意外情况所需付出的成本。

按照交易成本理论，只有当农业经营主体所付出的交易成本小于或等于家庭自我作业所需成本时，他们才会选择从市场上购买全部或部分农机服务来完成农业生产活动。而由于农机服务具有较明显的规模经济效应，因此，随着市场交易范围的不断扩大，农机服务的作业成本会进一步下降，进而交易成本也将进一步下降，从而将刺激更广泛的农机服务需求。最终促使专业型农机服务供给主体不断发展壮大。

四　共享经济与农机服务发展

虽然共享经济近年才成为人们关注的热点话题，但其实关于共享经济的理论研究早已展开。美国社会学家 Felson 和 Spaeth[①] 最早提出协同消费的概念，即"多人共同参与消费商品和服务的活动"。这也是关于共享经济的最早理论根源。此后，Belk[②] 进一步对共享概念进行了阐释，认为，共享就是将自己的东西分配给他人使用，或者从他人处获得商品或服务为我所用的行为和过程。Botsman 等[③] 进一步从产权视角对协同消费进行了定义，认为协同消费就是超越所有权享受产品和服务的活动。

从本质来看，共享经济其实就是在不改变资源（或资产）所有权的基础上，通过让渡资源（或资产）的使用权，从而实现使用权的共享，避免资源（或资产）的闲置浪费，实现物尽其用的最优配置。专

[①] Felson M., J. Spaeth, "Communitive Structure and Collaborative Consumption", *American Behavioral Scientist*, Vol. 21, No. 4, 1978.

[②] Belk R. W., "Why not Share rather than Own", *Annals of the American academy of political and social science*, Vol. 611, No. 1, 2007.

[③] Botsman Rachel, Roo Rogers, *What's Mine is Yours: How Collaborative Consumption is Changing the Way We Live*, New York: HarperCollins, 2011.

业化的农机服务正是在不改变农业机械所有权的前提下，实现其使用权的多人共享。这正好契合了共享经济的本质，是一种更灵活的要素配置方式。在中国资源禀赋条件约束下，发展共享经济，可以让资本不足的小规模农户也能通过购买市场化农机服务实现机械化作业，从而引领他们加入现代化农业生产体系，带动更多农户发展现代农业。

第三节 关于农机服务发展的研究述评

一 国内研究现状

在梳理国内相关研究时发现，早期关于农机服务的讨论较少。由于农机服务是农业机械化发展到一定阶段的产物，因此，关于农业机械化发展的研究综述对开展农机服务研究工作也具有重要的启示意义。

(一) 关于农业机械化的研究

曾经片面追求农业机械化发展的历史，使得无论在实践中还是在理论认识上对于"农业机械化在农业发展中的作用"都曾有所争议。有学者认为，农业机械化对农业现代化发展具有重要作用，但是，农业机械化并非现代农业的根本出路[1][2]。当然，也有学者努力证明农业机械化在农业经济增长中所起的积极作用，而且这方面的研究一直延续至今。

随着中国农村经济体制改革的深入和农村经济的快速发展，农业生产对农业机械化的需求日趋强烈，相关研究更是层出不穷。早期研究主要集中在农业机械化对农业的贡献方面，如李庆东[3]利用全国统计数据对影响农业经济发展的多种因素进行了分段关联分析和层次分析，结论表明农业机械化对农业经济发展具有较强的促进作用，且作用逐渐增

---

[1] 刘运梓、宋养琰：《农业机械化是农业现代化的核心和基本内容吗?》，《社会科学辑刊》1980年第4期。
[2] 罗象谷：《农业机械化是农业的根本出路吗?》，《中国农村经济》1985年第7期。
[3] 李庆东：《农机化对农业经济发展影响程度的分析》，《数理统计与管理》1994年第1期。

大。李立辉等[1]基于技术经济学视角，认为机械化对农业产出增长不仅包含农业机械投入量增减对产出的影响，还包括农业机械生产率提高的作用以及对农业劳动生产率增长的贡献。杨敏丽等[2]基于产业竞争力视角的研究，发现在中国由传统农业向现代农业转变过程中，影响农业国际竞争力的关键性生产要素是农业机械。彭代彦[3]利用调查数据，实证分析了农业机械在提高稻田利用率、增加粮食产量等方面的作用，研究结果揭示：用机械代替劳动的技术转型是弥补中国南方水稻产区农业劳动力不足、提高水稻生产复种指数和粮食产量的重要途径。随着人们对农业机械化认识的不断深入，也有学者从制度经济学视角展开讨论，认为农业机械化对"三农"问题，甚至对整个社会都有较明显的正外部效应，特别是对社会可持续发展的正外部性，以及技术、知识溢出的正外部性[4]。

由于农业发展微观环境的不断变化，关于"是否应当大力发展农业机械以替代农业劳动"的研究观点也在不断地发生变化。董涵英[5]认为，承包责任制的推行对农业机械化发展既有强大推动作用，也有抑制作用，发展农村商品经济、创造现代化生产环境有利于缓解机械化规模作业与小规模分散经营之间的不适应。傅泽田[6]基于对中国农业劳动力剩余的原因和特征分析，强调农业机械是增强农业发展后劲的主要投入要素，必须有所发展。也有学者认为，因为单户家庭种植规模小、家庭劳动力足以完成大部分种植环节，所以，相比农业机械，在农业生产中使用自家劳动力更具经济优势[7]。

---

[1] 李立辉、杨清、吴谷丰、赵耀：《农业机械化技术经济效益评价》，《农业技术经济》2001年第1期。

[2] 杨敏丽、白人朴：《农业机械化与农业国际竞争力的关系研究》，《中国农机化》2004年第6期。

[3] 彭代彦：《农业机械化与粮食增产》，《经济学家》2005年第3期。

[4] 刘峰涛、王鲁梅：《农业机械化外部性的经济分析及其政策阐释》，《中国农机化》2005年第4期。

[5] 董涵英：《对农业机械化问题的一些思索》，《中国农村经济》1987年第6期。

[6] 傅泽田：《农村劳动力剩余与农业机械化》，《北京农业工程大学学报》1998年第4期。

[7] 李厚廷：《问题与出路：后发地区农村生产力发展研究》，中国经济出版社2008年版，第198页。

另外，还有部分学者虽然并未直接讨论"农业机械替代农业劳动力是否经济"，但他们的研究对"如何协调农业机械化发展与农业劳动力转移"具有重要参考价值。如楼江等[①]强调必须保持农业机械化推力和非农就业拉力的均衡，以实现农业机械化发展进程与农业劳动力转移进程之间的协调。陈吉元等[②]认为，将过多的富余劳动力从农村转移出去是农业机械化得以快速发展的重要前提。

此外，随着数学知识的广泛应用，不少学者也开始从数理角度研究农业生产中机械的使用对农业劳动力的替代绩效。杨敏丽[③]从全国的实证分析中发现，农业机械化水平与农业从业人员占社会总从业人员的比重显著相关，农业机械化率每增加 1 个百分点，农业从业人员在全国社会从业人员中所占比重便下降大约 1 个百分点。祝华军[④]运用系统动力学方法对中国 1990—2002 年的面板数据进行了实证分析，研究结论表明全国农业机械净值增加 1 亿元，可支撑 4.35 万农业劳动力转移到非农产业或城镇。

关于农业机械化发展影响因素的分析，也一直是学界较为关注的重点话题。20 世纪 80 年代初，不少学者便对这一问题展开了讨论，认为农艺与农机的矛盾延迟了农业机械化进程[⑤]。华鸣[⑥]基于微观层面的定性分析，认为机械作业比人工作业费用的节约额、机械作业能减少农作物损失或增加产量的收入、机械作业替代的青壮年劳动力数量、从事非农产业的劳动收入增加额、社会心理效益的满足感等都是影响农业机械化发展的关键因素。此后，不少学者还运用计量经济学分析方法实证检

---

① 楼江、祝华军、韩鲁佳：《农业劳动力转移与农业机械化的相关性分析》，《农业系统科学与综合研究》2006 年第 1 期。
② 陈吉元、彭建强、周文斌：《21 世纪中国农业与农村经济》，河南人民出版社 2009 年版，第 39 页。
③ 杨敏丽：《中国农业机械化与农业国际竞争力》，中国农业科学技术出版社 2003 年版，第 38—39 页。
④ 祝华军：《农业机械化与农业劳动力转移的协调性研究》，《农业现代化研究》2005 年第 3 期。
⑤ 陈立：《对农业机械化问题初步的系统分析》，《农业经济丛刊》1980 年第 12 期。
⑥ 华鸣：《农民选择机械作业的社会经济动因》，《山西农机》1997 年第 9 期。

验了农业机械化发展的影响因素。傅泽田等[1]通过构建农业机械动力总量 Logistic 模型，实证分析了农民收入水平、劳均播种面积、粮食单产水平等变量对农业机械化发展的影响程度。胡瑞法、黄季焜[2]通过量化不同省份粮食与棉花生产中农业劳动力与农业机械投入的替代关系，探讨了农业劳动力机会成本对农业机械化发展的具体影响。陈宝峰等[3]通过建立农业机械化发展水平影响因素逐步回归模型，对山西省 115 个县（市）的调查数据进行分析，研究表明农业机械化发展水平的影响因素主要有：每公顷农业机械总动力、人均国内生产总值、丘陵山地比例、农民人均纯收入、每公顷农业机械原值、农业劳动力占总劳动力比重和无霜期等。侯方安[4]从国家宏观层面探讨了种植规模、农业劳动力转移等因素对农业机械化发展的具体影响及影响机制。汤进华等[5]采用通径分析方法，发现农业机械化发展的主导因子包括农民文化程度、农业劳动力转移率和农民收入水平。

（二）关于农机服务的研究

20 世纪 80 年代初期，农机服务作为一种中间投入要素在农业生产中的应用和取得的显著成效，受到了广泛关注。此后，关于农机服务的探讨也日益丰富。关于农机服务发展的意义，已有研究做出了较高评价，如林毅夫[6]认为，发展农机服务不仅是解决农地规模限制问题的可行方式，而且有助于克服资本不可分性问题。许锦英[7]也强调，社会化农机服务通过农机经营主体与农业经营主体的分离，有利于在不改变土地承包关系的前提下实现传统农业生产方式的变革，快速提高中国农业

---

[1] 傅泽田、穆维松：《农机动力总量分析模型在农业机械化系统分析中的应用》，《中国农业大学学报》1998 年第 6 期。

[2] 胡瑞法、黄季焜：《从耕地和劳动力资源看中国农业技术构成和发展》，《科学对社会的影响》2002 年第 2 期。

[3] 陈宝峰、白人朴、刘广利：《影响山西省农机化水平的多因素逐步回归分析》，《中国农业大学学报》2005 年第 4 期。

[4] 侯方安：《农业机械化推进机制的影响因素分析及政策启示——兼论耕地细碎化经营方式对农业机械化的影响》，《中国农村观察》2008 年第 5 期。

[5] 汤进华、林建永、刘成武、吴永兴：《中国农业机械化发展影响因素的通径分析》，《辽宁工程技术大学学报》（自然科学版）2011 年第 2 期。

[6] 林毅夫：《制度、技术与中国农业发展》，格致出版社 1992 年版，第 119 页。

[7] 许锦英：《农机服务产业化是稳定家庭承包责任制、发展农业生产力的重要途径》，《中国农村经济》1998 年第 9 期。

的整体效益。他还认为，农机服务产业化是一种兼容中国超小规模和机械化大生产的农业经济体制①。黄季焜②指出，农机服务的发展促进了社会资源的高效配置和提高农业生产力。钟甫宁等③通过对农业劳动力非农转移和农机服务之间关系的研究，认为由于农机服务的发展，削弱了农业劳动力外出务工对粮食生产的影响。曹阳④指出："农业机械化的本质不是机械的简单堆积，也不是农业动力的增多，而是农民在农业生产的各个环节可以享受到的农业服务。不是说农业机械越多越好，也不是说农业的机械动力越高越好，而是把农民从繁重的劳作中解放出来，使他们享受到农机的服务，这才是根本的目标。"陈义媛⑤基于政治经济学视角的研究认为，农机服务的发展加剧了农村内部的分化，随着农业生产中不同环节被资本替代和占取，小生产者在农业剩余分配中的权力越来越弱，也正是这种资本对农业不同环节的改造和重组推动了农业转型，使农业活动的资本化程度不断提高。

此外，部分学者从促进农业机械化发展的角度对农机服务展开研究，如杨玉林等⑥基于小麦跨区收割的现状分析，认为虽然实践中跨区收割存在诸多问题，但对中国农业机械化发展实践产生了重大推动作用。路江涛⑦也以小麦跨区作业服务为研究对象，认为小麦跨区机械化收割有效实现了农机资源的高效集约化利用，是一种非常具有可持续性的机械化发展道路。任朝军等⑧认为，农机服务产业化是联系农户、农

---

① 许锦英、卢进：《农机服务产业化与我国农业生产方式的变革》，《农业技术经济》2000 年第 2 期。

② 黄季焜：《新时期中国农业发展：机遇、挑战和战略选择》，《中国科学院院刊》2013 年第 3 期。

③ 钟甫宁、陆五一、徐志刚：《农村劳动力外出不利于粮食生产吗?》，《中国农村经济》2016 年第 7 期。

④ 曹阳：《社会化服务带动现代农业发展》，《农机市场》2018 年第 11 期。

⑤ 陈义媛：《中国农业机械化服务市场的兴起：内在机制及影响》，《开放时代》2019 年第 3 期。

⑥ 杨玉林、白人朴：《中国小麦跨区机收作业现状、问题及发展趋势》，《中国农业大学学报》2000 年第 6 期。

⑦ 路江涛：《小麦跨区机收对中国农业机械化发展的影响》，《农业现代化研究》2000 年第 1 期。

⑧ 任朝军、朱瑞祥、石高超、张会娟：《农机购置补贴与农机服务产业化的关系》，《农机化研究》2007 年第 2 期。

机服务组织和有机户的桥梁,应当成为中国农业机械化发展的主要方向。杨进[①]的研究表明,通过跨区作业,小规模且细碎化的土地经营方式也能实现粮食生产主要工序的机械化,因此,他强调实现农业机械化并不一定要求土地的规模经济。蔡键等[②]指出,农机服务能够满足广大购机能力不足的农业经营者对机械化作业的强烈需求,降低农机装备的闲置时间,提高农机装备的使用效率。潘经韬等[③]采用面板Tobit模型实证研究了农机社会化服务对农机作业效率的影响,研究结果表明农机服务的发展对农机作业效率具有显著提升作用。

从农户微观层面对农机服务展开探讨的研究文献还相对较少,主要集中在农机服务需求行为的影响因素方面。如宋修一[④]利用山东省潍坊市的农户调查数据,研究证明:农户家庭兼业程度、自家农业机械保有量及地区农机服务市场发育程度等都对农机服务需求行为有明显促进作用。吴迪[⑤]的研究表明,户主年龄、受教育程度、到县城的距离、耕地质量、耕地面积等对农户是否购买农机服务的行为有较显著影响。纪月清[⑥]基于安徽省调查数据的分析,表明农户农机服务的购买量主要受经营耕地面积、地块数量、农机服务市场价格、家庭劳动力数量以及农业劳动力的非农就业时间等因素综合影响。刘雨松[⑦]运用Probit模型,探讨了土地细碎化对农户农机服务需求意愿和需求行为的具体影响。王钊等[⑧]利用重庆市农户抽样调查数据,采用加权最小二乘法实证分析了包括农机服务在内的多种农业社会化服务需求状况及其影响因素,研究揭示:土地规模、农业生产收入和服务水平等对服务需求行为有积极推动

---

① 杨进:《中国农业机械化服务与粮食生产》,博士学位论文,浙江大学,2015年。
② 蔡键、唐忠:《华北平原农业机械化发展及其服务市场形成》,《改革》2016年第10期。
③ 潘经韬、陈池波:《社会化服务能提升农机作业效率吗?——基于2004—2015年省级面板数据的实证分析》,《中国农业大学学报》2018年第12期。
④ 宋修一:《农户采用农机服务的影响因素分析》,硕士学位论文,南京农业大学,2009年。
⑤ 吴迪:《吉林省农户对农机需求的影响因素分析》,《当代生态农业》2012年第3期。
⑥ 纪月清:《中国农户农机需求及其结构研究》,《农业技术经济》2013年第7期。
⑦ 刘雨松:《土地细碎化对农户购买农机服务的影响分析》,硕士学位论文,西南大学,2014年。
⑧ 王钊、刘晗、曹峥林:《农业社会化服务需求分析》,《农业技术经济》2015年第9期。

作用，而土地细碎化程度、农户兼业化程度等负向影响服务需求行为，此外，男性对农业社会化服务的需求总体高于女性。宋海英等[1]通过对小麦种植环节的农机服务需求进行研究，结论表明：农机服务价格、种植面积、地块大小、地貌特征、户主年龄与健康状况、家庭劳动力数量、离乡镇政府的距离和从事农业生产的目的等都会显著影响农户的农机服务需求行为。Zhang 等[2]的研究表明，尽管农民务工会造成务农机会成本增加，但农户可以通过种植结构调整（如种植易于机械作业的作物品种）以采纳农机服务，来实现务农机会成本的最小化。

（三）关于农机服务组织的研究

早期关于农机服务组织的研究主要从宏观层面展开，强调农机服务组织的发展是实现农机服务社会化、产业化的重要途径[3]，并认为农机服务组织总体呈现出资源配置方式多样化、组织规模化、投资多元化的发展态势[4]。韩俊[5]还从农业转型的视角，认为加快培育各类农业生产性服务组织可以促进农业规模经营的发展。

随着实践中农机服务组织的不断发展壮大，学者也开始运用案例分析方法，归纳总结较为成功的农机服务供给模式。陈孝树[6]以温岭市久发农机合作社为案例，定性分析了农机专业合作社在促进农机服务发展方面的重要作用。辛德树等[7]基于新制度经济学分析框架，讨论了农机服务组织产生的原因，并运用交易成本理论对各种服务组织形式进行了对比分析。他认为，由于不同类型农机服务组织各具特点，实践中应根据实际情况选择合适的组织形式。卢秉福等[8]认为，农机专业合作社在

---

[1] 宋海英、姜长云：《农户对农机社会化服务的选择研究——基于8省份小麦种植户的问卷调查》，《农业技术经济》2015年第9期。

[2] Zhang X. B., J. Yang and R. Thomas, "Mechanization Outsourcing Cluster and Division of Labor in Chinese Agriculture", *China Economic Review*, Vol. 43, 2017.

[3] 白人朴：《中国农业机械化与现代化》，中国农业科学技术出版社2002年版。

[4] 张国霖：《关于农机化作业服务组织发展问题的思考》，《福建农机》2005年第4期。

[5] 韩俊：《"十二五"时期中国农村改革发展的政策框架与基本思路》，《改革》2010年第5期。

[6] 陈孝树：《农机合作社是农机服务的发展模式》，《农机科技推广》2004年第12期。

[7] 辛德树、房德东、周惠君：《家庭经营条件下农机作业组织模式的选择》，《中国农机化》2005年第6期。

[8] 卢秉福、张祖立：《中国农业机械化发展的制约因素及对策》，《农机化研究》2006年第12期。

实现农业机械化、规模化、集约化经营方面发挥着重要作用。刘卓等[1]认为，随着中国农业及农业机械化发展的演进，农机服务组织将进一步呈现差异化、多元化的发展特征，并对不同类型服务组织的发展趋势进行了前景展望。另外，还有学者对农机服务组织发展的影响因素进行了实证研究，结论表明：政策、区域位置、资金、技术、地形特征等都对农机服务组织的发展有较大影响，但最关键的影响因素是土地经营模式[2]。姜长云等[3]基于安徽省的实地调查案例，详细讨论了农机服务组织在农业机械化发展、农业转型中所发挥的现实作用，以及农机服务组织在发展中面临的新问题，并提出了促进农机服务组织发展的政策建议。

二 国外研究现状

虽然欧美等发达国家在农业生产的主要环节早已基本实现机械化操作，但是，检索文献发现，关于农机服务的研究并不十分丰富。早期国外学者也主要从农业机械装备、农业机械管理等方面展开研究[4][5]。此后，国外学者更多利用可计算一般均衡模型、投入产出模型、规划模型等，将农业机械化发展问题置于整个社会经济系统中进行分析，讨论农业机械化与农业劳动力转移、农业生产率、农业产量及农民收入之间的相互关系，并对农业机械化如何促进农业产业结构优化等进行了详细探讨[6]。特别是为了肯定农业机械化在美国乃至整个世界农业转型中所发挥的重要作用，2000年，美国工程院评价"农业机械化"是20世纪对

---

[1] 刘卓、李成华：《中国农机服务组织模式现状及发展趋势分析》，《农机化研究》2008年第11期。

[2] 仇淑萍、江波、廖晓莲、符建湘：《家庭承包土地经营与农机服务组织模式研究》，《现代农业装备》2007年第1期。

[3] 姜长云、张藕香、洪群联：《农机服务组织发展的新情况、新问题及对策建议》，《全球化》2014年第12期。

[4] Audsley E., "An Arable Farm Model to Evaluate the Commercial Viability of New Machines or Techniques", *Journal of Agricultural Engineering Research*, Vol. 26, No. 2, 1981.

[5] Whitson R. E., Kay R. D., Lepori W. A., Rister E. M., "Machinery and Crop Selection with Weather Risk", *Transactions of the ASAE*, Vol. 24, No. 2, 1981.

[6] Camarena E. A., Gracia C., Sixto J. M. C., "A Mixed Integer Linear Programming Machinery Selection Model for Multifarm Systems", *Biosystems Engineering*, Vol. 87, No. 2, 2004.

人类社会生活影响最大的工程技术之一。也有部分国外学者从需求角度对农业机械化发展问题展开研究，既有从宏观层面探讨农业机械需求总量[①][②]，也有从微观层面分析农业经营主体的农业机械需求行为[③]。

随着对农机服务作用认知的日渐清晰，学者们也开始关注其发展问题。Olmstead[④]认为，农户通过分享农机外包服务，可以绕过规模经营临界点的约束。速水佑次郎等[⑤]认为，从理论层面来看，大型农业机械化体系的确有利于提高大规模农户的经营优势，促进农业转型。但是，通过对日本农业结构改革的实证分析，他们也发现，大型农业机械的普及并没有带来大规模农户经营优势的明显提升，反而，承包农机服务的机械化发展模式在一定程度上还增强了兼业农户在水稻生产上的适应能力，在一定程度上阻碍了土地由小规模农户向大规模农户集中。

还有学者从农机作业委托角度展开研究，例如，Chancellor[⑥]以东南亚地区拖拉机作业委托体系为例，详细分析了农机作业委托和进口农业机械的适宜性，并对两者做了对比分析。Takigawa 等[⑦]基于泰国水稻生产中委托农机作业现状的实地调查，发现通过农机作业替代农业劳动力，有利于缓解农业劳动力数量减少和老龄化等对泰国农业的制约。

---

① Ahammed Chowdhury S. and Robert W. Herdt, "Farm Mechanization in a Semiclosed Input – Output Model: The Philippines", *American Journal of Agricultural Economics*, Vol. 65, No. 3, 1983.

② Debertin D. L., Aoun P. A., "Determinants of Farm Mechanization in Kentucky: An Econometric Analysis", *North Central Journal of Agricultural Economics*, Vol. 4, No. 2, 1987.

③ Reid D. W., Bradford G. L., "A Farm Firm Model of Machinery Investments Decisions", *American Journal of Agricultural Economics*, Vol. 69, No. 1, 1987.

④ Olmstead A. L., "The Mechanization of Reaping and Mowing in American Agriculture, 1883 – 1870", *Journal of Economic History*, Vol. 35, No. 2, 1975.

⑤ [日] 速水佑次郎、神门善久:《农业经济论》（新版），沈金虎、周应恒、曾寅初、张玉林、张越杰、于晓华译，中国农业大学出版社2003年版。

⑥ Chancellor W. J., "Tractor Contractor System in Southeast Asia and the Suitability of Imported Agricultural Machinery", *Kishida Y. Agricultural Mech in South East Asia*, 1971.

⑦ Takigawa T., Bahalayodhin B., Koike M., et al., "Development of the Contract Hire System for Rice Production in Thailand", *Journal of the Japanese Society of Agricultural Machinery*, Vol. 64, 2002.

Wander 等①从交易成本角度,对农机服务的主要供给模式进行了比较研究,还着重分析了小农场主更愿意购买农机服务的原因。

总体而言,国外学者对农机服务发展较为认同的观点是:在市场经济环境下,共有产权和政府经营并非农业机械化发展的最有效途径,私人产权与契约下的市场化农机服务是小规模农户实现农业机械化的最经济方式②③。

三 研究评述

以上研究文献综述可见,国内外学者已经分别从不同角度对农机服务展开了较丰富的探讨,也取得了一定研究进展,对本书具有重要借鉴价值。但是,认真梳理后发现,现有研究在以下方面还有待进一步探讨和加强:

第一,已有研究大部分较局限于就农机服务而讨论农机服务的发展,较缺乏从宏观与微观结合的视角对农机服务发展展开探讨。事实上,农机服务的发展是农业生产专业分工到一定阶段的产物,其发展与农业发展和转型密切相关。因此,应当将农机服务的发展问题研究置于农业转型的宏观背景下展开。不同农业发展阶段,农机服务的发展重心与问题都会有所不同。

第二,较缺乏对农业经营主体分化及由此引发的异质性农机服务需求的全面讨论。现有研究成果大多将农业经营主体视为同质主体,从普遍意义上分析经营主体的农机服务需求,忽视了农业经营主体在资源禀赋、个人特征、经营特征等方面的重要差异,以及这些差异对农机服务需求行为产生的影响。这就导致现有关于农机服务需求行为的相关研究

---

① Wander A. E., Birner R., Wittmer H., "Can Transaction Cost Economics Explain the Different Contractual Arrangements for the Provision of Agricultural Machinery Services? A Case Study of Brazilian State of RIO Grande do sul", *Teoria e Evidencia Economica*, *Passo Fundo*, Vol. 11, No. 20, 2003.

② Binswanger H. P., *The Economics of Tractors in South Asia*, New York: Agricultural Development Council, 1978, pp. 3 – 6.

③ Pingali P., "Agricultural Mechanization: Adoption Patterns and Economic Impact", *In Agricultural Development: Farmers*, *Farm Production and Farm Markets*, *Handbook of Agricultural Economics*, Vol. 3, 2007, pp. 2779 – 2805.

结论的准确性有待进一步检验。特别是新型农业经营主体的快速成长所引发的服务需求变化，进一步降低了现有研究成果的现实意义。

第三，对农机服务微观需求主体和供给主体的认识不够准确、完整。现有研究成果主要将农机服务需求主体与服务供给主体分开讨论。但是，从实地调查情况来看，部分农业经营主体，特别是新型农业经营主体，既是农机服务需求主体，同时也扮演着服务供给主体的角色。这就使现有研究难以对农机服务的真实发展情况做出全面、准确的判断。

第四，对农机服务模式进行较全面归纳总结、比较分析的研究相对不足。已有研究大多侧重对某种服务模式进行单独案例讨论，如农机专业合作社、农机户等。因此，从已有研究中，较难得知在当前市场环境下，哪种服务模式更具优势，及该服务模式的发展优势又体现在哪儿，也无法判断哪种服务模式更适应未来农机服务需求的新要求。总体来看，当前研究缺乏对农机服务模式如何演进及比较的系统整体分析。

第四节 农机服务在中国的发展历程

从世界尤其是发达国家的经验来看，农机服务的发展具有一定程度的相似性，都是在农业生产专业分工、农业生产活动外包等演进过程中逐渐发展起来的。作为一个后发国家，农机服务在中国的发展与国际经验极为相似，也是伴随着传统农业向商品农业转轨、不发达商品农业向发达商品农业演进才得以发展。但是，由于受制度安排、政策因素等复杂影响，农机服务在中国的发展历程又表现出了自身独特的阶段性和复杂性。

一 改革开放以来到 20 世纪 80 年代中后期：自营农机兴起

农村家庭联产承包责任制的实行，在激发农业经营主体生产积极性的同时，也带来了农业经营规模细碎化与农业机械作业规模化之间的矛盾，由此引发了一系列关于农业机械经营方式的变革。一方面，由于经营效益低下的问题日渐突出，20 世纪 80 年代初，集体经营的农机服务站逐渐试行承包责任制。另一方面，实践中开始涌现农民自主经营农业机械的案例。最具代表性的事件是，1980 年由六位农户集资合办的拖拉机站。虽然他们只购买了两台拖拉机，但是，足以代表着个人经营农业机械的禁区被打破①。

随后，国家也不断调整农业机械化发展政策。1983年，中共中央一号文件《当前农村经济政策的若干问题》中，明确指出，"农民个人或联户购置农副产品加工机具、小型拖拉机和小型机动船，应当允许；大中型拖拉机和汽车，在现阶段原则上也不必禁止私人购置"。1985年，原农牧渔业部出台了《关于加强农机化管理工作的意见》，强调"积极支持各种专业户和合作经济组织自主经营各种农业机械，有关部门在机具配件供应、油料分配、贷款、技术指导等方面应予以支持"。

这一时期，虽然集体经营的农机服务模式仍然存在，但是，由于国家指令性管理逐渐弱化，市场机制不断发挥配置作用，农民自营农业机械得到了初步发展。

二 20世纪80年代末到90年代中期：小范围跨区服务兴起

受经济利益的驱使和提高农业机械利用效率的动机，以及南北地区小麦等农作物成熟时间差的客观存在，部分自营农业机械的农民开始尝试扩大农机服务半径。1986年，山西省农民从运城北上太谷收割小麦的事件，开启了中国小麦联合收割机跨区作业的先河②。

而随着社会主义市场经济体制改革目标的确立，计划经济时期的农业机械化发展政策逐步被取消，农业机械化发展逐渐进入市场主导阶段③。此后，越来越多的农机经营户意识到跨区经营农机服务的商机，并自发投入跨区服务事业中。20世纪90年代初，山西省政府还在省内大力推广跨区作业服务。不过，总体来看，这一时期的农机跨区服务范围以省内小范围跨区为主，且仅在山西、河北、河南、陕西等省有所发展④。

---

① 侯方安：《中国农业机械化经营模式研究》，博士学位论文，中国农业大学，2010年。
② 吕明宜等：《一条独具特色的中国道路》，《农民日报》2014年10月31日。
③ 许锦英：《农机服务产业化：中国农业转型的帕累托最优制度安排》，山东人民出版社2003年版，第309页。
④ 舒坤良：《农机服务组织形成与发展问题研究》，博士学位论文，吉林大学，2009年。

三 20世纪90年代中期到21世纪初期：跨区服务快速发展

1996年，由多个政府部门组织的联合跨区收割小麦会战以及"三夏"跨区机收小麦现场会，推动了小麦跨区服务的快速发展[①]。此后，农业部发布的全国小麦跨区机收作业市场信息以及《联合收割机跨区作业管理暂行办法》的实施，又进一步促进了跨区服务的有序发展。而交通部门实行的免收过路费、过桥费等系列优惠政策，也通过营造良好、便利的发展环境，极大地刺激了跨区服务的发展。2003年，农业部发布的《联合收割机跨区作业管理办法》，又通过鼓励、扶持农机服务组织，推动了跨区服务的加速发展。

更为关键的是，随着中国东部及沿海地区经济的快速发展，非农就业机会不断增多，这一时期农业劳动力向城镇转移的规模和速度都有所扩大，因而，农民购买农机服务以替代农业劳动力的积极性不断高涨。正是基于这些市场机遇，以跨区服务为主的市场化农机服务才得以在全国范围内迅速发展，作业服务范围从以小麦为主延伸到水稻、玉米等多种农作物，作业服务领域也逐步从以收割环节为主拓展到犁地、播种、插秧等多个环节。但是，这一时期农业劳动力转移较为明显的季节性[②]和不彻底性，在一定程度上仍然阻碍着农机服务的全面发展。

四 始于2004年：进入全面发展阶段

2004年，中国东部沿海地区出现的"民工荒"现象，标志着"刘易斯转折点"的到来[③④⑤]。劳动力短缺的日益凸显以及由此引发的劳动力工资价格的不断上涨，使购买农机服务的市场价格相比外出务工或

[①] 吕明宜等：《一条独具特色的中国道路》，《农民日报》2014年10月31日。

[②] 农业劳动力转移的季节性主要指农忙时节，仍有大量外出务工的农业劳动力返回家乡，抢收农作物。

[③] Cai F., "Demographic Transition, Demographic Dividend, and Lewis Turning Point in China", *China Economic Journal*, Vol. 3, No. 2, 2010.

[④] Minami R., Ma X. X., "The Lewis Turning Point of Chinese Economy: Comparison with Japanese Experience", *China Economic Journal*, Vol. 3, No. 2, 2010.

[⑤] Zhang X., Yang J., Wang S., "China has Reached the Lewis Turning Point", *China Economic Review*, Vol. 22, No. 4, 2011.

雇工的机会成本都更为便宜。于是，农业经营主体对农机服务的需求进一步高涨。这也是农机服务得以全面发展的重要微观市场基础。

更重要的是，2004年的中央一号文件《中共中央国务院关于促进农民增加收入若干政策的意见》，明确将农机购置补贴纳入基础性支农惠农政策范围。可以说，农机服务之所以能全面发展在很大程度上正是得益于国家层面对农业机械购置的鼓励。同年11月，《中华人民共和国农业机械化促进法》的正式实施，又以法律形式确立了农机行业的市场竞争机制和政府的引导作用，从而进一步保障了农机服务规范发展。

五 从2007年开始：逐渐转向组织化、规模化发展

近年来，农业生产实践中规模经营主体的快速成长，也引致对农机服务的规模化需求。与此同时，随着《中华人民共和国农民专业合作社法》的实施，实践中也不断涌现出以提供农机服务为主营业务的农机专业合作社。2009年的中央一号文件《中共中央国务院关于促进农业稳定发展农民持续增收的若干意见》中，明确强调，"对农机大户、种粮大户和农机服务组织购置大中型农机具，给予信贷支持"。这一系列规模化偏好的优惠扶持政策，又进一步以政策保障的形式提升了规模化农业服务供给主体的发展能力。而且，随着实践中耕地流转速度的加快和流转规模的扩大，规模化农机服务需求也更为强烈。总体来看，农机服务供给主体也开始呈现出较明显的组织化、规模化发展态势。

六 近年来：进入结构调整与优化阶段

经过多年发展，农机服务市场已经较为成熟，并逐渐进入结构调整与优化的发展阶段，突出表现在以下三个方面：一是跨区服务的作业半径逐渐缩小、服务面积呈现下降趋势。近年来，在农机购置补贴政策的刺激作用下，小麦收割等作业环节的农业机械市场保有量逐渐趋于饱和，甚至频发服务主体之间的恶性竞争，单机作业面积呈下降趋势。在作业成本高涨和市场竞争的双重压力下，大多数跨区服务供给主体都逐渐选择从原来的长距离跨省作业转变为以跨县、市等本地作业为主。此调整之后，全国跨区服务面积开始下滑。特别是在2014年，全国跨区

机收小麦面积下降为 8376 平方千米，比上年降幅约 20%[①]。

二是农机服务供给主体在多元化发展基础上进一步向组织化、规模化方向发展。经过激烈的市场竞争，起初较为分散的农机服务供给主体数量明显减少，取而代之的是一批服务质量较好、组织管理较严密、经营规模较大的专业型农机服务组织。与此同时，随着新型农业经营主体的快速成长，农业生产对农机服务需求更为强烈，对其规模化要求更高。由此，也引发了农机专业合作社、农业服务公司等规模化农机服务供给主体的迅速成长。总体而言，农机服务供给主体结构更加趋于合理，服务市场集中度也明显提升。

三是农机服务的发展更加注重在农作物之间、种植环节之间以及区域之间的均衡。主要受农作物自身机械化发展水平及地形等因素的复合影响，农机服务在过去主要表现为一种失衡的发展状态：虽然主要农作物和重点环节中的农机服务已经取得较好、较快发展，但是，在某些农作物和某些种植环节中，农机服务的发展仍然相当缓慢。因此，近年来国家宏观层面对农业机械化短板问题高度重视，如 2012 年中央一号文件提出"着力解决水稻机插和玉米、油菜、甘蔗、棉花机收等突出难题"，2013 年中央一号文件进一步明确提出"加快粮棉油糖等农机装备研发"，2014 年中央一号文件又进一步强调"加快推进大田作物生产全程机械化，主攻机插秧、机采棉、甘蔗机收等薄弱环节"。在政策的利好导向下，农机服务也总体呈现更趋全面化、均衡化的发展态势。

第五节　发展农机服务的重大现实意义

一　农机服务有利于规避资金、技术缺乏对经营主体使用农机的制约

对农机服务需求者——农业经营主体而言，农机服务通过分离农业机械的使用权和所有权，有效缓解了部分农业经营主体"买不起"和

[①] 董洁芳、李斯华：《中国农机服务主体发展现状及趋势分析》，《中国农机化学报》2015 年第 11 期。

"用得起"农业机械的现实矛盾[1],规避了资金、技术缺乏对农业经营主体使用农机的制约[2]。特别是在当前外出务工机会逐渐增多、人工成本不断高涨的背景下,越来越多的农业经营主体产生了利用农业机械替代农业劳动力的强烈需求。而农机服务的市场化经营形式通过将农业机械较为昂贵的一次性投入分摊给多个农机服务需求主体,降低了单个农业经营主体对农业机械的使用成本,从而有利于降低单个农业经营主体的农业生产成本。

二 农机服务有利于以低成本方式加速农业机械化进程

如何使农业机械应用更加经济与合理一直是农业机械化进程中较为重要的现实问题。农机服务在实践中的快速发展很好地回答了这一问题。第一,从整合利用资源的角度理解,农机服务的出现,通过共同利用农业机械,在一定程度上避免了分散农业经营主体都购买农业机械的重复投资现象,有利于节省大量不必要的浪费投资,从而提高市场上农业机械的资源配置效率。而且,随着农机服务市场交易范围的不断扩大,农机服务的规模经济效应还将进一步发挥,作业成本也将随之进一步下降。第二,由于农机服务改变了农业经营主体、农业机械及劳动对象之间的结合方式,使农业机械作业不仅突破了种植规模,甚至还突破了地域限制[3],这对于农业机械化的全面发展有着积极的促进作用。

三 农机服务有利于拓展农业现代化实现路径的选择空间

农机服务除了是农业生产过程中的一种中间投入要素外,更重要的意义还在于,它代表着一种新的农业生产方式,体现了农业经营主体进行农业生产活动的方式。它表明农业经营主体不仅在农业生产过程中使用农业机械,而且还表明他们是从市场上购买农机服务,而非自己购买农业机械。

---

[1] 孙爱军、黄海、李有宝、王清博:《农机服务组织发展问题研究》,《中国农机化学报》2015年第3期。
[2] 姜长云:《农业产中服务需要重视的两个问题》,《宏观经济管理》2014年第10期。
[3] 许锦英:《农机服务产业化是稳定家庭承包责任制、发展农业生产力的重要途径》,《中国农村经济》1998年第9期。

这一方式创新，在不改变家庭联产承包责任制的基础上，通过降低农业机械的使用成本，刺激了大量农业经营主体选择购买农机服务来完成农业生产活动，从而有助于提升小规模家庭经营的农业生产效率。而且，农机服务的发展，还有利于释放农业劳动力，进而推动农业经营主体分化，引领农业的适度规模化和现代化发展。可见，农机服务等农业生产性服务在农业生产实践中的广泛运用，不断丰富与拓展了农业现代化实现路径的选择空间，在支撑中国农业发展方式转变等方面具有重要的现实意义。

第四章　农业经营主体分化与农机服务需求

需求偏好不仅决定了产业进程，其变化也决定了产业结构调整方向[①]。农业经营主体是农机服务的直接需求者，因此，其微观需求行为是观察和讨论农机服务发展问题的最好视角。但值得注意的是，改革开放以来，深刻的社会经济结构变迁重新刻画了农业经营主体乃至整个社会的面貌。考察实践，农业经营主体已逐渐由改革初期相对同质性的传统承包农户转变为现阶段多元主体并存的发展格局。那么，农业经营主体分化是否影响农机服务发展？农机服务所依赖的市场容量到底如何？农业经营主体的服务需求行为受到哪些因素制约？影响机制在不同类型农业经营主体之间又是否一致？这些都是本章期待回答的问题。

第一节　不同类型经营主体的农机服务需求

农机服务需求可从需求行为和需求意愿两个角度分析。其中，需求行为反映的是水稻经营主体在特定现实环境下所做出的实际决策行为，即经济学意义上的有效需求。这也是本书重点关注的内容。而需求意愿是指潜在的、可能的消费意愿。

一　不同类型经营主体的服务需求行为

基于本书所获取的水稻经营主体调查数据，规模经营主体对农机服务的需求最为强烈，全程化需求倾向也较为明显。具体地，有14.0%

---

① 刘霞辉：《供给侧的宏观经济管理——中国视角》，《经济学动态》2013年第10期。

的规模经营主体在水稻生产的犁地、播种、插秧和收割环节中都购买过农机服务，比全部样本平均水平高8.4个百分点，比以农为主的普通农户和以农为辅的普通农户分别高12.2个、7.3个百分点。

在犁地环节中，规模经营主体的农机服务购买率达64.0%，比全部样本平均水平、以农为主的普通农户和以农为辅的普通农户分别高6.4个、13.4个、1.8个百分点。即便是在农机服务有效需求普遍都较低的播种和插秧环节中，规模经营主体的购买率依然较高，分别达28.0%和38.0%，分别高出以农为主的普通农户24.5个、30.4个百分点，分别高出以农为辅的普通农户20.2个、23.5个百分点。收割环节的农机服务购买率总体都较高，平均购买率达73.4%。相比之下，在这一环节中，以农为辅的普通农户的服务购买率最高，为79.3%（见表4-1）。

表4-1　　　　　经营主体之间的农机服务需求行为比较　　　　　单位:%

	所有环节		犁地环节		播种环节		插秧环节		收割环节	
	购买样本量	占比	购买样本量	占比	购买样本量	占比	购买样本量	占比	购买样本量	占比
总样本	23	5.6	238	57.6	35	8.5	60	14.5	303	73.4
以农为主的普通农户（n=170）	3	1.8	86	50.6	6	3.5	13	7.6	111	65.3
以农为辅的普通农户（n=193）	13	6.7	120	62.2	15	7.8	28	14.5	153	79.3
规模经营主体（n=50）	7	14.0	32	64.0	14	28.0	19	38.0	39	78.0

注：n为该项指标的有效样本量。

二　不同类型经营主体的服务需求行为和意愿的比较

虽然农机服务实际需求行为在不同类型水稻经营主体和种植环节之间都不太理想，但是，从表4-2可以发现，其实所有类型的水稻经营主体在所有种植环节中对农机服务的需求意愿都较高。在犁地、播种、插秧、收割环节中，分别有92.5%、68.3%、73.3%、94.0%的水稻经营主体表示有农机服务需求意愿，只不过服务的真正购买率分别仅为

57.6%、8.5%、14.5%、73.4%。这表明,农机服务需求行为与需求意愿之间存在较大偏差。具体地,偏差在收割环节中最小,为20.6%,偏差在播种和插秧环节中较大,分别达59.8个、58.8个百分点。

表4-2 经营主体之间的农机服务需求行为和意愿的偏差比较

农机服务需求	经营主体	全部样本(n=413) 样本量	全部样本(n=413) 购买样本量	以农为主的普通农户(n=170) 样本量	以农为主的普通农户(n=170) 购买样本量	以农为辅的普通农户(n=193) 样本量	以农为辅的普通农户(n=193) 购买样本量	规模经营主体(n=50) 样本量	规模经营主体(n=50) 购买样本量
犁地环节	需求很强烈	90	58	39	23	34	24	17	11
犁地环节	需求强烈	211	150	83	56	105	77	23	17
犁地环节	需求一般	81	29	33	7	40	18	8	4
犁地环节	合计	382	237	155	86	179	119	48	32
播种环节	需求很强烈	45	8	19	2	13	0	13	6
播种环节	需求强烈	93	24	40	3	36	14	17	7
播种环节	需求一般	144	2	61	1	69	1	14	0
播种环节	合计	282	34	120	6	118	15	44	13
插秧环节	需求很强烈	56	11	26	2	17	4	13	5
插秧环节	需求强烈	106	36	37	7	50	20	19	9
插秧环节	需求一般	141	11	68	4	63	4	10	3
插秧环节	合计	303	58	131	13	130	28	42	17
收割环节	需求很强烈	97	80	41	32	38	34	18	14
收割环节	需求强烈	214	177	78	59	109	95	27	23
收割环节	需求一般	77	44	37	19	36	23	4	2
收割环节	合计	388	301	156	110	183	152	49	39

注:n为该项指标的有效样本量。

仔细观察还发现,农机服务需求行为和意愿的偏差在不同类型水稻经营主体之间也表现出了较大差异。在犁地环节,分别有40.6%、31.1%、32.0%的以农为主的普通农户、以农为辅的普通农户、规模经营主体有农机服务需求意愿,但却并未购买相应的农机服务。在播种环节,以农为主的普通农户、以农为辅的普通农户、规模经营主体的农机服务需求意愿与行为之间的偏差分别为67.1个、53.4个、62.0个百分点。在插秧环节,分别有69.4%、52.8%、50.0%的以农为主的普通农户、以农为辅的普通农户、规模经营主体的农机服务需求意愿未被满足。在收割环节,农机服务需求行为与意愿之间的偏差在以农为主的普通农户、以农为辅的普通农户、规模经营主体中分别为27.1个、16.1个、20.0个百分点。综合来看,在所有种植环节,以农为主的普通农户的农机服务需求意愿与行为之间的偏差都最大。

第二节 经营主体分化对农机服务需求的影响

一 理论框架:经营主体的行为逻辑

(一)农户行为理论回顾

早期的农业经营主体其实就是农户,因此,已有关于农户行为的理论研究成果对本书分析农业经营主体的农机服务需求行为具有重要的参考价值。从对研究成果的梳理来看,农户行为理论的代表性观点主要包括:以苏联经济学家恰亚诺夫为代表的自给小农学说认为,由于农户的农业生产行为受到自身消费行为影响,因此,利润最大化并不是他们从事农业生产活动的根本目标,其目标函数应该是家庭消费最大化[1]。Kevane[2]和Barrett[3]的研究也表明,农户的生产要素配置行为与自身的资源禀赋较难分离。以美国经济学家舒尔茨为代表的理性小农学说则认为,在完全竞争市场中,农户是理性经济人,其生产和消费行为分别遵循微观经济学中的企业生产行为和消费者行为理论,即便在

---

[1] [俄] A. 恰亚诺夫:《农民经济组织》,萧正洪译,中央编译出版社1996年版。

[2] Kevane M., "Agrarian Structure and Agricultural Practice: Typology and Application to Western Sudan", *American Journal of Agricultural Economics*, Vol. 78, No. 1, 1996.

[3] Barrett C., "Rosenzweig M. R. On Price Risk and the Inverse Farm Size – productivity Relationship", *Journal of Development Economics*, Vol. 51, No. 2, 1996.

传统农业中，农户行为也是有效率的。① Popkin② 同样强调，即使是小农经营的小农场，其行为逻辑也与资本主义大公司相似。黄宗智③的研究则表明，一方面，由于农业生产的自给性较强，小农的生产决策在很大程度上受到家庭资源禀赋的影响；另一方面，因为小农也向市场供给农产品，所以，他们身上也具有资本主义的些许特征。综合而言，黄宗智认为小农行为并不简单仅表现为追求利润最大化，因此，需要同时运用企业行为和消费者行为理论进行全面分析。

以 Simon 为代表的有限理性假说，详尽阐释了新古典经济学理论与现实不符的具体表现，认为由于有限理性的存在，人的行为逻辑往往遵循"满意"原则，而非"最优"原则④。Carter 和 Yao⑤ 认为，导致农户生产与消费行为不可分的原因很多，他们通过对劳动和土地市场的仔细研究发现：当要素市场不完善，但又并不是完全不存在时，农户生产行为与资源禀赋之间的可分性取决于其对土地市场的参与决策程度。

在农户行为理论的数理化发展过程中，日本经济学家 Nakajima⑥ 最早引入希克斯和马歇尔理论，并结合农户家庭收入的预算约束，对农户在效用最大化目标函数下的各种经济决策进行了详尽讨论。后来，Barnum 等⑦又对农户模型作了进一步发展，构建了一个生产者与消费者集合的完整农户模型。Singh 等⑧通过将效用函数明确表示为农产品消费、非农产品消费和闲暇的函数，进一步丰富了农户模型。他们还认为，农

---

① ［美］西奥多·W. 舒尔茨：《改造传统农业》，梁小民译，商务印书馆1987年版。
② Popkin S. L., *The Rational Peasant: The Political Economy of Rural Society in Vietnam*, Berkeley: University of California Press, 1979, p. 41.
③ 黄宗智：《长江三角洲小农家庭与乡村发展》，中华书局2000年版。
④ Simon H. A., *The Administrative Behavior*, New York: The Free Press, 1950.
⑤ Carter M. R., Yao Y., "Local versus Global Separability in Agricultural Household Models: the Factor Price Equalization Effect of Land Transfer Rights", *American Journal of Agricultural Economics*, Vol. 84, No. 3, 2002.
⑥ Nakajima C., "Subsistence and Commercial Family Farms: Some Theoretical Models of Subjective Equilibrium", in Subsistence Agriculture and Economic Development, Wharton CR (ed.), Chicago: Aldine Publishing, 1969, pp. 65 – 90.
⑦ Barnum H. N., Squire L., "An Econometric Application of the Theory of the Farm – household", *Journal of Development Economics*, Vol. 6, No. 1, 1979.
⑧ Singh I., Squire L., Strauss J., "Agricultural Household Model: Extensions, Applications and Policy", *American Journal of Agricultural Economics*, Vol. 69, No. 2, 1986.

户模型建立的关键在于认清农户所处的市场环境。

总体来看,已有农户行为理论较为侧重对小农行为及其行为是否可分的讨论。已有研究表明,农户模型其实并不是固定不变的,其具体形式与农户资源禀赋约束、行为特征、所处市场环境,甚至与学者的研究目的、研究假设等都有较大关系。更值得注意的是,观察中国农业生产实践,以普通农户为主的小农广泛存在的同时,规模经营主体也已经发展成为农业生产的重要经营主体。不同类型农业经营主体不仅在行为特征方面表现出较大差异,而且所面临的市场环境也有所不同。

准确掌握农户行为特征,是应用农户模型分析实际发展问题的重要前提[1]。接下来,本书将在已有农户模型理论框架下,结合现实中不同类型经营主体的特征表现,对农机服务需求函数作深入理论推导。

(二)普通农户的决策模型:家庭效用最大化

严格地讲,本书讨论的普通农户与Chayanov描述的"小农"有区别,普通农户所处的制度、市场环境与黄宗智所描述的发展背景也有所不同。不过,其行为特征与黄宗智描述的小农还是较为相似,第一,农业生产自给性较强,第二,普通农户也向市场供给部分农产品。而已有研究表明,当面临的商品市场和劳动力市场并不十分完善时,农户从市场上购买产品的价格与自己向市场供给产品的价格往往不一致[2],因此,其生产行为和消费行为难以完全分离,往往相互影响、相互制约[3][4][5]。

基于此,本书认为,普通农户以家庭为单位进行决策,既是生产单位,也是消费单位,目标函数以追求家庭效用最大化为主。为简化讨论,本书进一步假设:第一,不考虑家庭成员之间的效用函数差异;第

---

[1] 张林秀:《农户经济学基本原理概述》,《农业技术经济》1996年第3期。

[2] Taylor J. E., Adelman I., "Agricultural Household Models: Genesis, Evolution, and Extensions", *Review of Economics of the Household*, Vol. 1, No. 1, 2003.

[3] Collier P., "Malfunctioning of African Rural Factor Markets: Theory and a Kenyan Example", *Oxford Bulletin of Economics and Statistics*, Vol. 45, No. 2, 1983.

[4] Jacoby H. G., "Shadow Wages and Peasant Family Labor Supply: An Econometric Application to the Peruvian Sierra", *Review of Economic Studies*, Vol. 60, No. 4, 1993.

[5] Barrett C., Rosenzweig M. R., "On Price Risk and the Inverse Farm Size – productivity Relationship", *Journal of Development Economics*, Vol. 51, No. 2, 1996.

二，农户只生产单一农产品；第三，效用函数连续且严格递增，为拟凹函数，代表的偏好关系为严格凸性，因此，商品和闲暇都是"非餍足"[①]的；第四，内生变量具有内点解；第五，不考虑农户代际间的相互影响和动态变化，只做静态观察。在此情形下，普通农户的家庭效用最大化问题表达为：

$$\text{Max} U(Q_c, T_l) \qquad (4-1)$$

s.t. $P_c \times Q_c + P_l^* \times T_l \leq P_s \times f(Q, P_s) + w \times [T_{non}(w) - T_h] + P_l^* \times T_l + P_l^* \times T_a + E - P_m \times Y_m - E(P_o, Y_o) - r \times N_t$

$T_l + T_{non} + T_a = T$

$Q = F(T_a, T_h, N + N_t, Y_m, Y_o, M)$

其中，Q_c 为消费的商品数量，T_l 为消费的闲暇时间，P_c 为购买商品的市场价格，P_l^* 为农户家庭劳动的影子工资，P_s 为销售农产品的市场价格，Q 为生产农产品的数量，$f(Q, P_s)$ 为销售农产品的函数简化式，w 为市场工资价格，$T_{non}(w)$ 为外出务工的函数简化式，E 为转移性及财产性收入，P_m 为购买农机服务的市场价格，Y_m 为购买的农机服务数量，$E(P_o, Y_o)$ 为购买其他农业生产投入要素的支出总和（其中，P_o 为购买其他农业生产投入要素的市场价格，Y_o 为购买的其他农业生产投入要素数量），T_a 为自家农业劳动投入时间，T 为自家总时间禀赋，T_h 为雇用的农业劳动投入时间，N 为自家土地禀赋，N_t 为土地流转情况（包括转入、转出及撂荒情况），r 为土地租金，M 为普通农户的经营管理才能。

通过建立拉格朗日方程，对普通农户效用最大化问题进行求解，最终得出普通农户的农机服务需求函数简化式为：

$$Demand_m = Y_m(-P_m, P_s, -P_o, P_l^*, N, N_t, r, M, E) \qquad (4-2)$$

其中，$P_l^* = P_l^*[P_c, P_s, P_m, P_o, T, T_{non}(w), w, N, N_t, M, E]$，$w$、$T$、$T_{non}(w)$、$P_c$ 等变量通过影响家庭劳动影子工资而间接影响普通农户的农机服务需求，而 P_m、P_s、P_o、N、N_t、r、M、E 等外生变量既通过劳动影子工资对普通农户的农机服务需求产生间接影响，也对农机服务需求产生直接影响。

[①] "非餍足"意味着：对农户家庭而言，商品和闲暇的数量越多，其家庭效用越高。

(三) 规模经营主体的决策模型：经营利润最大化

前面关于农户行为的理论研究成果表明：农户行为的可分性与产品、要素市场的发达程度密切相关，其中，农户的开放程度越高，产品、要素市场越趋于完全竞争，其生产和消费行为的可分性就越强。在这种情况下，即使生产和消费决策同时进行，也可通过递归方法分开讨论。

与普通农户相比，农业既是规模经营主体的主要职业，也是其收入的最主要来源，甚至是全部来源。因此，本书认为，规模经营主体从事农业生产活动的行为逻辑更似企业等营利性经济组织，其生产行为与消费行为是可分的，他们优先考虑经营利润最大化，符合新古典经济学关于厂商理论的行为假设。为方便分析，本书进一步做出以下假设：第一，规模经营主体所面临的要素投入和产出市场近似完全竞争，即投入要素价格与产出商品价格都视为给定；第二，生产函数连续且严格递增，为拟凹函数；第三，成本函数连续且严格递增，为凹函数；第四，农业生产要素投入不受规模经营主体其他经营活动影响，例如，其他家庭成员外出务工等情况对规模经营主体是否购买及购买多少投入要素影响较小或没有影响。那么，任意规模经营主体的利润最大化问题可表达为[①]：

$$Max\pi = P'_s \times Q' - TC \quad (4-3)$$

s.t. $TC = P'_m \times Y'_m + E(P'_o, Y'_o) + w \times (T'_a + T'_h) + r' \times (N' + N'_t) + P_{ma}$

$Q' = F(T'_a, T'_h, Y'_m, Y'_o, N', N'_t, M_a, M')$

其中，P'_s 为规模经营主体销售农产品的市场价格，Q' 为规模经营主体生产的农产品数量，TC 为规模经营主体从事农业生产的总成本，P'_m 为规模经营主体购买农机服务的市场价格，Y'_m 为规模经营主体购买的农机服务数量，$E(P'_o, Y'_o)$ 为规模经营主体购买其他农业生产投入要素的支出总和（其中，P'_o 为规模经营主体购买其他农业生产投入要素的市场价格，Y'_o 为购买的其他农业生产投入要素数量），T'_a 为规

[①] Geoffrey A. J., Philip J. R., *Advanced Microeconomic Theory* (Third Edition), Financial Times/Prentice Hall, 2011, p. 148.

模经营主体自家农业劳动投入时间，T'_h 为雇用的农业劳动投入时间，w 为市场工资价格，N' 为规模经营主体自家土地禀赋，N'_t 为规模经营主体的土地流转情况（包括转入、转出及撂荒情况），r' 为土地租金，M_a 为规模经营主体购买的农业机械，P_{ma} 为规模经营主体购买农业机械的总价格，M' 为规模经营主体的经营管理才能。

通过经营利润最大化问题求解，得出规模经营主体的农机服务需求函数简化式为：

$$Demand'_m = Y'_m(-P'_m, P'_s, -T'_a, -T'_h, -w, N', N'_t, r', M', -P'_o, P_{ma}) \quad (4-4)$$

二 变量选择与研究假说

无论从理论推导，还是从实践观察来看，不同类型水稻经营主体在农机服务需求行为方面都表现出了较大差异。因此，本书预期：水稻经营主体分化会对农机服务需求行为产生显著影响。

从第二章关于农业经营主体分化的讨论得知，水稻经营主体分化结果主要表现在年龄、受教育程度、性别、收入等个人特征，以及种植规模、劳动投入、资本投入、商品化程度等经营特征方面。由于本书更关注经营特征分化结果对农机服务需求行为的影响，因此，在实证分析中，重点选择以劳动力禀赋、种植规模、资本投入、商品化程度等可观测的经营特征作为水稻经营主体分化的代理变量，提出以下待检验假说：

待检验假说1：农业劳动力禀赋对水稻经营主体的农机服务需求行为的影响为负。因为农机服务与农业劳动力互为替代要素，所以，预期在其他条件不变的前提下，拥有农业劳动力越多的水稻经营主体，对农机服务的需求越小。

待检验假说2：种植规模正向影响水稻经营主体的农机服务需求行为。按式（4-2）和式（4-4）的逻辑推导，在其他条件不变的前提下，种植规模越大，水稻经营主体购买农机服务的意愿会更为强烈。

待检验假说3：农业机械保有量与水稻经营主体的农机服务需求行为之间呈负相关关系。在其他条件不变的前提下，预期自家农业机械保有量越多的水稻经营主体，越倾向于通过自我服务的方式实现机械作业，因而，可能会降低对市场化农机服务的需求。

待检验假说4：在其他条件不变的前提下，商品化程度越高的水稻经营主体，对农机服务的需求也倾向于更加强烈。

此外，根据式（4-2）和式（4-4），农机服务需求行为还可能受下列因素影响：

第一，农机服务市场特征。农机服务市场价格是水稻经营主体是否购买农机服务的重要决策依据。然而，考虑到在近似完全竞争的市场假设条件下，各类水稻经营主体面临近乎相同的地区市场价格。因此，在利用一次性截面数据进行研究时，农机服务市场价格并不是导致水稻经营主体之间服务需求行为差异的主要原因。相反，所在地区农机服务的市场发育程度、购买服务的难易程度等因素对微观服务需求行为的影响可能更为显著。由此，本书选取地区变量作为考察变量。一般逻辑而言，经济越发达的地区，农机服务市场越成熟，从而水稻经营主体越容易和越能够购买到农机服务。具体选择东部地区作为参照样本。

第二，影响农业劳动力转移的相关因素。随着非农就业工资水平的提高，一方面劳动力从事农业生产的机会成本不断增加，他们更倾向于选择外出务工，进而会产生对替代品——农机服务的需求；另一方面家庭收入水平得以增加，在投入要素价格保持不变时，水稻经营主体的购买能力得以增强。故而预期非农就业工资水平对农机服务需求行为的影响为正。进一步讲，还预期外出务工的难易程度与农机服务需求行为之间也呈负相关关系，具体以家庭住址到最近车站的距离为衡量指标。通常离车站越近，外出务工相对越容易，从而水稻经营主体可能会增加对农机服务的需求。

第三，水稻生产的外部环境特征。常理而言，机耕道路越宽、路面情况越好，越有利于农机作业操作，从而水稻经营主体购买和能够购买到农机服务的可能性都更大。相比丘陵和山区，平原地区更适宜农机作业操作，相应的农机服务发展水平也更高，因此，预期平原地区的经营主体更容易购买到农机服务。此外，从理论上讲，销售水稻的市场价格也会对经营主体的农机服务需求行为产生影响，但是，考虑到单个经营主体对销售价格几乎无影响的客观事实，以及截面数据的可操作性，本书对此暂不作讨论。

三 模型设定

本书在实证分析中并没有具体讨论农机服务需求量,而是选取以可观测的农机服务需求行为作为被解释变量。具体地,$Y=1$ 表示水稻经营主体购买过农机服务,假定发生概率为 $P(0 \leq P \leq 1)$,$Y=0$ 表示未购买过农机服务。由于所讨论的被解释变量属于二元选择问题,因此,采用二元 Logit 模型进行分析,模型设定如下:

$$P_i \equiv P_r[Y_i = 1 \mid X_k] = F(\beta_k \times X_k) = 1/(1 + e^{-Y_i}) \quad (4-5)$$

其中,$X_k(k=1,2,\cdots,k)$ 为解释变量,分别表示前文论述的经营主体分化变量及其他控制变量。各变量的取值说明、描述性统计分析及预期影响见表 4-3。通过非线性化转换后,得到回归方程为:

$$Y_i = Logit(P) = Ln[P_i/(1-P_i)] = a + \beta_k \times X_k + \varepsilon \quad (4-6)$$

其中,α 为常数项,β_k 为待估计系数,ε 为随机误差项。值得注意的是,β_k 并非所对应解释变量对被解释变量的边际影响,边际影响的计算公式另为 $\beta_k \times F'(\beta_k \times X_k)$。

四 模型估计结果与分析

为尽可能充分讨论水稻经营主体分化对农机服务需求行为的影响,本书利用 Stata 软件对水稻种植的犁地、播种、插秧和收割环节都进行了计量回归,所得模型估计结果见表 4-4。

(一)农业劳动力禀赋分化对服务需求行为的影响

水稻经营主体拥有的农业劳动力数量对犁地、播种和插秧环节的农机服务需求行为都有显著负向影响。表明在这些种植环节中,拥有农业劳动力越多的水稻经营主体,越倾向于不购买农机服务。这符合"农机服务替代劳动力"的一般逻辑。从影响程度来看,农业劳动力与农机服务之间的替代关系在播种环节中表现得最为明显。具体来讲,每增加一个农业劳动力,水稻经营主体购买播种服务的可能性便降低 1.8 个百分点。原因在于,相比犁地和插秧环节,播种环节的劳动强度相对较低,因而,在这一环节中,经营主体购买农机服务以替代农业劳动力的意愿相对较低。

表 4-3　　变量的描述性统计分布及预期影响

变量		变量取值说明	均值	标准差	有效样本量	预期影响方向
被解释变量	农机服务需求行为	1 为购买过农机服务，0 为未购买过农机服务				
	犁地服务需求行为	1 为购买过农机服务，0 为未购买过农机服务	0.58	0.49	413	
	播种服务需求行为	1 为购买过农机服务，0 为未购买过农机服务	0.08	0.28	413	
	插秧服务需求行为	1 为购买过农机服务，0 为未购买过农机服务	0.15	0.35	413	
	收割服务需求行为	1 为购买过农机服务，0 为未购买过农机服务	0.73	0.44	413	
经营特征	农业劳动力数量	连续变量（个）	2.25	1.06	413	−
	种植规模	连续变量（亩）	57.87	262.83	413	+
	农业机械拥有情况	1 为自家有农机，0 为自家没有农机	0.56	0.50	413	−
	水稻销售比	连续变量（%）	44.95	37.25	410	+
个人特征	经营者年龄	1 为 40 岁及以下，2 为 40—60 岁，3 为 60 岁以上	2.12	0.58	413	+
	经营者受教育程度	1 为小学及以下，2 为初中，3 为高中，4 为大专及以上	1.84	0.84	413	+
	经营者性别	1 为男性，0 为女性	0.84	0.37	413	−
其他控制变量	中部地区	1 为安徽、河南，0 为其他	0.28	0.44	413	−
	西部地区	1 为四川、新疆、内蒙古，0 为其他	0.31	0.46	413	−
	非农就业工资	连续变量（元/天）	110.87	43.15	388	+
	到最近车站距离	连续变量（千米）	4.08	3.94	413	−
	机耕道宽	连续变量（米）	2.49	1.06	409	+
	机耕道路面情况	1 为水泥、柏油等情况较好的路面，0 为泥巴、沙石路	0.74	0.47	413	+
	地形特征	1 为平原，2 为丘陵，3 为山区	1.41	0.68	410	−

注：" + "表示正向影响，" − "表示负向影响。

第四章 农业经营主体分化与农机服务需求

表4-4 经营主体分化结果对农机服务需求行为影响的二元Logit模型估计结果

解释变量		犁地服务需求 估计系数	犁地服务需求 边际效应	播种服务需求 估计系数	播种服务需求 边际效应	插秧服务需求 估计系数	插秧服务需求 边际效应	收割服务需求 估计系数	收割服务需求 边际效应
经营主体的分化特征	农业劳动力数量	−0.0070	−0.0016	−0.4831*	−0.0182	−0.0861*	−0.0072	−0.0920	−0.0133
	种植规模	−0.0016	−0.0003	−0.0009	−0.0001	−0.0003	−0.0001	−0.0018	−0.0002
	农业机械拥有情况	−1.0861***	−0.2411	−0.2872**	−0.0110	−0.7401*	−0.0659	−0.4435**	−0.0627
	水稻销售比	−0.0023	−0.0005	0.0125	0.0004	0.0207***	0.0018	0.0097*	0.0014
个人特征	经营者年龄	0.3754	0.0867	−0.1276	−0.0048	−0.2332	−0.0197	0.6818**	0.0984
	经营者受教育程度	0.0919	0.0212	0.0675	0.0025	−0.2287	−0.0193	0.1217	0.0176
	经营者性别	−1.0302***	−0.2380	0.3139	0.0118	0.4653	0.0393	0.4764	0.0687
其他控制变量	中部地区	−0.1790	−0.0418	−1.0515	−0.0320	−0.6013	−0.0452	0.4707	0.0628
	西部地区	2.7171	0.5052	−0.6158	−0.0215	−0.9343	−0.0715	2.8041	0.3262
	非农就业工资	0.0036	0.0008	0.0020	0.0001	0.0028	0.0002	0.0056	0.0008
	到最近车站距离	−0.0716*	−0.0165	−0.0083	−0.0003	0.0573	0.0048	−0.1354***	−0.0195
	机耕道路宽	0.3460*	0.0799	0.1600	0.0060	−0.0981	−0.0083	0.3389**	0.0489
	机耕道路面情况	0.7459*	0.1645	−0.2754	−0.0099	0.1361	0.0117	0.5669*	0.0769
	地形特征	−0.4196	−0.0969	−1.5331*	−0.0576	−0.7905**	−0.0668	−0.7781***	−0.1123

注：*、**、***分别表示在10%、5%和1%的统计水平上显著。

值得注意的是，模型分析结果也表明，农业劳动力数量对收割服务需求行为的影响并未通过显著性检验。产生这一结果的原因主要是：第一，相比犁地、播种和插秧环节而言，收割环节的劳动强度较大，作业不及时带来的风险也较大，而且绝大多数水稻经营主体所拥有的农业劳动力并不足以在短期内完成所有收割作业，所以，大部分水稻经营主体都会在这一环节中购买农机服务；第二，收割环节的服务市场最为成熟，服务价格也较为便宜，甚至比人工成本还便宜，所以，即便是在农业劳动力较为充裕的情况下，部分经营主体也会选择购买收割服务，以减轻自身劳动强度、实现闲暇享受等福利改善。

（二）种植规模分化对服务需求行为的影响

模型估计结果表明，种植规模分化对所有环节的农机服务需求行为都未产生显著影响。由于农机服务通过将农业机械的使用成本分摊给多个服务购买者，大大降低了单个水稻经营主体的生产成本，在一定程度上缓解了普通农户"买不起"和"用得起"农业机械的现实矛盾，从而有利于缓解小规模家庭经营与机械化规模作业之间的矛盾。该研究发现揭示的深层次政策含义在于：农机服务的发展弱化了农业机械作业对土地经营的规模化要求，并对"小规模农户家庭由于缺乏规模经济而无法实现农业机械化"[1][2][3]的传统观点提出了质疑。更重要的是，对土地资源稀缺国家的农业机械化发展模式创新有着重要的启示意义。

（三）资本投入分化对服务需求行为的影响

与理论预期一致，农业机械拥有情况通过了所有种植环节农机服务需求行为的显著性检验，影响方向都为负。这证明农业机械与农机服务之间是一种互相替代的竞争关系，即拥有农业机械的水稻经营主体，更倾向于使用自己的农业机械从事农业生产活动。农业机械与农机服务之间的替代程度，即边际影响在犁地、播种、插秧和收割环节分别为

---

[1] Pingali P., "Agricultural Mechanization: Adoption Patterns and Economic Impact", in Evenson R. & Pingali P. (ed.), *Handbook of Agricultural Economics*, Amsterdam: Elsevier B. V., 2007, pp. 2780 – 2800.

[2] Otsuka K., "Food Insecurity, Income Inequality, and the Changing Comparative Advantage in World Agriculture", *Agricultural Economics*, Vol. 44, No. s1, 2013.

[3] Collier P., Dercon S., "African Agriculture in 50 Years: Smallholders in a Rapidly Changing World?", *World Development*, Vol. 63, 2014.

24.1个、1.1个、6.5个、6.3个百分点。

(四) 商品化程度分化对服务需求行为的影响

水稻销售比对经营主体的播种、插秧、收割环节的服务需求行为都有显著正向影响。这主要是因为，商品化程度越高的水稻经营主体，对作业质量、及时性等都有更高要求，因此，更愿意购买农机服务。不过，回归结果也表明，水稻销售比对犁地服务需求行为并无显著影响。对此的解释是，相比播种、插秧和收割环节，犁地环节属于水稻种植的事前环节，对作业及时性的要求相对较低，所以，水稻商品化程度的分化对该环节服务需求行为的影响并不十分显著。

(五) 经营主体的个人特征分化对服务需求行为的影响

模型估计结果表明，水稻经营主体的个人特征分化对农机服务需求行为的影响并不十分显著。具体地，年龄特征仅对收割环节的服务需求行为有显著影响，影响为正，表明年龄越大的水稻经营主体越愿意购买收割服务，边际影响为9.8个百分点。性别特征则仅通过了犁地环节的显著性检验，影响方向为负。从边际影响来看，女性经营主体比男性经营主体购买犁地服务的可能性高23.8个百分点。但是，性别分化对播种、插秧和收割环节的服务需求行为都未产生显著影响。

此外，水稻经营主体的受教育程度对所有环节的农机服务需求行为都未产生显著影响。合理的解释是：当选择购买农机服务时，水稻经营主体从生产者转变为消费者，并不需要亲自操作农业机械，而对农机服务的认知也不需要具备较高的文化知识水平，因此，弱化了受教育程度对农机服务需求行为的影响。

五 种植环节之间农机服务需求差异的成因

由于相当部分的水稻经营主体有农机服务需求意愿，但却并未真正购买农机服务。在展开对不同类型水稻经营主体的比较分析之前，这里先讨论：相比收割环节较强烈的农机服务需求行为，是什么原因阻碍了所有水稻经营主体在犁地、播种和插秧环节中购买农机服务？

(一) 种植环节的生产特性对服务需求行为的影响

劳动强度及作业监督容易程度等方面的较大差异，导致种植环节之间的农机服务需求行为表现出较大区别。在劳动强度方面，收割环节最耗劳力，犁地环节第二，再次是插秧环节，最后是播种环节。① 因而，在一定预算约束范围内，水稻经营主体首先倾向于选择在收割环节中购买农机服务，然后依次是犁地、插秧和播种环节。

在作业监督容易程度方面，就收割环节而言，水稻经营主体可以将残留在稻田中的谷粒数量作为判断依据。而至于播种和插秧环节，虽然也可根据日后发芽及水稻长势等情况衡量，但是，这些都属事后监督，加之天气、土壤肥力等众多因素都会对水稻发芽率和长势产生影响，所以，在这两个环节，选择合适的指标计量农机服务效果相对较为困难。同时，播种和插秧这两个环节正是水稻的生长过程，也即这两个环节对水稻最终产量的影响非常密切。对犁地环节而言，水稻经营主体虽然可从犁地的深浅来监督作业效果，但是，犁地属于水稻种植的事前环节，对水稻的最终产量有较大影响。总体来看，相比收割环节，水稻经营主体在播种、插秧、犁地环节购买农机服务所面临的风险相对较大，从而在一定程度上阻碍了水稻经营主体在这些环节中购买农机服务。

（二）种植环节的农机市场特征对服务需求行为的影响

从实地调研情况来看，水稻收割环节的农业机械实体市场和服务市场都较为发达。一方面，收割机的机械工业技术相对最为成熟，配套维修服务最为完善，所以，收割环节的作业成本相对最低；另一方面，较为成熟的服务市场，使收割服务价格相对最为便宜，甚至比日益高涨的人工成本还便宜。这些都是水稻经营主体在收割环节中广泛需求农机服务的主要原因。

而至于播种和插秧环节，由于相关机械研发较为滞后，以及已有播种机作业效率较低、插秧机价格较贵，导致相应的农机服务市场发育仍较迟缓，不仅服务供给量较少，而且服务价格较高。这使得经营主体普遍认为在这两个环节中较难购买到相应的服务，且并不划算。此外，虽然犁地服务市场也较发达，服务价格也并不太贵，但是，一些传统劳动工具在犁地环节中的继续使用，在一定程度上形成了对拖拉机等犁地机械的替代，导致了犁地环节的服务发展情况仍比收割环节略显滞后。

---

① 对部分不自己育秧的水稻经营主体，实际生产过程中没有播种环节。

第三节　规模经营主体：外包服务，还是自购农机

前述分析在一定程度上解释了为什么农机服务需求行为在不同种植环节之间会产生较大差异，以及水稻经营主体分化结果如何影响农机服务需求行为。但是，尚未具体分析不同类型水稻经营主体的农机服务需求行为。为尽可能排除种植环节特性所导致的农机服务需求行为差异，以及尽可能获取无偏估计结果，这部分研究选择以样本数据最为丰富的收割环节做进一步讨论。收割环节是水稻种植中机械应用较早和机械化程度最高的环节，但即便如此，依然有 27.1%、16.1%、20.0% 的以农为主的普通农户、以农为辅的普通农户和规模经营主体有强烈的收割服务需求意愿，但却并未真正购买服务。这就使得关于农机服务需求行为影响因素的讨论具有重要现实意义。

实地访谈和调查问卷数据都表明，在收割环节中，绝大部分规模经营主体都选择了机械化作业。特别是在外出务工较容易，人工成本日益高涨，甚至远高于收割服务价格的市场环境里，规模经营主体面临的主要问题已不再是使不使用农业机械作业的问题，而是如何使用？是外包农机服务，还是自购收割机？总体来看，对规模经营主体而言，外包服务和自购农业机械的共同目的不仅在于弥补农业劳动力不足，更重要的是降低农业生产成本，获取更有效的规模经济效应。而两种方式最大的差异则在于：生产成本降低程度及效率提升程度的不一。从制度经济学角度来看，外包服务和自购农业机械是两种不同的交易机制，分别代表着不同的交易成本[1]。

一　外包服务的交易成本分析

在外包农机服务方式中，规模经营主体是单纯的服务需求者，与服务供给主体之间是完全的市场交易关系。结合现实观察和交易成本

---

[1] Williamson O. E.，"Transaction‐cost Economics: The Governance of Contractual Relations"，*Journal of Law and Economics*，Vol. 22, No. 2, 1979.

理论①②③④，本书认为，当外包农机服务时，规模经营主体主要面临以下交易成本：

第一，搜寻信息成本，即寻找与收集作业服务供给主体，以及对比多个服务供给主体的作业质量、服务态度、服务价格等信息所需耗费的时间和成本（C_i）。

第二，谈判和决策成本，即针对作业时间、地点、规模、价格等与服务供给主体进行谈判，并做出最终决策所需耗费的时间和成本（C_n）。

第三，实际购买成本，即实际支付的服务价格（$P_m \times n$），其中，P_m为购买服务的市场价格（一般按亩计价），n（$0 \leq n \leq N$）为外包服务的种植面积，N为规模经营主体的实际种植面积。

第四，监督成本，即监督服务供给主体是否按照合约规定从事农机作业，以及检查作业质量等所需耗费的时间和成本（C_s）。

第五，违约成本，即解决纠纷、违约等意外情况所需付出的时间和经济成本，以及由此带来的生产损失（C_b）。

概括来看，规模经营主体外包农机服务的一次性交易成本可简单表达为：

$$C_{service} = C_i + C_n + P_m \times n + C_s + C_b \qquad (4-7)$$

二 自购农机的交易成本分析

如果自购农业机械，规模经营主体则拥有农业机械的所有权、管理权和使用权。这种方式虽然节约了频繁与农机服务供给主体进行市场交易的各项成本，减少了因耽误农时等可能带来的风险和损失，但是，也发生了下述主要交易成本：

第一，搜寻信息成本，包括对多种机型、性能、价格等的考察（获取和信息处理）成本，以及对多个农业机械销售商的销售价格、服

---

① Coase R. H., "The Nature of the Firm", *Economica*, Vol. 4, No. 16, 1937.
② Dahlman C. J., "The Problem of Externality", *The Journal of Law and Economics*, Vol. 22, No. 1, 1979.
③ Williamson O. E., "Transaction Cost Economics and business Administration", *Scandinavian Journal of Management*, Vol. 21, No. 1, 2005.
④ Williamson O. E., "Transaction Cost Economics: The Natural Progression", *American Economic Review*, Vol. 100, No. 3, 2010.

务态度、售后服务、保险内容等的考察成本（C_I）。

第二，谈判和决策成本，即针对农业机械价格、后期维修、配套服务等与销售商进行谈判并做出最终决策所需耗费的时间和成本（C_N）。

第三，实际购买成本，即收割机的购买价格（P_M）。

第四，监督成本，即监督销售商是否按照合约规定进行交易所需付出的时间和成本，例如追踪、监督、验货等（C_S）。

第五，违约成本，即解决纠纷、违约等意外情况所需付出的时间和成本（C_B）。

第六，学习成本，主要指对收割机如何操作而进行自我学习或参加相关技术培训等所耗费的时间和成本（C_L）。

第七，后期作业成本，包括油料费、零配件维修保养费、固定资产折旧费、维修提存等（C_U），可能产生的雇用农机操作人员成本（C_H），以及其他经营管理费用（C_M）等。

此外，调研也发现，部分购买收割机的规模经营主体，在满足自己服务需求的同时，还向市场供给服务。所以，在自购农业机械方式中，规模经营主体还存在潜在获利机会（E）。而且，收割机属于农机购置补贴范围，不仅享有国家补贴（S_C），不少地方政府在实践中还有专门针对规模经营主体的额外补贴和贷款优惠（S_R）。

由此，规模经营主体自己购买农业机械的交易成本可简单表达为：

$$C_{machine} = C_I + C_N + P_M + C_S + C_B + C_L + C_U + C_H + C_M \quad (4-8)$$

规模经营主体向市场供给农机服务，可获取收入简单表达为：

$$I = E + S_C + S_R \quad (4-9)$$

其中，$E = P'_m \times Y$，P'_m 为规模经营主体向市场供给服务的价格，Y 为潜在服务市场大小。这里需要说明的是，由于作业服务质量可能存有差异，市场搜寻等交易成本不一，以及市场经济并不完善等原因，规模经营主体购入服务和向市场提供服务的价格其实往往并不一致[1][2]，即 $P_m \neq P'_m$。

---

[1] Key N., Janvry A. D., "Transactions Coast and Agricultural Household Supply Response", *American Journal of Agricultural Economics*, Vol. 82, No. 2, 2000.

[2] Renkow M., Hallstrom D. G., Karanja D. D., "Rural Infrastructure, Transtractions Costs and Market Participation in Kenya", *Journal of Development Economics*, Vol. 73, No. 1, 2004.

三　两种方式的交易成本比较

规模经营主体决策的关键在于：两种方式的交易成本比较。由于外包服务方式属于一次性消费行为，因此，在对两种方式进行比较时，应当考虑时间因素。而且，在自购农业机械方式中，规模经营主体每年都会产生一定的服务收入和作业成本，故而也应当考虑时间因素。为简化讨论，这里假设：第一，收割机可正常工作年限为 t 年，不考虑贴现等因素；第二，规模经营主体向市场提供农机服务的收入和作业成本是固定的，不随时间变化；第三，在讨论的时间范围内，规模经营主体依然从事农业生产活动，且经营规模等情况不发生重大变化。

$$C_{service} \times t \leq C_{machine} - I \qquad (4-10)$$

那么，当满足式（4-10）时，规模经营主体便会倾向于选择外包农机服务。上述条件展开为：

$$\nabla = (C_i + C_n + P_m \times n + C_s + C_b) \times t - C_I - C_N - P_M - C_S - C_B - C_L - (C_U + C_H + C_M) \times t + P'_m \times Y \times t + S_C + S_R \leq 0 \qquad (4-11)$$

为进一步简化分析，还假设：完全竞争市场，信息完全对称。那么，第一，服务价格以及农业机械价格都由市场决定，因此，所有交易活动的搜寻信息成本、谈判和决策成本趋近于零，即 $C_n \approx 0$，$C_i \approx 0$，$C_N \approx 0$，$C_I \approx 0$。第二，规模经营主体向市场购买和自己向市场提供服务的价格相等，即 $P_m = P'_m$。式（4-11）可进一步简化为：

$$\nabla = (P_m \times n + C_s + C_b) \times t - P_M - C_S - C_B - C_L - (C_U + C_H + C_M) \times t + P_m \times Y \times t + S_C + S_R \leq 0 \qquad (4-12)$$

那么，当 $\nabla = 0$ 时，得到：

$$n = \frac{P_M + C_S + C_B + C_L - S_C - S_R}{P_m \times t} + \frac{C_U + C_H + C_M - C_s - C_b}{P_m} - Y \qquad (4-13)$$

根据导数的运算法则，从式（4-13）中，可以得出以下主要结论：

①农机服务价格（P_m）越便宜，规模经营主体会更倾向于从市场上购买服务，而非自己购买农业机械。相应地，如果农机服务市场越发达，服务供给体系越完善，外包农机服务的交易成本也就越小。在此情形下，规模经营主体也会更愿意购买市场化农机服务。

②农业机械价格（P_M）会抑制规模经营主体购买机械的意愿。因此，农业机械价格越高，规模经营主体越倾向于外包农机服务。

③农业机械可工作年限（t）与农机服务需求行为之间成反比关系。在农业经营活动不发生重大改变的假设条件下，农业机械可工作年限越长，意味着如果通过外包农机服务来完成农业生产活动，其所对应的市场交易频率会越高。而交易频率的升高会促使规模经营主体将该交易活动内部化以省交易成本①②。也即规模经营主体更倾向于自己购买农业机械。

④是否具有农业机械操作经验也会对规模经营主体的决策产生影响。如果规模经营主体（或家庭成员）有农机操作经验，那么，其购买农业机械的成本，特别是再学习的费用（C_L）会下降。因此，规模经营主体会倾向于购买农业机械，减少对市场化农机服务的需求。

⑤国家购机补贴（S_C），地方政府的补贴、贷款优惠（S_R）都会积极刺激规模经营主体自己购买农业机械，所以，会负向影响其对农机服务的需求。

⑥后期作业成本，特别是油料费、零配件维修保养费、固定资产折旧费、维修提存等（C_U），会增加购买农业机械的成本，因此，对规模经营主体自购农业机械有消极影响。但是，也应当认识到，这些费用在一定程度上也会抬高农机服务的收费价格，所以，也可能会降低规模经营主体对农机服务的购买意愿。

⑦后期经营管理费用（C_M），对规模经营主体购买农业机械的行为产生负向影响。如果该费用太大，那么，规模经营主体便会选择从市场上直接购买农机服务，而非自己经营农业机械。

⑧自己是否拥有足够操作农业机械的劳动力也会影响规模经营主体的决策行为。如果劳动力缺乏，在购买农业机械后，规模经营主体还需雇用农机操作人员，由此产生的费用（C_H）会负向影响其购买农业机械的行为，从而规模经营主体会倾向于购买农机服务。

---

① Williamson O. E., "Transaction Cost Economics and business Administration", *Scandinavian Journal of Management*, Vol. 21, No. 1, 2005.

② Williamson O. E., "Transaction Cost Economics: The Natural Progression", *American Economic Review*, Vol. 100, No. 3, 2010.

⑨潜在服务市场大小（Y）在很大程度上也影响着规模经营主体的决策行为。如果预期潜在服务市场越大，那么，规模经营主体通过向市场提供农机服务所获利润也越多，从而更能够快速收回对农业机械的投资成本。在此情况下，规模经营主体更倾向于自己购买农业机械。

⑩规模经营主体的风险偏好对农机服务需求行为也会产生影响。为了减少因耽误农时、后期违约、作业不合格等可能带来的损失，风险规避型经营主体更倾向于自己购买农业机械，而非频繁从市场上购买农机服务。

⑪农业机械的专用程度也会影响规模经营主体的农机服务需求行为。机械专用程度越高，意味着沉淀成本越大，他用的可能性越小，从而，会抑制规模经营主体自己购买农业机械。

第四节　普通农户农机服务需求的影响因素及其比较

至于普通农户，这里假设：前文理论分析中的农机服务市场特征、影响农业劳动力转移的相关因素及水稻生产外部环境特征等，都是制约其农机服务需求行为的主要因素。在模型选择上，由于被解释变量依然是农机服务需求行为，因此，还是采用二元 Logit 模型进行分析。具体地，$Y=1$ 表示水稻经营主体购买过农机服务，假定发生概率为 $P(0 \leqslant P \leqslant 1)$，$Y=0$ 表示未购买过农机服务。此外，水稻经营主体的特征变量作为控制变量。不过，因为在对水稻经营主体进行划分时，本书已经考虑到了种植规模和收入来源，所以，控制变量中剔除这两类变量（见表4-5）。

利用 Stata 软件分别对以农为主的普通农户和以农为辅的普通农户进行分类计量回归，所得模型估计结果如表4-6所示。

一　以农为主的普通农户的农机服务需求行为影响因素

从回归结果来看，首先，到最近车站的距离通过了显著性检验，负向影响以农为主的普通农户的农机服务需求行为。这与理论预期相符。

表4-5　　变量在不同类型普通农户中的描述性统计分布

变量		变量取值说明	以农为主的普通农户			以农为辅的普通农户		
			均值	标准差	有效样本量	均值	标准差	有效样本量
被解释变量	收割服务需求行为	1为购买过农机服务，0为未购买过农机服务	0.65	0.48	170	0.79	0.41	193
解释变量	中部地区	1为安徽、河南，0为其他	0.26	0.44	170	0.29	0.46	193
	西部地区	1为四川、新疆、内蒙古，0为其他	0.35	0.48	170	0.22	0.42	193
	非农就业工资	连续变量（元/天）	101.73	29.91	157	118.23	51.36	185
	到最近车站距离	连续变量（千米）	4.21	3.95	170	3.60	3.33	193
	机耕道宽	连续变量（米）	2.52	1.12	169	2.45	1.05	190
	机耕道路面情况	1为水泥、柏油等情况较好的路面，0为泥巴、沙石路	0.34	0.47	170	0.37	0.48	193
	地形特征	1为平原，2为丘陵，3为山区	1.48	0.75	170	1.42	0.65	190
其他控制变量	经营者年龄	1为40岁及以下，2为40—60岁，3为60岁以上	2.15	0.59	170	2.18	0.56	193
	经营者受教育程度	1为小学及以下，2为初中，3为高中，4为大专及以上	1.77	0.80	170	1.76	0.82	193
	经营者性别	1为男性，0为女性	0.88	0.33	170	0.78	0.41	193
	农业劳动力数量	连续变量（个）	2.37	1.05	170	2.04	0.76	193
	农业机械拥有情况	1为自家有农机，0为自家没有农机	0.61	0.49	170	0.46	0.50	193

表4-6　　两种类型普通农户的服务需求行为影响因素的二元 Logit 模型估计结果

变量		以农为主的普通农户		以农为辅的普通农户	
		估计系数	边际效应	估计系数	边际效应
解释变量	中部地区	1.2788	0.2327	0.4637	0.0694
	西部地区	2.7974	0.4882	—	—
	非农就业工资	0.0087	0.0019	0.0028	0.0004
	到最近车站距离	-0.1494 **	-0.0318	-0.1744 ***	-0.0273
	机耕道宽	0.4885 **	0.1038	0.1908	0.0299
	机耕道路面情况	0.2984 *	0.0621	0.5202 *	0.0798
	地形特征	-0.5890 **	-0.1253	-1.4204 ***	-0.2224
其他控制变量	经营者年龄	1.2483 ***	0.2654	0.1401	0.0219
	经营者受教育程度	-0.1470	-0.0313	0.4720	0.0739
	经营者性别	0.4511	0.0959	0.3856	0.0604
	农业劳动力数量	-0.1093 *	-0.0232	-0.1364	-0.0214
	农业机械拥有情况	0.6256	0.1293	0.2893	0.0375

注：*、**、***分别表示在10%、5%和1%的统计水平上显著。

因为到最近车站的距离越远，在一定程度上意味着农业劳动力向外转移相对越困难，从而会对农机服务需求行为产生抑制作用，边际影响为3.2个百分点。

其次，机耕道路宽及路面情况对以农为主的普通农户的农机服务需求行为都有显著正向影响，边际影响分别为10.4个、6.2个百分点。地形特征也通过了显著性检验，影响方向为负。即相比丘陵和山区，平原地区的以农为主的普通农户更愿意购买农机服务，这与理论预期和实地调查结果一致，而且边际影响较大，为12.5个百分点。该结果的产生主要是因为平原地区的农机服务市场更为发达、服务供给主体更多、服务价格更为便宜等。

此外，以农为主的普通农户的农机服务需求行为还受年龄、农业劳动力数量等变量影响。具体来讲，年龄对以农为主的普通农户的农机服务需求行为有显著正向影响，家庭拥有农业劳动力数量负向影响农机服务需求行为。

二 以农为辅的普通农户的农机服务需求行为影响因素

模型估计结果显示,首先,地形特征负向影响以农为辅的普通农户的农机服务需求行为,机耕道路路面建设情况对农机服务需求行为有积极影响,都与理论假设一致。

其次,到最近车站的距离也通过了显著性检验,负向影响以农为辅的普通农户的农机服务需求行为。但是,非农就业工资水平对其农机服务需求行为并未产生显著影响。合理的解释是,由于非农就业与从事小规模农业生产之间的收入差距较大,因此,弱化了不同类型非农就业之间的工资水平差异对服务需求行为的影响。也即在其他条件不变的前提下,以农为辅的普通农户的农机服务需求行为主要受能否外出务工影响,而外出后从事何种具体职业,对农机服务需求行为的影响并不明显。

三 两种类型普通农户的农机服务需求行为影响因素比较

总体来看,两种类型普通农户的农机服务需求行为,在很大程度上都受到外部特征的影响,具体包括:到最近车站的距离、机耕道路建设情况、地形特征,且影响因素和方向都大致相同。这表明,农业生产性基础设施建设情况在很大程度上依然制约着普通农户的农机服务需求行为。该研究发现具有较强的政策含义。

更值得注意的是,个人特征变量对农机服务需求行为的影响在两种类型普通农户之间存在较明显差异。这揭示出的深层次含义在于:农机服务在两种类型普通农户之间所发挥的作用存在较大差异。对以农为主的普通农户,年龄、农业劳动力数量都通过了显著性检验。这表明,当家庭农业劳动力充裕时,以农为主的普通农户便会倾向于减少农机服务需求;当经营主体年龄较小,有足够体力完成农业生产活动时,以农为主的普通农户也会减少购买农机服务。因此,对以农为主的普通农户而言,农机服务最主要的作用是替代农业劳动力完成农业生产活动,或者说是弥补农业劳动力的不足。

而以农为辅的普通农户的农机服务需求行为几乎不受个人特征变量影响。这意味着,即使是在家庭农业劳动力较为充裕的情况下,以农为辅的普通农户依然可能会选择购买农机服务。合理的解释是:其一,对以农为辅的普通农户而言，农业生产的机会成本较大；其二，他们的效用函数已经开始发生变化，对闲暇享受的消费意愿更为强烈。因此，对以农为辅的普通农户而言，农机服务的功能更体现为释放农业劳动力，也即更省心地兼顾外出务工、农业生产以及享受闲暇。

第五节 政策变量对农机服务需求的影响

除上述实证分析中所涉及的影响因素外，政策变量对水稻经营主体的农机服务需求行为也产生了重要影响。然而，由于当前农业支持政策涵盖范围较广，因此，水稻经营主体的农机服务需求行为不单受某项特定政策影响，而是受多项政策因素的综合作用。主要政策变量对农机服务需求行为的影响逻辑分析如下：

一 农业补贴政策对农机服务需求的影响

由于种粮农民直接补贴、农作物良种补贴、农业生产资料价格综合补贴等主要普惠式地按照耕地承包面积进行补贴，并统一发放，因此，较难分离单项补贴政策对农机服务需求行为的具体影响。综合来看，这三项补贴政策都主要通过增加水稻经营主体的转移性收入、扩展消费预算集，刺激水稻经营主体对农机服务的消费意愿，并增强其对农机服务的购买能力。

至于农机补贴政策，因为其补贴对象是农业机械购买者，所以，该政策变量主要通过间接方式影响水稻经营主体的农机服务需求行为。一方面，农机购置补贴政策通过降低农业机械的购买门槛，增加了市场上农业机械的拥有量，从而增加了农机服务的市场供给量，使未购买或无力购买农业机械的农业经营主体能够更加方便、便宜地从市场上购买农机服务。另一方面，该补贴政策还增加了部分农业经营主体自己购买农业机械的意愿，特别是规模经营主体，因而，也可能会降低这些经营主体对农机服务的需求。

二 其他主要农业支持政策对农机服务需求的影响

这里主要分析农田水利基本建设、土地流转、融资及农业保险等重要农业支持政策的总体影响。概括而论，由于这些支持政策主要向规模经营主体倾斜，因此，增强了规模经营主体购买农业机械的能力，从而降低了其购买农机服务的可能性。从这个角度来看，这些差异化支持政策由于过于明显偏好规模经营主体，在一定程度上加剧了农业机械化发展水平在经营主体类型之间的失衡。

不过，调研也发现，大部分规模经营主体同时也扮演着农机服务供给者的角色。因此，这些差异化支持政策也通过增加农机服务的市场供给量，增强了普通农户对农机服务的可获得性。

第六节 主要研究发现与启示

第一，现实观察表明，不同类型水稻经营主体在个人特征和经营特征等方面都表现出了较大差异，而这些又进一步引致了水稻经营主体的异质化农机服务需求。

第二，水稻经营主体分化结果对农机服务需求行为产生了显著影响。其中，农业劳动力禀赋、资本投入、商品化程度等经营特征分化结果对农机服务需求行为的影响最为显著。而个人特征分化的影响并不十分明显。

在个人特征方面，年龄仅对收割环节的农机服务需求行为有影响，性别仅对犁地环节的农机服务需求行为产生显著影响，而受教育程度对所有环节的农机服务需求行为都未产生显著影响。这些发现表明，农机服务在一定程度上有利于缓解年龄、受教育程度、性别等个人特征差异对发展现代农业的制约。在当前农业劳动力老龄化、妇女化日趋严峻的发展态势，以及短期内难以实现所有传统农民都向懂技术、善经营的新型职业农民转变的背景下，该结论对促进农业机械化全面发展甚至加快农业生产方式转变都有重要启示意义。

更值得强调的是，种植规模分化对所有环节的农机服务需求行为都未产生显著影响。这一研究发现表明，农机服务的发展弱化了农业机械作业对土地经营的规模化要求，在一定程度上有利于缓解小规模家庭经营与机械化规模作业之间的矛盾。更深层次的政策含义在于：考虑到中国人多地少的农情以及短期内适度规模经营难以一蹴而就的客观事实，大力发展农机服务，有助于提升包括普通农户家庭经营在内的整体机械化水平，从而提高农业整体竞争力。这对于土地资源稀缺国家的农业机械化发展模式创新也有重要启示意义。

第三，相当部分的经营主体有农机服务需求意愿，但却并未购买服务。农机服务需求行为影响因素在经营主体之间存有较大差异的研究发现表明，服务在不同类型经营主体中的需求特征和所发挥的作用有所不同。

对以农为主的普通农户，由于年龄、农业劳动力数量都对其农机服务需求行为都有显著影响，因此，农机服务最主要的作用是替代农业劳动力完成农业生产活动，或者说是弥补农业劳动力的不足。而对于以农为辅的普通农户，其农机服务需求行为几乎不受个人特征影响，意味着农机服务的功能更多地体现为释放农业劳动力。该结论对于构建更有效的农机服务供给模式具有重要指导意义。

此外，以农为主的普通农户和以农为辅的普通农户的农机服务需求行为，在很大程度上还都受到外部特征的影响，具体包括：到最近车站的距离、机耕道路建设情况、地形特征等。这些研究结果也具有重要的政策含义：一是加强农业生产性基础设施建设，有利于增加普通农户对农机服务的有效需求；二是促进农业劳动力转移的相关政策，也有利于提高农机服务的市场需求；三是国家应当加大对丘陵和山区农机服务市场建设的引导和扶持。

对于规模经营主体，农机服务的功能不仅在于弥补农业劳动力不足，更重要的是降低农业生产成本，获取更有效的规模经济效应。其服务需求行为主要取决于外包服务和自购农业机械两种方式的交易成本比较，具体影响因素包括：农机服务价格、农机服务市场发达程度、农业机械价格、农业机械可工作年限、是否具有农机操作经验、购机补贴、贷款优惠、后期作业成本大小、是否拥有足够操作农业机械的劳动力、潜在服务市场大小、经营主体的风险偏好、农业机械的专用程度等。

第五章　农业转型中的农机服务供给

除需求层面的制约因素外,水稻经营主体的农机服务需求能否被满足、满足程度如何,很大程度上还取决于农机服务供给情况。需要强调的是,供需失衡不仅包括供需总量失衡,还包括供需结构失衡[①]。如果无视供需结构失衡问题,很容易得出片面的研究结论。

水稻经营主体不仅是农机服务的直接需求者,更是服务供给质量、服务实践效果的最直接体验者和检验者。本章首先以服务供给主体的变化为切入点对农机服务模式的历史演变进行追踪考察,并对不同类型服务模式进行比较研究;然后从需求主体角度,考察农机服务供给的现状特点、经营主体对服务供给实践效果的主要评价,进而分析农机服务供需失衡在不同类型经营主体之间的差异表现,以深入、准确探讨供给层面导致农机服务供需失衡的原因。

第一节　农机服务供给的发展演变

农机服务供给的发展是与农机服务需求变化相呼应的。伴随着农业经营主体及其农机服务需求的不断变化,农机服务供给主体及农机服务本身也都经历了不断丰富的发展过程。

一　供给主体类型从单一向多元演变

在计划经济时期,农机服务主要由国家和集体供给。随着国家对农

---

① 曹五一:《总供需平衡分析的若干理论问题》,《经济学家》1994年第2期。

业机械化发展政策的调整，从"不允许个人经营"到"允许农民个人或联户购置小型农业机械、禁止私人购置大中型机械"，再到"积极支持各种专业户和合作经济组织自主经营各种农业机械"，实践中农业机械的经营主体不断丰富多元。相应地，农机服务供给主体也发生了较大变化，除乡村集体农机服务队、农机户等较为传统的供给主体外，农机专业合作社、土地托管服务组织、农业服务公司、涉农企业及农业产业化龙头企业等新兴服务供给主体在市场机制作用下也不断涌现。总体来看，中国目前已初步形成了农机服务供给主体多元竞争的发展格局。

二 主体组织方式从分散向合作演变

早期的市场化农机服务供给主体主要是一批稍微懂些技术、善于经营、敢于冒风险的农机户。他们的服务行为具有较明显的独立、分散经营特征。即便是在"南征北战""西进东征"的大范围跨区作业中，最初也主要以"夫妻车""父子车"等形式展开，具有小规模、家庭经营等特点。后来，随着分散服务供给主体不断发展壮大，农机服务市场竞争越发激烈，不少农机户开始联合组建农机专业合作社。由农机专业合作社统一组织参与机收市场竞争，通过发挥合作的优势，既避免了单个农机户东奔西走、零散收割拉活难等困境，也有利于提高农机服务效率（徐春光[①]，2014）。随着国家对农民专业合作社的大力扶持，农机专业合作社在农机服务供给主体中也扮演着越发重要的角色。

> **从"单打"到"瑞和农机专业合作社"的成立**
>
> 潘某某是诸城市有名的农机能手，从事农机服务事业30余年。他回忆说，"过去机收作业是自己单独找市场，时常遇到出了远门找不到活的情况，那真叫一个'任人宰割'！"后来，按照统一管理、统一调配、统一维修的原则，他联合同村5名农机能手组建了诸城市瑞和农机专业合作社。成立当年，他们便抱团南下湖北、河南、安徽等地从事小麦跨区机收作业，每台机械作业量平均增加约3倍，

---

① 徐春光：《又到跨区机收时——诸城"麦客"备战跨区作业面面观》，《当代农机》2014年第5期。

单机收入也由以前的 3 万—4 万元增加到 7 万元左右。他说，"因为合作社的信誉好，市场好找且相对稳定，现在我们也是'固定老板'了。"

目前，瑞和农机专业合作社已有 47 户农机作业户参与，拥有各类农田作业机械 157 台，其中，大型联合收割机械 50 多台。诸城市的农机专业合作组织也发展到 161 家，辐射带动约 5000 户农机作业户，入社农机户平均增收约 25%。

三 农机服务范围从单项向综合演变

随着各种类型农业机械不断被发明制造，以及农机服务供给主体日趋多元，农机服务供给范围也不断拓展。一方面，农机服务领域从最初以犁地或收割等单项服务为主，逐渐扩展到锄草、犁地、播种、插秧、施肥、植保、灌溉、收割等整个农业生产环节。另一方面，农机服务范围由最初以小麦、水稻等粮食作物为主逐渐延伸到油料、蔬菜等经济作物。更值得注意的是，为了拓展和稳定农机服务市场，一些有实力的农机服务供给主体，如大型农业服务公司、农机专业合作社等，在实践中还推出了全程化、综合化的农机服务项目。

四 农机服务从低技术向高技术演变

得益于农业科技进步，农机服务也经历了从低技术向高技术的演变，突出表现在以下两个方面：一是从最初主要在劳动强度较大的作业环节（如犁地、收割）产生的替代劳动型农机服务，甚至是一些半机械化的低技术服务，到当前以替代育秧、植保防治、烘干等为重点的技术替代型服务的逐渐普及[1]，农机服务的科技含量不断增加；二是随着农业机械的不断革新，如无人植保小飞机、激光水田平整机、履带式耕作拖拉机、大型种子发芽机、气喷式播种机、太阳能诱虫灯等高科技农业机械的发明及应用，与之对应的农机服务也逐渐产生。这不仅进一步

---

[1] 高强、孔祥智：《中国农业社会化服务体系演进轨迹与政策匹配：1978—2013 年》，《改革》2013 年第 4 期。

降低了农业劳动强度,而且有效提高了农机服务的精度和效率。

五 服务交易方式从传统向现代演变

在市场化发展之初,农机服务的交易方式大多以农机户和农户之间的口头协议为主。至今,口头交易方式仍然普遍适用。虽然这种方式具有快捷、方便、灵活等优点,但是,现代通信工具的不断普及、农民生活方式的日趋现代化以及农业生产方式的极大转变,都使得口头协议所具有的稳定性差、变更性强、矛盾纠纷取证难等局限性越发明显。与此同时,新型农机服务供给主体和新型农业经营主体的共同快速成长,又对农机服务交易方式提出了更高要求。实践中,订单作业等具有更强市场契约性质的交易方式得到了更广泛认可。此外,在互联网应用较为普及的部分农村地区,QQ、微信等现代通信工具也逐渐成为农机服务的交易平台。

订单+电话+一条龙服务

在龙口市新嘉街道中村玉米机收现场,玉米联合收获机、搬运玉米的车辆正在忙碌地工作。不过,种植户却并不在现场。

"农户老孙是老玉米种植户了,他早就与我们合作社签订了作业合同,商定他这30多亩玉米,由我们合作社负责收割,然后再搬运到他家晒坝。"玉米收获现场的龙口市某农机专业合作社刘某某社长一边忙碌,一边回答道。

早些年,他发现该市许多农业劳动力都外出务工,他便联合几个农机手,成立了宏来农机专业合作社,并以开展玉米收获"一条龙"服务为主。每年,他都在收获季节前与种植户签订好作业订单,待玉米成熟时,种植户一个电话,合作社便上门服务。这种"订单+电话+一条龙的套餐式服务"模式深受农户认可。

第二节 农机服务模式:主要类型与发展评价

伴随着水稻经营主体的加速分化,农机服务需求也在不断发展变化。这一系列发展变化不仅要求农机服务供给主体不断适应市场变化、做出相应调整，还在农机服务供给主体之间进行优选劣汰。从实际调研情况来看，当前农业生产实践中的农机服务供给主体主要包括农机户、农机专业合作社、土地托管服务组织及农业服务公司等。

那么，不同类型农机服务模式之间究竟有何差异？它们之间是孤立存在的，抑或还存在某些联系？本章运用归纳总结分析方法，以服务供给主体的变化为切入点对农机服务模式的历史演变进行追踪考察，重点对服务供给主体进行特征分析和发展适应性评价，辅之调查案例以丰富、支撑有关讨论，并对不同类型服务模式进行比较研究，为构建更高效的农机服务供给体系提供参考依据[1]。

一 农机户服务模式

农业生产专业分工在很大程度上决定了农机服务市场化发展的具体模式。改革之初，社队一般将农机设备作为集体资产交由农机手管理。部分农机手便逐渐以独资或集资方式更新农机设备，他们在家庭经济圈内提供作业服务的同时，也逐渐向市场供给农机服务的自发性行为，使得他们成为了最早的农机服务市场化服务主体。随着农村市场化改革的推进，农户多种经营的发展，以及农业劳动力的大量转移，农机服务需求迅速增长，农机户也随之蓬勃发展。2014 年年底，农机户户数和年末人数分别达 4291.07 万个、5332.16 万人[2]。尽管当前服务供给主体已经呈现多元化的发展格局，但是，这些最早产生、累积了多年农机服务实践经验的农机户，一直都是中国农机服务市场化发展的重要供给主体之一。

（一）主要特征

仔细观察实践发现，因作业归属地、服务半径等不同，农机户大体可细分为三种类型：一是本地农机小户；二是本地农机大户；三是跨区农机户。总体来看，绝大多数农机户都表现出了下述共同特征：

---

[1] 需要说明的是，因为本书的研究对象是市场化农机服务，所以，此部分讨论的农机服务供给主体是指在市场经济条件下，拥有一定农业机械，为农业经营主体提供农机服务的经济组织。对于部分农民专业合作社，虽然他们在农业生产实践中也扮演了服务供给主体的角色，但由于其服务对象一般为合作社内部社员，所以，本书对这些服务模式未作讨论。

[2] 资料来源：《2014 年全国农业机械化发展情况综述》，www.cama.org.cn。

1. 以家庭独立经营为主

调查了解到，农机户一般都是农民出身，以懂农业机械操作技术、较为善于经营管理及敢于冒风险的农村能人为主。在实际经营中，他们大多都自己拥有农业机械，以家庭独立经营为主。只有少数规模较大的农机户在农忙时节会发生雇工现象。另外，在联合跨区收割作业中，虽然也存在农机户集资购买、共同拥有、共同使用农业机械（特别是大型农业机械）的现象，但是，在实际运行中，这些农机户之间大多依然坚持"单户核算，自负盈亏"的经营原则。

2. 大多以兼业经营为主

大多数农机户，特别是经营规模较小的农机户都以兼业经营为主。他们主要在农忙季节为农业经营主体提供农机服务。这种兼业经营现象既是农机户的主动选择，也受农业生产的自然规律影响。从农机户主观层面来看，绝大多数农机户的经济实力和经营规模都较为有限，供给的农机服务种类并不十分齐全。因此，除部分拥有农业机械设备较齐全的农机大户外，绝大多数农机户一般都只选择了将某个或某几个种植环节作为经营服务范围。从客观层面来看，与农业生产较为明显的季节性相对应，农机服务需求也具有较明显的时节性。所以，为了实现家庭效用最大化，在农闲季节，大多数农机户又都选择了外出务工以赚取更多收入。

（二）适应性评价

1. 本地农机小户具有明显的熟人和管理优势，但是服务种类较少，服务半径较小

从发展优势来看，本地农机户主要为本村及周边村庄的农户提供农机服务，其提供农机服务的成本优势非常明显。一方面，较小的经营规模和家庭独立经营的运行模式，大大降低了本地农机小户的经营成本，其内部协调、管理成本趋近于零。另一方面，由于本地农机小户与当地农业经营主体，特别是与普通农户之间较为熟悉，关系较为密切，因此，有利于节约市场交易成本，特别是降低谈判成本和违约、纠纷的发生概率。

但是，本地农机小户的发展也突出面临以下问题：第一，在本地农机小户服务模式中，户主往往身兼经营者、农机操作者等多重角色，甚

至为了进一步节约经营成本,他们还扮演农机维修者的角色,但是,由于个人能力有限,接受的正规培训较少,农机小户经营的服务范围通常较为有限,以提供简单、易操作的农机服务为主。第二,受资金约束,大多数本地农机小户拥有的农业机械数量都较少,以小型拖拉机、打谷机等为主,因而,他们提供的农机服务不仅种类较为单一,而且服务半径也较小,一般仅覆盖本地或周边邻近地区。

2. **本地农机大户兼具地缘优势和规模优势,但是管理成本较大,面临激烈的市场竞争**

调查了解到,绝大多数农机大户都是在本地农机小户基础上发展壮大的,因此,他们也具有较明显的地缘优势。在熟人关系作用下,其顾客资源也较为稳定,市场交易成本也较低。而且,农机大户一般都有较强的经济实力,拥有的农业机械数量较多、质量也较好,所以,农机大户供给的农机服务种类更为丰富,服务半径也有所扩大。

正是由于经营规模的扩张,一方面,农机大户的作业规模经济效应更为明显,有利于降低经营成本。另一方面,部分农机大户也开始雇用农机从业人员,特别是在农忙季节,这又增加了其内部管理成本。随着近年劳动力市场工资价格的不断上涨,越来越多的农机从业人员选择了外出务工,这在一定程度上进一步增加了农机大户雇工的成本和难度。此外,从外部市场环境来看,虽然农机大户已经具有较大经营规模,不过,在与农机专业合作社、农业服务公司等新型规模化服务供给主体同台竞争时,他们又面临经济实力有限,贷款、融资较为困难的尴尬处境。

3. **跨区农机户享有作业规模优势和政策扶持,但是作业成本较大,市场空间日渐萎缩**

跨区农机服务模式最早发生在 1986 年,山西省太谷县一位农民利用自己购买的联合收割机,组织农民到运城地区提供小麦收割作业。进入 20 世纪 90 年代,随着政府不断鼓励、组织,并出台一系列支持政策(如免收过路费等),跨区农机服务模式得以快速发展。该模式充分利用各地小麦、水稻等大田作物成熟的时间差,以提供收割服务为主,一路"南征北战",充分发挥农机作业的规模经济效应,大大拓展了农机服务半径和作业规模。

不过,田野调查也了解到,大部分跨区农机户都普遍表示,长时间、远距离的跨区作业需要非常大的人力和财力投入。而柴油价格上涨等市场因素又不断增加其作业成本。更现实的问题是,在农机购置补贴政策的刺激作用下,小麦收割环节的机械数量大幅增加,导致联合收割机的市场保有量逐渐趋于饱和,甚至部分地区还表现出过剩的现象。这意味着跨区农机户不仅要与全国各地的跨区服务主体恶性竞争,还要面临逐渐发展壮大的当地农机服务主体的挤压。实践中,他们所占有的市场份额不断萎缩,经营利润也不断下降。此外,市场信息的缺乏和较大的作业随机性也导致其服务市场一直处于不稳定状态。因此,绝大多数跨区农机户都有意愿逐渐缩小服务半径,从原来的长距离跨省作业转变为以跨县、市等本地作业为主,或通过成立农机专业合作社的方式组团应对"单打独斗"的高风险和低利润。

二 农机专业合作社服务模式

组织之间相互替代的根本动力在于节约。在变化的市场需求及激烈的市场竞争中,分散农机户在经营过程中暴露出的种种不适应性越发明显。部分农机户逐渐意识到"单打独斗"式的家庭经营模式已经较难继续维持,他们逐渐产生了相互帮助、联合发展的动机和需求。当这些动机付诸实施后,新的农机服务组织形式——农机专业合作社便悄然兴起。从概念来看,农机专业合作社是指按照《农民专业合作社法》《农民专业合作社登记管理条例》《农民专业合作社示范章程》等相关法律、法规成立的,并在工商部门注册登记,以提供农机服务为主要经营业务的农民专业合作社。

从组织变迁路径来看,农机专业合作社的产生与发展在很大程度上是自下而上的诱致性制度创新结果。当然,政府层面的各种优惠扶持政策对农机专业合作社的快速发展也有着非常重要的推动作用。总体来看,农机专业合作社已经逐渐成为当前农机服务供给体系中最具活力的市场主体之一[①],不仅取得了较好的经济效应,还发挥了广泛的社会带动效应。截至2015年年底,全国农机合作社数量达5.4万个,比上年

---

① 董洁芳、李斯华:《中国农机服务主体发展现状及趋势分析》,《中国农机化学报》2015年第11期。

增加4400多个，入社成员190万人（户）；服务农户数约3887万户，作业服务总面积7.12亿亩，约占全国农机化作业总面积的12%左右；经营活动总收入达814亿元，社均收入达151万元[①]。

瑞丰农机专业合作社的发展案例

德阳市旌阳区扬嘉镇位于四川省成都市平原东北边缘，距省会成都市58公里，是国家重要粮食生产基地。随着劳动力工资价格的不断上涨，近年来该镇青壮年劳动力纷纷外出务工，导致大量耕地被粗放经营甚至闲置。在此情形下，2008年7月，退休农机员刘某某联合当地15户农机能手，遵循"入社自愿、民主管理、集体决策、退社自由"的原则，以农业机械折价入股的方式，成立了瑞丰农机专业合作社。

在瑞丰农机专业合作社成立之初，社员主要以提供机械化插秧服务为主营业务。近年来，随着耕地撂荒现象的日益严峻，该合作社又进一步推出了"一条龙"订单服务模式。具体地，该合作社在种植季节开始时便与当地农户签订农机服务合同，待作业时节，合作社主动上门服务。此外，该合作社还一直实行农机服务价格公开制，承诺其服务价格低于市场价格，并要求入社社员按规定的统一价格为农户提供农机服务。

截至2014年，瑞丰农机专业合作社入社农机户已发展到68户，各类农业机械拥有量从成立之初的17台增加到56台，其中，中型联合收割机10台，大中型拖拉机30台，乘坐式插秧机16台，库房800平方米，固定资产400多万元，累计完成农机服务面积约4700公顷，农机作业收入约1000多万元。在瑞丰农机专业合作社的示范带动作用下，茂丰、富丰、云冬、勇富等农机专业合作社也逐渐发展起来，农机服务范围基本覆盖了扬嘉镇的全部乡村，甚至还辐射到周边乡镇、县等。

资料来源：根据实地调查与访谈整理。

[①] 资料来源：《2015年全国农机合作社发展情况综述》，www.amic.agri.gov.cn。

(一) 主要特征

1. 由农机专业合作社作为组织载体统一运作

在运行机制上，无论是由农机户发起成立，还是由农机员牵头组建，或是其他主体联合组建，大多数农机专业合作社在组建之后，都是作为一个组织载体统一运作。具体是指：由农机专业合作社统一制订农机服务收费标准，统一组织和调配社员参与农机服务，统一为合作社的农业机械提供维修、保养服务，统一为社员提供农机作业操作培训等。

2. 经营范围逐渐由单项拓展为全程化服务

调查了解到，大多数农机专业合作社在成立之初，都以提供社员较为熟悉、能够操作的种植环节的农机服务为主。随着经营实力的不断增加、资本的不断积累，部分农机专业合作社才开始不断添置更多、更先进的农业机械设备，并向社员提供农机操作技能培训。在此基础上，农机专业合作社逐渐将作业服务范围扩展到多个作业环节，甚至许多大型农机专业合作社还逐渐开始提供全程化的农机服务。

3. 大多采用按股分配和按劳分配相结合的利益分配方式

由于农机专业合作社以提供农机服务为主营业务，因此，绝大多数农机专业合作社为了最大限度实现利益的公平分配，在按股（一般指农业机械的折价股金等社员股份比例）分配基础上，还结合了按劳分配的方式。具体地，在进行收益分配时，坚持"多劳多得"原则，充分考虑社员的出勤作业服务量和服务工作效益。

(二) 适应性评价

农机专业合作社之所以能够快速发展，也正是因为其契合了分散农机户及其他发起者的利益诉求。

1. 通过集体行动有利于提升市场竞争力，提高农机服务产业集中度，但是经营合力作用发挥得并不十分理想

在整合入社农机户原有服务市场基础上，农机专业合作社一般还指派有专门业务人员拓展服务市场，然后再统一组织、分配社员向市场提供农机服务。通过集体行动，农机专业合作社不仅减少了分散服务供给主体之间的恶性竞争，而且有效增强了市场竞争力。此外，由于绝大多数农机专业合作社都植根于农村，较强的地缘关系也有利于稳定和拓展农机服务市场，从而有助于提升整个农机服务产业的集中度。

但是，大多数农机专业合作社的经营合力作用发挥得并不十分理想。一方面，在绝大多数农机专业合作社的实际运行中，折价入股合作社的农业机械实物主要还是由入社社员自己保管与使用，甚至还有部分农机专业合作社在实践中依然采取"自主经营、单户核算"的运作模式，合作社应当扮演的合作角色名存实亡。另一方面，由于并不是每次农机服务活动都是所有社员一起行动，因此，如果利益分配不当，极易引发入社农机户的不满。如何平衡入社社员之间的利益分配关系，也成为影响农机专业合作社能否充分发挥合力作用的关键难题。

2. 以联合形式供给农机服务，有利于提高服务供给效率和质量，但是需要警惕挂牌农机专业合作社的出现

绝大多数农机专业合作社都是在联合入社农机户的农业机械设备基础上，再统一组织、调配社员从事农机服务，如此运行模式，既充分利用了现有农业机械，也有利于提高农机服务供给效率。同时，农机专业合作社集体投资的方式，以及在农业机械购置方面享有的更多优惠政策和信贷支持，不仅减少了农业机械的重复投资，更重要的是，增强了合作社对大中型、高端农业机械的购买能力，有利于优化服务市场的农业机械结构，丰富作业服务范围，提升农机服务质量，进而推动整个农机服务产业向高标准方向发展。

不过，需要警惕的是，实践中不乏一些挂牌农机专业合作社的出现。调查中了解到，有不少农机专业合作社成立的目的是为了套取政府的优惠补贴政策。他们在获取政府补贴和扶持资金后，便形同虚设，仍然以农机户单独供给服务为主，未能有效发挥农机专业合作社应有的联合效应和服务带动作用。

三 托管服务模式

随着农业劳动力向非农产业转移步伐的加快，近年来农村耕地粗放经营、撂荒等现象频发，农业劳动力老龄化、妇女化情况也日趋严峻。单纯提供农机服务的供给模式已难以满足部分农户的客观需求。一种制度安排下不能实现的潜在收益总是诱导人们做出新的努力，进而产生新

的组织形式①。托管服务模式便在此背景下应运而生，并迅速发展。2013年，河南省邓州市仅农民专业合作社就托管服务130多万亩耕地，占该市总耕地面积的55%。② 2016年，山东省高密市供销系统托管服务面积达37.3万亩，约占该市耕地面积的30%。③

从概念来看，托管服务模式是指在不改变集体土地所有制性质、不改变土地承包关系及土地用途的基础上④，一些不愿意耕种或无能力耕种的农户将部分或全部承包耕地及相应的农业生产活动都委托给专门的托管服务组织，由其代为经营管理，并统一提供服务（孙晓燕等⑤，2012）。从发展实践来看，土地托管的制度创新是一场发端于生产实践、得益于地方政府行政推动的诱致性制度创新和强制性制度创新的综合产物。该制度安排有利于释放农业劳动力，破解"谁来种地""如何种地"等农业经营现实难题。更重要的是，这种服务模式还有利于在不改变土地承包关系及土地用途的基础上，平稳有序地推动农业适度规模经营。

（一）主要特征

1. 自愿加入、自由退出、服务自选的入托原则

从实际调查情况来看，虽然土地托管服务模式的发起组织较为多元，有种粮大户发起的，有农民专业合作社发起的，还有农资企业发起的，但是，绝大多数托管服务组织都实行民主管理，坚持农户自愿加入、自由退出的入托原则。入托农户主要根据农业生产实际需求情况选择交由托管服务组织经营管理的种植环节，并支付相应的托管服务费用。

2. 全托管服务和半托管服务相结合的服务模式

土地托管服务组织一般采取两种托管服务模式：一是全托管服务模

---

① North D. C.，"Institutional Change and Economic Growth"，*Journal of Economic History*，Vol. 31，No. 1，1971.

② 尹海涛：《土地托管："托"出种地新模式》，《河南日报》2013年8月2日。

③ 汪苏：《土地托管杠杆》，《财新周刊》2016年第32期。

④ 徐小青、金三林：《探索农业社会化经营的新路——安徽省凤台县农村土地托管调查》，《社会科学报》2013年6月6日。

⑤ 孙晓燕、苏昕：《土地托管、总收益与种粮意愿——兼业农户粮食增效与务工增收视角》，《农业经济问题》2012年第8期。

式，主要针对常年在外务工、不愿经营耕地，或年老体弱、无力经营的农户家庭，他们与托管服务组织签订耕地全托管服务合同后，托管服务组织对其托管的耕地提供全程经营管理服务。二是半托管服务模式，也称菜单式托管服务，即农户根据农业生产实际情况，仅将部分种植环节托管给服务组织。

不同的托管服务模式对应着不同的分配方式。在全托管服务模式中，托管服务组织向农户收取一次性托管费用，并向入托农户承诺定额产量；而在半托管服务模式中，利益分配关系相对更为简单，托管服务组织只向入托农户提供指定环节的作业服务，并参考市场价格收取作业服务费用①。

> **经销合作社发起的托管服务模式**②
>
> 宜宾市长宁县属于丘陵地区，既是农业大县，也是劳务输出大县。近年来，该县农业劳动力短缺问题表现得十分突出，特别是在像大林村这种地理位置较为偏远的地区，农民不愿或无力耕种的情况较为普遍。更关键的问题是，那些选择了外出务工、不愿耕种的农民却普遍表示不愿意放弃自己的耕地承包经营权。大林农林产品经销专业合作社正是在此背景下发现了商机，并尝试向当地农户提供稻田托管服务。不过，观察也发现，大林村土地托管服务模式的发展不是孤立进行的。该村商品粮基地建设工程的开展，以及与之配套的农业综合开发、土地综合整理等项目扶持都是土地托管服务模式得以快速发展的重要推动力量。
>
> 起初，大林农林产品经销专业合作社主要经营稻田托管服务。随着该模式在实践中的迅速发展，大林农林产品经销专业合作社的经营能力不断增强，托管服务能力也不断提高。目前，该合作社已经拥有联合收割机2台、插秧机2台、电机21台、微耕机23台、机动收割机100台、机动喷雾机62台、综合服务门市5个，不仅将稻

---

① 李登旺、王颖：《土地托管：农民专业合作社的经营方式创新及动因分析——以山东省嘉祥县为例》，《农村经济》2013年第8期。

② 资料来源：根据实地调查与访谈整理。

田托管服务范围辐射到邻近乡村，还将托管服务业务范围拓展到林地托管和畜禽托管。

从实际发展效益来看，土地托管基础上的农机服务模式不仅实现了合作社与入托农户的"双赢"，还为当地农业的规模化、产业化发展起到了较好的示范带动作用。对入托农户而言，他们自己种植水稻的投资成本大约为1124.5元/亩。但如果农户将耕地托管给合作社，实际每亩投资大约为802.5元，其中包括向合作社支付的稻田全程托管费用700元/亩。与此同时，合作社还向入托农户承诺最低产量550公斤/亩[①]，若实际产量低于550公斤/亩，合作社便向入托农户补足差额，若实际产量高于550公斤/亩，超出部分则归入托农户所有。计算下来，入托农民不仅减少了322元/亩的投资成本，而且在完全不用自己操心的情况下便有550公斤/亩的稳定收成。与此同时，释放出来的家庭劳动力还可安心外出务工，进一步增加家庭收入。对大林农林产品经销合作社而言，合作社统一经营管理水稻的实际经营成本大约为630元/亩，而向农户收取每亩700元的稻田托管费用，合作社至少实现净收益70元/亩。

(二) 适应性评价

1. 托管服务模式更为契合以农为辅的普通农户的现实需求

土地托管基础上的"保姆式"农机服务模式已不仅是农机服务模式的创新，它更是一种有利于提高农业经营效率、促进农业现代化发展的经营模式。不过，作为新兴事物，托管服务模式尚处于发展探索阶段。从抽样调查数据来看，在犁地、播种、插秧、收割环节中，由土地托管服务组织提供农机服务的水稻经营主体比例分别仅占2.9%、8.6%、3.3%、7.3%。(见表5-1)

比较发现，以农为辅的普通农户更加偏好土地托管服务模式。具体地，在以农为辅的普通农户中，托管服务模式在犁地、播种、插秧和收割环节中分别占比5.0%、13.3%、7.1%、13.1%。虽然该占比依然

---

① 合作社向入托农户承诺的最低产量一般依据上年当地平均收成情况决定，每年可能略有变动。

较小，却都明显高于在以农为主的普通农户和规模经营主体中的同比例。

表5-1 托管服务模式在不同类型经营主体中的占比情况　　单位:%

	以农为辅的普通农户	全部样本	以农为主的普通农户	规模经营主体
犁地环节	5.0	2.9	0	3.1
播种环节	13.3	8.6	0	7.1
插秧环节	7.1	3.3	0	0
收割环节	13.1	7.3	0.9	2.5

形成这种差异的原因主要是：对以农为主的普通农户而言，农业生产是最基本、最主要的活动，甚至是一种生活方式，因此，他们较不愿意放弃对土地的经营管理权利。而规模经营主体的经营目的在于实现农业经营的利润最大化，所以，他们自然很少选择将好不容易集中起来的耕地再托管出去。至于以农为辅的普通农户，他们以外出务工为主，对农业的感情相对较为淡薄，而且农业收入在其家庭收入中的占比较小，所以，除了生产功能，他们可能更为看重当前非彻底城镇转移背景下耕地所具有的社会保障功能。对他们而言，土地托管服务模式实现了更省心、方便地兼顾农业生产和外出务工。所以，托管服务模式更为契合以农为辅的普通农户的现实需求。

2. 托管服务模式更适合经营管理较容易、机械化程度较高、经营风险较小的农作物

托管服务组织的经营利润主要来自托管服务费用及服务规模经济效应所带来的成本降低，因此，在进行托管作物选择时，托管服务组织遵循的原则并不是农作物本身的经营利润最大化，相反，他们更加偏好托管一些生产经营管理难度较小、容易统一耕种、相应作业环节的机械化程度较高、经营风险较小的农作物，比如大田粮食作物。而由于专业技术要求较高、机械化程度较低、经营风险较大等原因，在劳动力密集型的花卉、蔬菜等经济作物领域中，很少发生托管服务现象。

此外，政府对粮食作物的多项补贴政策及所用农业机械的优惠补贴政策，也以外在政策激励方式使托管服务组织更加倾向于将粮食作物作

为托管的主要业务范围。实践案例的分析也表明，托管服务模式在粮食作物的规模化经营方面的确取得了较有成效的突破，有利于加速粮食生产的规模化和现代化进程。

3. 托管服务模式有利于提高农机服务效率、降低服务成本，但是对托管服务组织的要求较高、依赖性较大

在土地托管基础上发展起来的农机服务模式，通过托管服务组织集中、统一对入托耕地提供部分或全程化农机服务，避免了分散农业经营主体频繁从市场上购买服务，从而有利于节约整个市场的交易成本。而且，得益于服务规模经济效应的发挥，托管服务模式还有利于提高农机服务效率，降低服务成本。

但是，从托管服务模式的实际运行情况来看，其发展的关键在于有意愿、有能力从事托管服务的经济组织，如经销合作社等农民专业合作社、种植大户、农机作业大户等规模化经济主体。这主要是因为这些经济主体具有降低成本的先天优势。在从事托管作业服务后，他们分别可从降低生产资料成本、耕作成本、农机作业成本等优势中获利[1]。而且，托管后的土地规模经济效应也会为其带来进一步的利润空间。不过，这也表明托管服务模式对意欲从事托管服务的经济主体的实力、组织管理能力等有较高要求。一般情况下，小规模个体经济主体并不具备从事托管服务的能力。

此外，随着托管规模的不断扩大，托管服务组织面临的病虫害等自然灾害风险和市场风险都会增加，而实践中大多数托管服务组织却并未建立有效应对风险的防范保障机制，因此，一旦发生风险，这些经济组织极可能面临较大的生存危机，而这将严重影响其托管服务能力的可持续性。案例分析也表明，政府层面的支持政策和项目扶持也是影响托管服务模式发展的重要因素。

四 公司服务模式

随着新型农业经营主体的蓬勃发展，原有农机服务模式与农业规模

---

[1] 郭苏荸：《创新农业经营方式的有益尝试——山西省晋中市农村土地托管调查与思考》，《山西农经》2015年第5期。

化、现代化发展之间的不协调性越发明显。与此同时，农村市场经济不断完善、农业生产专业分工不断深化的发展背景，也进一步凸显了原有农机服务体系的不适应性。在此背景下，以提供综合化、专业化农机服务的新供给组织形式——农业服务公司应运而生并得到快速成长。

所谓农业服务公司，是指以农业机械、资金、技术等作为股份，共同联合或独立组建的，以从事农业生产性服务活动为主营业务，具有法人资格的营利性经济组织。从实地调查情况来看，各类农业服务公司已然成为建设覆盖全程、综合配套、便捷高效的农机服务供给体系的重要主体之一。

（一）主要特征

1. 运作上一般遵循现代企业经营管理制度

与农民自发组建的各类农机服务供给主体不同的是，农业服务公司一般按照现代企业经营管理制度运作。其一，农业服务公司的组织形式更为规范，具有独立运作、产权明晰等显著特点。其二，在实际运行管理中，大多数农业服务公司都坚持科学管理、权责分明、各司其职的原则。其三，农业服务公司一般都制定有明确的公司章程和管理制度，拥有较为健全的财务管理制度。

2. 大多数服务公司都有建立专门的作业服务网点

为了更准确地了解和掌握市场信息，绝大多数农业服务公司在基层都有建立相应的作业服务网点。作为直接经营门市，作业服务网点除了及时获取市场信息、直接为农业经营主体提供作业服务外，还负责为农业经营主体提供各类生产、作业服务咨询业务，如播种量、田间管理、最佳收获时节等咨询服务。

3. 服务模式上一般采用订单作业

绝大多数农业服务公司都有专门的销售人员，由他们负责考察和拓展农机服务市场。在农业经营主体确定购买农机服务后，销售人员便与农业经营主体签订作业服务项目协议，或签订服务订单合同。在明确双方责、权、利基础上，农业服务公司再以规范的服务流程按时向农业经营主体提供作业服务，并按照市场价格收取作业服务费用。作业服务对象一般以专业大户、家庭农场、农民专业合作社、土地股份合作社等规模经营主体为主，作业服务内容较为全面。

成都蜀农昊农业有限公司的服务案例①

　　成都蜀农昊农业有限公司位于四川省崇州市桤泉镇灵通村2组，于2012年3月在成都市工商局登记注册。该公司是由原崇州市文井源农产品配送中心组建，其发展正好契合了崇州市"政府引导、整合资源、市场运作、一站服务"的现代农业发展思路。

　　公司经营业务范围除了包括农田耕整、水田筑埂、平地、开沟起垄、植保、机插、机收、运输、代烘代贮等全程化农机服务外，还涉及农业技术咨询、农资配送、专业育秧（苗）、病虫统治、粮食银行等其他服务活动。该公司在主要作业片区都建有农业服务超市。借鉴生活超市的服务模式，该公司在农业服务超市内，将各种农机服务的项目名称、服务内容简介、服务质量描述、服务价格等以图片的"货物形式"分门别类地摆放着。

　　农机服务需求主体则像逛超市一样，按照自己的实际需求选择相应的服务产品，并与公司提前签订作业服务订单合同。然后，公司再按照"制订服务计划—登记备案管理—明码标价、公开公示—服务咨询—签订订单—提供作业服务—监督指导—验收结算—服务效果回访"的服务流程为农业经营主体提供相应的作业服务。

　　目前，该公司已在崇州市桤泉、隆兴、济协等片区建成农业服务超市6个，标准化服务站16个，拥有大中型农机具320台，植保机械700余套，专业农机服务从业人员1600余人，农机服务面积累计达14.63万亩。

　　"农业服务超市+订单作业服务"的经营模式，不仅为崇州市土地股份合作社等规模经营主体提供了全程保姆式农机服务，而且也有效促进了崇州市经营性服务与公益性服务相结合、专项服务与综合服务相协调的新型农业生产性服务体系建设。

---

① 资料来源：根据实地调查与访谈整理。

(二) 适应性评价

1. 服务公司拥有种类齐全的农业机械，能有效推动农机服务的综合化、规模化发展，但是其发展受制于农业的规模化进展

从实地调查来看，大多农业服务公司的资金实力都较强，拥有的农机设备不仅品种齐全，而且较为先进，以大中型、高性能农机为主，具有综合化、规模化作业的显著优势。他们既供给某种农作物、某个种植环节的专项农机服务，也可供给大多数农作物在主要种植环节的全程化农机服务，具有综合化、规模化作业的显著优势。而且，在经营利润最大化的行为逻辑驱动下，农业服务公司的农业机械配置效率一般都较高。

但是，绝大多数农业服务公司都是在农业规模化、现代化进程中发展起来的，其服务对象也以规模经营主体为主。因此，农业服务公司供给模式的发展在很大程度上受制于农业的规模化、现代化进展。在实地调查的一些传统农区，甚至没有服务公司进入。从农业服务公司自身发展的角度理解，普通农户经营规模较小、服务需求量较小的客观事实，导致与普通农户单笔交易的利润空间较小，而频繁与普通农户交易又将增加农业服务公司的总交易成本，因此，普通农户并非农业服务公司的主要市场目标。而从普通农户的角度理解，他们并不了解农业服务公司，相比之下，更愿意从具有明显地缘优势和熟人关系的农机作业户、农机专业合作社等服务主体那里购买农机服务。

2. 服务公司具有较显著的商业经营优势，有利于推动农机服务的产业化进程，但是面临较大的市场风险

建立在现代企业经营管理制度基础上的农业服务公司，拥有较为健全的财务管理制度，具有较显著的商业经营优势，因此，能更好地适应市场经济的发展要求。而且，作为专业的服务经营主体，他们一般都对作业服务质量有严格的要求和管控，以维护公司的市场信誉和形象。此外，较强的经济实力也使他们能够较及时地更新农业机械装备，能很好地适应市场经济的发展要求。面对激烈的市场竞争，他们能较敏锐把握机遇，引领农机服务的标准化和产业化发展。

不过，从实际调查情况来看，并非所有农业服务公司都发展得十分理想。首先在激烈的市场竞争中，有些农业服务公司甚至因作业量较小

而频发农业机械闲置的情况。其次,随着劳动力成本的不断上涨,部分农机从业人员表现出了更为明显的兼业行为,这使得农业服务公司招聘长期、稳定的农机操作人员更为困难、成本更大,从而放大了农业服务公司运作的市场风险。最后,更新农业机械设备、后期保养维护等都需要投入大量资金,因此,资金仍然是制约农业服务公司持续发展的重要障碍。

而且,需要警惕的是,实践中还不乏一些为了政府支持项目而从事农机服务的公司。他们在获取政府资金和项目支持后,缺乏对服务市场的开拓,不仅造成了有限资金的极大浪费,也降低了农业机械的使用效率,甚至在保养不善的情况下,还导致农业机械提前损坏或报废。

五 不同类型农机服务模式的比较分析

纵观历史,不同类型农机服务模式的形成与发展是农业生产专业分工、农村经济市场化发展、农业经营主体分化的综合结果。上述分析表明,由于不同的产生原因及外部发展环境,不同类型的农机服务模式表现出了独具各自特色的运行特征和发展适应性。本部分将从熟人关系、服务规模和范围、经营成本、服务市场等直接关系到服务主体发展的重要方面对上述农机服务模式进行比较分析。(见表5-2)

表5-2　　　　不同类型农机服务模式的比较分析

服务模式		熟人关系	经营规模	管理成本	作业成本	服务半径	主要服务对象
农机户	本地农机小户	最强	最小	最小	较大	最小	普通农户
	本地农机大户	较强	一般	较小	中等	较小	无明显偏好
	跨区农机户	较弱	一般	较大	中等	趋于萎缩	较不稳定
农机合作社		较强	较大	一般	较小*	较大	无明显偏好
服务公司		最弱	最大	最大	较小*	最大	规模经营主体
托管服务模式		较强	较大	一般**	较小**	一般	以农为辅的普通农户

注:*取决于服务耕地的连片集中程度;**取决于入托管对象及入托管耕地的连片集中程度。

(一)熟人关系比较分析

由于绝大多数农村地区仍表现出较强的熟人社会特征,熟人关系对农业经营主体的生产决策有较大影响,特别是对以农为主的普通农户。因此,熟人关系对农机服务主体稳定和拓展服务市场有着非常重要的作用。具体地,本地农机户土生土长于农村地区,所以,在所有服务模式中,本地农机小户具有最强的熟人优势。同理,在本地农机小户基础上发展壮大起来的农机大户,以及主要由农机户联合组建的农机专业合作社也都具有较强的熟人关系。至于土地托管服务模式,因为其本身就是基于地缘关系而组建起来的,而且大多都是由当地农民专业合作社、种植大户、农机大户等经济主体牵头发起,所以,该供给模式也具有较强的熟人优势。由于跨区农机户一般以跨县、市、省等异地作业为主,因此,该模式的熟人关系较弱。作为市场经济的产物,农业服务公司与农业经营主体,特别是与普通农户之间的联系相对并不紧密,所以,总体比较而言,该服务模式的熟人优势相对也较弱。

(二)服务规模和范围比较分析

服务规模和范围主要取决于服务主体的经济实力、装备水平、配套程度、管理水平等。总体来看,农业服务公司与农机专业合作社两类供给主体的经营实力都较强。他们拥有的农业机械设备不仅品种较为齐全,一般都拥有多种农作物在多个种植环节所需的农业机械设备,而且拥有的机械设备在性能和功能等方面也都较为先进,如多功能拖拉机、插秧机、田间作业机械、联合收割机、烘干机等。绝大多数土地托管服务组织的经营规模也较大,一般都配置有较为齐全的农业机械设备。不过,托管服务组织在实践中大多只从事某种或某几种特定农作物的托管服务。本地农机大户的经营规模居中,其服务经营范围集中于主要农作物和服务需求较强烈的种植环节。由于跨区农机户一般以提供跨区收割作业服务为主,因而其拥有的农业机械较为单一,经营规模一般。本地农机小户的经营规模最小,以拥有小型拖拉机、微耕机等小微型农业机械为主。

(三)经营成本比较分析

农机服务主体的经营成本主要包括管理成本和作业成本。由于农户家庭成员之间的利益较为一致,因此,在以家庭独立经营为主的本地农机户服务模式中,内部协调管理成本几乎为零。而且,较小的经营规模也极大地降低了本地农机户的经营成本。跨区农机户由于长时间、远距离的外出跨区作业，人力成本和农业机械折旧损耗等都较大，再加之，近年来柴油价格上涨等市场因素又进一步增加了该服务模式的经营成本。由于经营规模的增大以及由此引发的雇工情况，本地农机大户和农机专业合作社的经营成本都有所增加，不过，得益于农机作业规模经济效应的发挥，这两种服务模式的单位作业服务成本都有所下降，并且作业服务效率也相应有所提高。同样地，由于农机作业规模优势，土地托管基础上的服务模式也实现了农机服务单位经营成本的降低和作业服务效率的提高，但其管理成本和作业成本主要取决于入托对象及入托耕地的集中连片程度。至于农业服务公司，同样得益于机械作业的规模经济效应，其单位作业成本明显降低。但是，由于大多数农业服务公司都雇用了较多的工作人员，如管理人员、财务人员、农机操作人员、机械维修人员等，因此，该服务模式的运营管理成本较大。特别是随着劳动力工资成本的不断上涨以及农业劳动力的加快向外转移，农业服务公司的雇工成本与难度都不断增加。

（四）服务市场比较分析

由于在熟人关系、经营规模、作业成本以及外部发展环境方面的较大差异，不同类型服务模式的服务半径和服务对象也存在较明显区别。具体来看，本地农机小户供给模式由于经营规模较小，一般以本地普通农户为主要服务对象，服务半径以所在乡村范围或邻近地区为主。本地农机大户的服务对象则相对更广，既包括普通农户，也包括规模经营主体，其服务半径一般以本地和周边邻近县、市为主。由于日渐激烈的市场竞争以及收割机趋于饱和，跨区农机户的服务市场空间不断萎缩，逐渐从原来的长距离跨省作业转变为以跨县、市等本地作业为主，服务对象较不稳定。农机专业合作社一般以社员所在地区及周边县、市为主要服务区域，作业服务范围较广，没有明显的经营主体偏好。托管服务模式中，入托农户以普通农户居多，特别是以农为辅的普通农户。该服务模式的服务半径主要取决于托管服务组织的经济实力和经营规模。农业服务公司则明显偏好规模经营主体，作业服务半径较大。

从时间维度来看，农机服务供给主体总体表现出更趋规模化和专业化的发展态势，不同类型服务供给主体之间呈现出了一定的此消彼长的竞争关系。在农机专业合作社、农业服务公司等规模化服务供给主体不断成长壮大的同时，传统的、小型农机户的服务市场份额和服务半径都在逐渐缩小，他们中间不乏抱团组建农机专业合作社，甚至还有选择退出农机服务市场的。特别是随着近年中国农业经营模式的不断创新、农业适度规模经营的不断发展，土地托管等新兴服务模式也应势迅速发展，并有效推动了土地适度规模经营基础上农机服务的产业化发展。

从比较分析结果来看，不同类型农机服务模式在熟人关系、服务规模和范围、作业成本、服务半径和服务对象等方面都表现出了较明显的差异。之所以比较分析不同类型服务供给主体，并不是单纯强调他们之间的差异性。更具启发的是，由于不同类型农机服务供给主体在发展适应性方面的差异，各类服务供给主体之间并不是绝对的竞争替代关系，相反，也表现出了一定的服务功能互补关系。这就要求在进一步完善农机服务供给体系时，必须重视不同类型服务模式之间的差异性，既要充分发挥各类服务模式的比较优势，以建设更有效率的产业化农机服务体系；也要鼓励、支持多元服务供给模式的共同发展，注意发挥各类服务供给主体之间的互补作用，以满足多元农业经营主体的差异化农机服务需求。总体来看，应当要按照主体多元、形式多样、服务专业、竞争充分的原则，加快培育各类农机服务组织，充分发挥不同农机服务主体各自的优势和功能。同时，鼓励各类农机服务组织加强联合合作，推动农机服务链条横向拓展、纵向延伸，进而促进各主体多元互动、功能互补、融合发展。

第三节　农业经营主体对农机服务供给的选择与评价

一　经营主体对农机服务供给主体的选择偏好比较

通过对调查问卷数据的分析发现，虽然农机服务供给主体已经呈现较明显的多元发展格局，但是，绝大多数水稻经营主体的农机服务仍然主要由农机户供给，包括本地周边邻近地区的农机户和外地农机大户。具体来看，由农机户提供服务的经营主体比例在犁地、播种、插秧和收割环节中分别占93.3%、71.5%、88.3%、80.9%。（见表5-3）

表 5-3　　　　全部样本对农机服务供给主体的选择情况

	犁地环节 (n=238)		播种环节 (n=35)		插秧环节 (n=60)		收割环节 (n=303)	
	样本量(个)	占比(%)	样本量(个)	占比(%)	样本量(个)	占比(%)	样本量(个)	占比(%)
主体 A	120	50.4	8	22.9	24	40.0	82	27.1
主体 B	102	42.9	17	48.6	29	48.3	163	53.8
主体 C	3	1.3	2	5.7	2	3.3	13	4.3
主体 D	7	2.9	3	8.6	2	3.3	22	7.3
主体 E	3	1.3	1	2.9	1	1.7	2	0.7
主体 F	2	0.8	3	8.6	1	1.7	14	4.6
主体 G	1	0.4	1	2.9	1	1.7	7	2.3

注：n 为在该种植环节中，购买过农机服务的有效样本量。主体 A 指"本地周边邻近地区的农机作业户"；主体 B 指"农机作业大户"；主体 C 指"农机专业合作社"；主体 D 指"土地等其他类型的农民合作组织"；主体 E 指"乡村集体的农机服务队"；主体 F 指"农业服务公司或农机服务超市"；主体 G 指"其他"。

（一）以农为主的普通农户的农机服务主要由本地服务主体供给

观察表 5-4 和表 5-5，在所有被调查种植环节中，以农为主的普通农户的农机服务都主要由本地周边邻近地区的农机户供给。具体地，在犁地、播种、插秧和收割环节，由本地周边邻近地区的农机户提供的服务比例分别为 61.6%、50.0%、50.0%、50.0%，分别比全部样本中的同比例高 11.2 个、27.1 个、10.0 个、22.9 个百分点，分别比以农为辅的普通农户中的同比例高 13.3 个、43.3 个、17.9 个、36.9 个百分点，分别比规模经营主体中的同比例高 33.5 个、21.4 个、5.0 个、32.5 个百分点。

这一现象的产生很大程度上是因为：第一，与其他类型的水稻经营主体相比，以农为主的普通农户收入来源较少，收入水平也较低，所以，本地周边邻近地区的农机户是他们获取农机服务的最方便、便宜的途径；第二，作为传统农民，以农为主的普通农户常年生活在农村，对农村社区的感情相对更为深厚，所以，碍于熟人关系的情面，他们更愿意选择从本地农机户那里购买服务。

表5-4　以农为主的普通农户对农机服务供给主体的选择情况　　单位：%

	主体A	主体B	主体C	主体D	主体E	主体F	主体G
犁地环节（n=86）	61.6	33.7	1.2	0	3.5	0	0
播种环节（n=6）	50	33.3	0	0	16.7	0	0
插秧环节（n=12）	50	41.7	0	0	8.3	0	0
收割环节（n=110）	50	40.9	3.6	0.9	1.8	0.9	1.8

注：n为在该种植环节中，购买过农机服务的以农为主的普通农户样本量。主体A指"本地周边邻近地区的农机作业户"；主体B指"农机作业大户"；主体C指"农机专业合作社"；主体D指"土地等其他类型的农民合作组织"；主体E指"乡村集体的农机服务队"；主体F指"农业服务公司或农机服务超市"；主体G指"其他"。

表5-5　不同类型经营主体对本地农机户的选择情况　　单位：%

	以农为主的普通农户	全部样本	以农为辅的普通农户	规模经营主体
犁地环节	61.6	50.4	48.3	28.1
播种环节	50.0	22.9	6.7	28.6
插秧环节	50.0	40.0	32.1	45.8
收割环节	50.0	27.1	13.1	17.5

（二）以农为辅的普通农户的农机服务主要由外地农机大户供给

调查发现，在以农为辅的普通农户中，外地农机大户提供作业服务的比例相对最高。尤其是在播种、插秧和收割环节中，比例依次达80.0%、60.7%、63.4%，分别比以农为主的普通农户中的同比例高12.1个、46.7个、19.0个、22.5个百分点，分别比规模经营主体中的同比例高58.6个、25.7个、10.9个百分点。这主要是因为，以农为辅的普通农户收入相对较高，而多年的外出务工经历也使得他们与农村社区之间的关系较为疏远，所以，他们有能力、也较愿意从更为市场化、透明化的外地农机大户那里购买服务。

表5-6　以农为辅的普通农户对农机服务供给主体的选择情况　　单位：%

	主体A	主体B	主体C	主体D	主体E	主体F	主体G
犁地环节（n=120）	48.3	45.8	0	5.0	0	0	0.8
播种环节（n=15）	6.7	80.0	0	13.3	0	0	0

续表

	主体A	主体B	主体C	主体D	主体E	主体F	主体G
插秧环节（n=28）	32.1	60.7	0	7.1	0	0	0
收割环节（n=153）	13.1	63.4	1.3	13.1	0	6.5	2.6

注：n为在该种植环节中，购买过农机服务的以农为辅的普通农户样本量。主体A指"本地周边邻近地区的农机作业户"；主体B指"农机作业大户"；主体C指"农机专业合作社"；主体D指"土地等其他类型的农民合作组织"；主体E指"乡村集体的农机服务队"；主体F指"农业服务公司或农机服务超市"；主体G指"其他"。

表5-7　　　　不同类型经营主体对外地农机户的选择情况　　　　单位：%

	以农为辅的普通农户	全部样本	以农为主的普通农户	规模经营主体
犁地环节	45.8	42.9	33.7	56.3
播种环节	80.0	48.6	33.3	21.4
插秧环节	60.7	48.3	41.7	35.0
收割环节	63.4	53.8	40.9	52.5

（三）规模经营主体的农机服务主要由设备齐全的大型服务主体供给

尽管对规模经营主体而言，农机户依然是农机服务的主要供给主体，但是，实地访谈也了解到：向规模经营主体提供服务的农机户的经营规模都较大，拥有的农业机械设备也较为齐全。特别是随着农机服务市场的不断成熟，越来越多的规模经营主体都更倾向于选择向拥有农业机械设备较为齐全的农机专业合作社或农业服务公司等大型服务主体购买全程化的作业服务。在此次抽样调查中，规模经营主体由农机专业合作社供给服务的比例在犁地、播种、插秧和收割环节分别为6.3%、14.3%、10.0%、17.5%，分别比以农为主的普通农户中的同比例高5.1个、14.3个、10.0个、13.9个百分点，分别比以农为辅的普通农户中的同比例高6.3个、14.3个、10.0个、16.2个百分点。而规模经营主体由农业服务公司及农机服务超市供给服务的比例在犁地、播种、插秧和收割环节分别为6.3%、21.4%、5.0%、7.5%，分别比以农为主的普通农户中的同比例高6.3个、21.4个、5.0个、6.6个百分点，分别比以农为辅的普通农户中的同比例高 6.3 个、21.4 个、5.0 个、1.0 个百分点。(见表 5-8、表 5-9)

表 5-8　　　　规模经营主体对农机服务供给主体的选择情况　　　　单位:%

	主体 A	主体 B	主体 C	主体 D	主体 E	主体 F	主体 G
犁地环节 (n=32)	28.1	56.3	6.3	3.1	0	6.3	0
播种环节 (n=14)	28.6	21.4	14.3	7.1	0	21.4	7.1
插秧环节 (n=20)	45.0	35.0	10.0	0.0	0	5.0	5.0
收割环节 (n=40)	17.5	52.5	17.5	2.5	0	7.5	2.5

注:n 为在该种植环节中,购买过农机服务的规模经营主体样本量。主体 A 指"本地周边邻近地区的农机作业户";主体 B 指"农机作业大户";主体 C 指"农机专业合作社";主体 D 指"土地等其他类型的农民合作组织";主体 E 指"乡村集体的农机服务队";主体 F 指"农业服务公司或农机服务超市";主体 G 指"其他"。

表 5-9　　　　不同类型经营主体对农机专业合作社和
　　　　　　　农业服务公司的选择情况　　　　　　　单位:%

	农机专业合作社				农业服务公司或农机服务超市			
	规模经营主体	全部样本	以农为主的普通农户	以农为辅的普通农户	规模经营主体	全部样本	以农为主的普通农户	以农为辅的普通农户
犁地环节	6.3	1.3	1.2	0	6.3	0.8	0	0
播种环节	14.3	5.7	0	0	21.4	8.6	0	0
插秧环节	10.0	3.3	0	0	5.0	1.7	0	0
收割环节	17.5	4.3	3.6	1.3	7.5	4.6	0.9	6.5

究其缘由,第一,规模经营主体的种植规模较大,因而,其对农机服务的需求量也较大,小型农机作业户一般无力承担,更重要的是,种植规模经济效应的发挥要求规模化作业服务来满足;第二,规模经营主体以实现产品的商品化为主要生产目的,所以,他们对农机服务的质量要求更高,而农机专业合作社或农业服务公司等大型服务供给主体更能满足他们的高要求;第三,大型服务供给主体的市场信誉和品牌效应更好,在交易过程中,他们发生道德风险的代价更大,因而与其进行交易,规模经营主体的权益相对更有保障。

二 经营主体获取农机服务的信息渠道比较

从样本整体情况来看,水稻经营主体主要通过"邻里之间相互联系"获取农机服务信息,该渠道占比达53.8%。另一主要渠道是"亲朋好友",占比为12.1%。"政府信息平台"是水稻经营主体获取农机服务信息的第三主要渠道,占比为9.4%。(见图5-1)

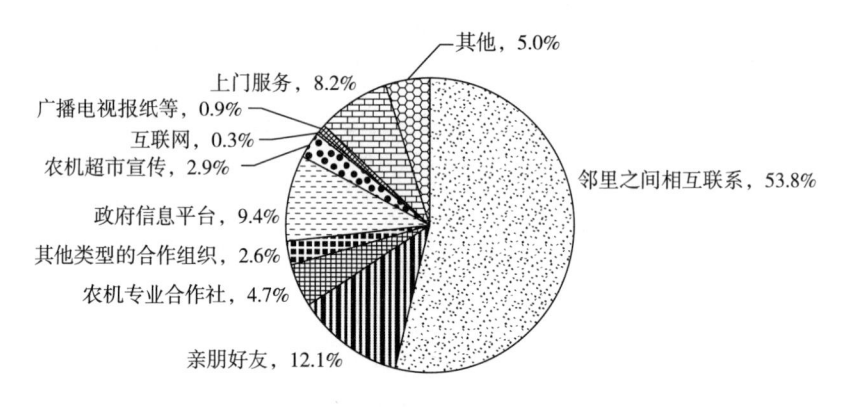

图5-1 全部样本获取农机服务的信息渠道分布情况

进一步对比发现,不同类型水稻经营主体在获取农机服务的信息渠道方面存有一定差异。首先,以农为主的普通农户主要通过"邻里之间相互联系"获取服务信息,该渠道占比达63.4%,比全部样本、以农为辅的普通农户、规模经营主体中的同比例分别高7.5个、9.1个、15.7个百分点。这主要是因为,相比以农为辅的普通农户和规模经营主体,以农为主的普通农户对农村社区更为了解,基于邻里之间较为相近的价值观念和种植习惯,他们更容易对邻里等熟人关系产生信任。因而,这种在世代交往中积累起来的熟人关系在其农业生产决策行为方面起着更为重要的作用。不过,这也揭示出:以农为主的普通农户获取农机服务的信息渠道略显单一。(见图5-2)

对以农为辅的普通农户,虽然"邻里之间相互联系"也是其获取农机服务信息的第一渠道,占比为54.3%,但是,该占比明显低于在以农为主的普通农户中的占比。与此同时,"农机专业合作社""政府信息平台""广播电视报纸"等信息渠道的占比分别为3.7%、11.7%、1.2%。尽管这些信息渠道的占比依然较低,不过,相比以农为主的普通农户，这些渠道的占比都有所上升。这表明以农为辅的普通农户获取农机服务的信息渠道更为多元。

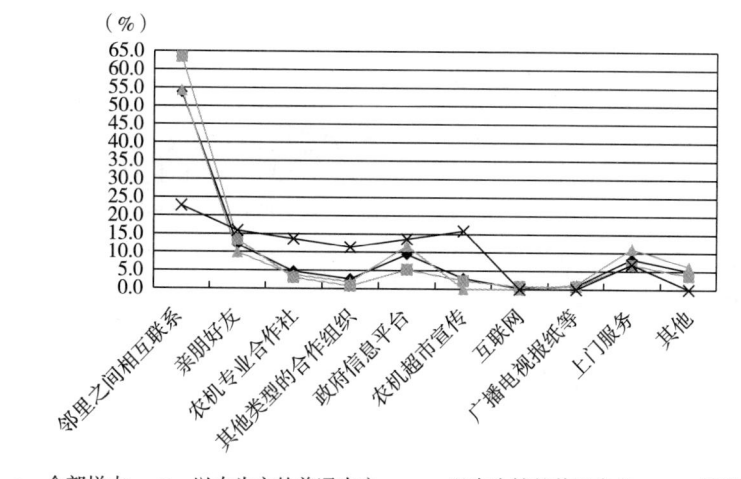

图 5-2 不同类型经营主体获取农机服务的信息渠道对比情况

至于规模经营主体，通过"邻里之间相互联系"获取农机服务信息的样本比例明显下降，仅占 22.7%，低于样本平均水平 31.1 个百分点。而"农机专业合作社""其他类型的合作组织""农机超市宣传"等市场化信息渠道的占比依次为 13.6%、11.4%、15.9%，都明显高于在其他类型经营主体中的占比。这说明规模经营主体获取农机服务的信息渠道不仅多元，而且更趋市场化。

三 经营主体获取农机服务的交易形式比较

（一）口头交易仍然是农机服务交易的主要形式

从交易形式来看，全部被调查水稻经营主体在犁地、播种、插秧、收割等种植环节都主要通过口头交易形式购买农机服务。特别是在犁地和收割环节，口头交易形式的占比分别达 96.2%、95.4%，分别比签订正规合同的比例高 92.8 个、91.4 个百分点。而在播种和插秧环节，虽然口头交易依然是主要形式，但签订正规合同的比例已经明显比在犁地和收割环节高。以播种环节为例,水稻经营主体签订正规合同的占比为 20.0%,比犁地和收割环节的同比例分别高 16.6 个、16.0 个百分点(见表 5-10)。

表 5-10　　　　　全部样本获取农机服务的交易形式比较

	口头交易		签订正规合同		其他	
	样本量（个）	占比（%）	样本量（个）	占比（%）	样本量（个）	占比（%）
犁地环节（n=238）	229	96.2	8	3.4	0	0
播种环节（n=35）	27	77.1	7	20.0	1	2.9
插秧环节（n=60）	53	88.3	7	11.7	0	0
收割环节（n=303）	289	95.4	12	4.0	1	0.3

注：n 为在该种植环节中,购买过农机服务的有效样本量。

这主要是由于不同种植环节对水稻最终产量的影响程度有较大差异所致。按照农业生产规律,任何一个种植环节作业不到位,都会严重影响水稻的最终产量。但相比犁地环节,播种和插秧环节正是水稻的生长过程,故对水稻最终产量的影响更为直接,而且这两个环节的农机服务效果监督相对更为困难,这就意味着在这两个环节中使用农机服务的风险更大。所以,水稻经营主体更倾向在这两个环节中签订正规作业合同,以应对可能出现的服务风险。虽然收割环节的作业服务效果也直接影响水稻最终产量,但其作业服务效果较容易监督,因此,在该环节中,水稻经营主体签订正规合同的意识依然略显淡薄。

(二) 规模经营主体选择签订正规合同的意愿更为强烈

表 5-11 显示,不同类型水稻经营主体在获取农机服务的交易形式上也存在细微差异。在规模经营主体中,通过签订正规合同形式获取农机服务的比例在犁地、播种、插秧、收割环节分别达 21.9%、35.7%、30.0%、25.0%,都明显高于在两种类型普通农户中的占比。这主要是因为,规模经营主体的种植规模较大,如果农机服务不及时、不到位,其面临的经济损失会更大。此外,规模经营主体一般具有较强的法律维权意识,这也是其倾向于选择签订正规合同的原因。

表 5-11　不同类型经营主体获取农机服务的交易形式比较　　单位:%

	口头交易			签订正规合同			其他		
	以农为主的普通农户	以农为辅的普通农户	规模经营主体	以农为主的普通农户	以农为辅的普通农户	规模经营主体	以农为主的普通农户	以农为辅的普通农户	规模经营主体
犁地环节	100.0	98.3	78.1	0	0.8	21.9	0	0.8	0
播种环节	66.7	93.3	64.3	16.7	6.7	35.7	16.7	0	0
插秧环节	100	96.4	70	0	3.6	30	0	0	0
收割环节	98.2	98.7	75.0	0.9	0.7	25.0	0.9	0.7	0

四　经营主体对农机服务供给的评价

通过对问卷调查数据的分析发现，购买过农机服务的水稻经营主体对服务供给的评价并不高。有 26.9% 的样本认为"农机服务质量太差，如机械作业带来的损失较大、机收不干净"，21.3% 的样本认为"农机服务价格太贵"。此外，还有 7.0% 的被调查样本认为"农机服务生产经营全过程的配套性较差，如部分环节服务发展较好，而有些重要环节发展又严重滞后"。（见图 5-3）

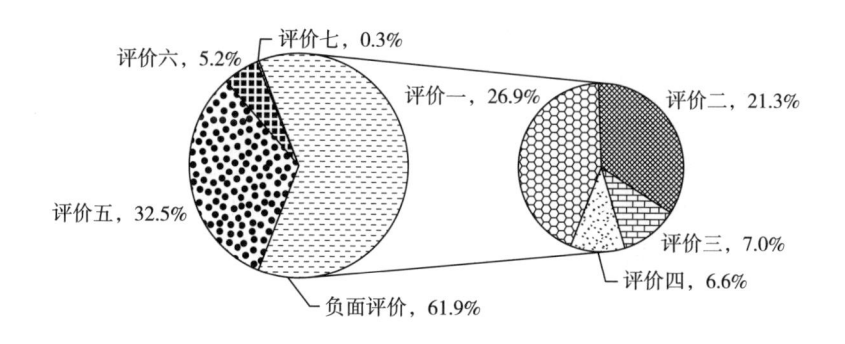

图 5-3　全部样本对农机服务的主要评价情况

注：评价一指"农机服务质量太差，如机械作业带来的损失较大，机收不干净"；评价二指"农机服务价格太贵"；评价三指"农机服务生产经营全过程的配套性较差，如部分环节农机服务发展较好，而有些重要环节发展又严重滞后"；评价四指"农机服务供给太少或供应不及时、供给缺乏保障"；评价五指"总体不错"；评价六指"较好或很好"；评价七指"其他"。

(一) 以农为主的普通农户认为农机服务供给的主要问题是价格太贵

表 5-12 显示，在以农为主的普通农户中，62.5% 的样本都对农机服务供给做出了负面评价。其中，"农机服务价格太贵"以 24.0% 的占比成为以农为主的普通农户对农机服务供给的最主要负面评价，该比例高于以农为辅的普通农户和规模经营主体中的同比例 4.6 个、2.9 个百分点。由于相比其他类型水稻经营主体，以农为主的普通农户收入来源较少，收入也较低，因此，农机服务价格对服务需求的抑制作用在以农为主的普通农户中表现得最明显。

表 5-12　不同类型经营主体对农机服务的主要评价比较 (%)

		全部样本 (n=286)	以农为主的普通农户 (n=104)	以农为辅的普通农户 (n=144)	规模经营主体 (n=38)
负面评价	合计	61.9	62.5	65.3	47.4
	评价一	26.9	23.1	31.9	18.4
	评价二	21.3	24.0	19.4	21.1
	评价三	7.0	8.7	6.9	2.6
	评价四	6.6	6.7	6.9	5.3
正面评价	评价五	32.5	32.7	29.9	42.1
	评价六	5.2	4.8	4.2	10.5
	评价七	0.3	0.0	0.7	0.0

注：n 为在该经营主体类型中，购买过农机服务的有效样本量。评价一指"农机服务质量太差，如机械作业带来的损失较大，机收不干净"；评价二指"农机服务价格太贵"；评价三指"农机服务生产经营全过程的配套性较差，如部分环节农机服务发展较好，而有些重要环节发展又严重滞后"；评价四指"农机服务供给太少或供应不及时、供给缺乏保障"；评价五指"总体不错"；评价六指"较好或很好"；评价七指"其他"。

(二) 以农为辅的普通农户认为质量太差是农机服务供给的主要问题

在所有类型水稻经营主体中，以农为辅的普通农户对农机服务供给的负面评价比例最高，各种负面评价占比共达 65.3%。其中，有 31.9% 的以农为辅的普通农户认为"农机服务质量太差，如机械作业带来的损失较大、机收不干净"是当前服务供给的最主要问题，该评价比例高于以农为主的普通农户和规模经营主体中的同比例 8.8 个、

13.5 个百分点。此外，还有 19.4% 的以农为辅的普通农户认为"农机服务价格太贵"。

（三）规模经营主体对农机服务供给的总体评价相对较高

高达 42.1% 的规模经营主体都认为当前农机服务供给状况总体不错，该比例分别比以农为主的普通农户和以农为辅的普通农户中的同比例高 9.3 个、12.2 个百分点。而表示负面评价的规模经营主体占比为 47.4%，其中，最主要的负面评价是"农机服务价格太贵"，占比为 21.1%。

第四节 农机服务供需失衡在不同类型经营主体中的表现

一 总体来看，农机服务供给不足与过剩并存

通过对农机服务供给实践效果的分析，发现：农机服务供给在一定程度上与服务需求有所偏离。特别是在农机服务供给不足问题突出的同时，农机服务供给过剩问题也开始凸显。从表 5-13 可以看出，有 47.9% 的被调查样本表示"农机服务供给不足问题"较为严重，其中，表示"农机较少，农忙季节较为缺乏"的样本比例达 37.4%，甚至还有 10.5% 的被调查样本表示"农机太少或没有，农忙季节严重不够"。

表 5-13　农机服务供需失衡在不同类型经营主体中的表现

	全部样本 (n=409)		以农为主的普通 农户 (n=169)		以农为辅的普通 农户 (n=190)		规模经营主体 (n=50)	
	样本量 (个)	占比 (%)	样本量 (个)	占比 (%)	样本量 (个)	占比 (%)	样本量 (个)	占比 (%)
表现一	43	10.5	18	10.7	24	12.6	1	2.0
表现二	153	37.4	63	37.3	71	37.4	19	38.0
表现三	185	45.2	77	45.6	81	42.6	27	54.0
表现四	11	2.7	3	1.8	7	3.7	1	2.0

续表

	全部样本 (n=409)		以农为主的普通 农户 (n=169)		以农为辅的普通 农户 (n=190)		规模经营主体 (n=50)	
	样本量 (个)	占比 (%)	样本量 (个)	占比 (%)	样本量 (个)	占比 (%)	样本量 (个)	占比 (%)
表现五	6	1.5	2	1.2	4	2.1	0	0
表现六	8	2.0	4	2.4	2	1.1	2	4.0
表现七	3	0.7	2	1.2	1	0.5	0	0

注：n为该项指标的有效样本量。表现一指"农机太少或没有，农忙季节严重不够"；表现二指"农机较少，农忙季节较为缺乏"；表现三指"供需差不多，问题不大"；表现四指"较多，农机利用率较低，有些闲置浪费"；表现五指"太多，农机利用率太低，闲置浪费严重"；表现六指"部分农机利用率低，部分农机利用率高"；表现七指"其他"。

但与此同时，也有2.7%的被调查样本认为"农机较多，农机利用率较低，有些闲置浪费"，1.5%的被调查样本认为"农机太多，农机利用率太低，闲置浪费严重"，2.0%的被调查样本认为"部分农机利用率低，部分农机利用率高"。

二 对普通农户而言，农机服务供需结构的区域失衡问题较为突出

总体来看，普通农户所面临的农机服务供给不足问题更为严重。在以农为主的普通农户和以农为辅的普通农户中，分别有48.0%、50.0%的样本表示"当地农机服务供给不足"，分别比规模经营主体中的同比例高8.0个、10.0个百分点。具体地，在以农为主的普通农户中，表示"农机较少，农忙季节较为缺乏"和"农机太少或没有，农忙季节严重不够"的样本比例分别为37.3%、10.7%。而在以农为辅的普通农户中，表示"农机较少，农忙季节较为缺乏"和"农机太少或没有，农忙季节严重不够"的样本比例分别为37.4%、12.6%。

然而，当大多数普通农户都认为农机服务供给较为不足时，分别还有1.8%的以农为主的普通农户和3.7%的以农为辅的普通农户表示"当地的农机较多，农机利用率较低，有些闲置浪费"，分别还有1.2%的以农为主的普通农户和2.1%的以农为辅的普通农户表示"当地的农机太多，农机利用率太低，闲置浪费严重"。这些比例都比在规模经营

主体中的同比例高。而且，这种供给不平衡现象在以农为辅的普通农户中表现更为突出。

实地调查还了解到，普通农户所面临的农机服务供给不足与过剩并存的矛盾，主要是由地区之间服务供给失衡所导致，特别表现在平原地区与丘陵、山区之间，经济条件较好地区与经济欠发达地区之间。比如，在调研地安徽省某县，由于微耕机的购置补贴达30%左右，该县许多乡村的微耕机拥有率都非常高，甚至导致平均每台机械的有效作业服务半径不到正常服务半径的1/5，微耕机的闲置浪费情况非常严重（姜长云等[①]，2014）。这一现象被当地人形象地称为"机荒"。而在四川省部分较为偏远的丘陵地区，微型拖拉机的拥有率却并不高，平均两个村小组范围内拥有一台。每到犁地时节，农户为了不耽误农时，不仅需要提前与农机作业户联系，甚至还出现送礼、跑关系等现象，而农机户则为了在有限时间内多作业，经常晚上赶时间犁地，"机慌"现象较为严重。

三 对规模经营主体而言，农机服务供需结构失衡还表现在种植环节之间

在规模经营主体中，农机服务供给不足依然是最突出的问题。有38.0%的规模经营主体都表示"农机较少，农忙季节较为缺乏"。不过，与普通农户比较，规模经营主体表示"农机太少或没有，农忙季节严重不够"的样本比例仅为2.0%，比以农为主的普通农户和以农为辅的普通农户中的同比例分别低8.7个、10.6个百分点。值得注意的是，还有4.0%的规模经营主体表示"部分农机利用率低，部分农机利用率高"。虽然该比例占比并不大，但却比以农为主的普通农户和以农为辅的普通农户中的同比例都高。

这表明，一方面，规模经营主体所面临的农机服务单纯量上的供给不足问题已经有所好转；另一方面，由于规模经营主体更具有全程化、高效化的农机服务需求倾向，因此，其所面临的种植环节之间的服务供需失衡现象比在普通农户中表现得更为突出。

[①] 姜长云、张藕香、洪群联：《农机服务组织发展的新情况、新问题及对策建议》，《全球化》2014年第12期。

第五节　供给层面导致农机服务供需失衡的原因

一　服务供给主体的分布不合理，特别是在区域和种植环节之间的发展不合理是农机服务供需结构失衡的主要原因

虽然农机服务供给主体已经较为多元，既有传统农机户，还有农机专业合作社、土地托管服务组织及农业服务公司等新型服务供给主体，但是，主要由于这些供给主体在区域和种植环节之间的分布不尽合理，农机服务的发展还是呈现出了供给不足与过剩并存的矛盾现象。

第一，部分区域，特别是在山区和丘陵地区，农机服务供给主体的发展滞后于需求的发展。当然，由于山区和丘陵地区的农业经营主体对农机服务的需求意愿总体低于平原地区，因此，无论从理论还是从实际情况来看，这些地区的农机服务市场及服务供给主体发展情况都会落后于平原地区。但是，随着近年来山区、丘陵地区农业劳动力不断向外转移，这些地区的农业经营主体对农机服务的需求意愿都明显有所增加，而农机服务供给情况却并没有随着需求的快速变化而有效改善。在调查的山区，分别有 52.3%、50.0%、59.1%、52.3% 的水稻经营主体在犁地、播种、插秧和收割环节有农机服务需求意愿，但却未能购买到服务（见表 5-14）。以笔者调查的德阳市为例，相比该市平原地区，该市丘陵和山区的农机服务供给主体数量非常少。调查中还发现，虽然部分平原地区的农机服务供给也可辐射到邻近的丘陵地区，但是，由于丘陵地区交通不便、服务需求量小而散，服务供给主体往往会提高对丘陵地区的作业服务收费。这反过来又制约了丘陵地区的水稻经营主体将农机服务需求意愿转变为有效需求行为，还导致丘陵和山区的农机服务价格高于平原地区。

表 5-14　不同地形中经营主体的服务需求意愿与需求行为的对比情况　　　　单位:%

	平原（n=286）		丘陵（n=80）		山区（n=44）	
	需求意愿	需求行为	需求意愿	需求行为	需求意愿	需求行为
犁地环节	96.2	71.3	88.8	30.0	75.0	22.7

续表

	平原（n=286)		丘陵（n=80)		山区（n=44)	
	需求意愿	需求行为	需求意愿	需求行为	需求意愿	需求行为
播种环节	72.0	11.5	63.8	2.5	50.0	0.0
插秧环节	77.3	17.8	65.0	10.0	61.4	2.3
收割环节	97.2	83.9	95.0	68.8	70.5	18.2

注：n为该项指标的有效样本量。

第二，农机服务供给主体在种植环节之间也表现出了较明显的发展失衡。一方面，由于不同种植环节的机械研发进展及机械操作的配套设施建设情况不一，种植环节之间的机械化发展程度和相应服务市场发育程度也都呈现较大差异，从而，形成了"部分种植环节的农机服务供给过剩，而部分种植环节的服务供给不足"的失衡局面。另一方面，国家对不同种植环节所用机械的差异化扶持政策，也进一步加深了种植环节之间机械化发展情况的失衡。近年来，随着国家政策对收割机的大力优惠补贴及对跨区作业服务的大力扶持，实践中收割环节的服务供给主体已经趋于饱和，而插秧、播种等环节的服务供给主体却依然处于供不应求的状态。此外，新型农业经营主体的快速发展及其更加趋于全程化的农机服务需求特点，也使得农机服务供给在种植环节之间的失衡情况更加明显。

二 小规模分散服务主体的广泛存在以及行业质量标准的缺失，是导致农机服务供需质量失衡的重要原因

第一，绝大多数小规模农机服务供给主体对服务市场情况的了解程度较低，较为急功近利，品牌意识不强，他们往往倾向于投资一些小型、便宜、投资回收期短、易操作的农业机械。而这些农业机械提供的农机服务往往质量较差。第二，小而散的农机服务模式极易诱发盲目、无序竞争。前文分析表明，普通农户特别是以农为主的普通农户的农机服务主要由本地农机小户供给。而受熟人关系影响，即使他们对本地农机小户所提供的服务较不满意，他们也较少选择更换服务供给主体，农机服务市场"劣币驱逐良币"的现象较为明显。这在一定程度上造成

了对作业大户、服务公司等市场化农机服务供给主体的排挤，形成了农机服务质量失衡的恶性循环。第三，由于农机服务具有经验品的经济特性，农机服务需求主体与供给主体之间存在较严重的信息不对称，因此，农机服务至今尚未形成完整、系统的质量监督标准。而小规模分散服务主体的广泛存在，不仅降低了农机服务产业的集中度，还使得农机服务规范和标准化更难以有效执行，从而导致了农机服务质量失衡现象频发。此外，以营利为主要目的的新型农业经营主体的快速成长，对农机服务提出了更高要求，这也使得农机服务供需质量失衡的矛盾更为突出。

三 现有农机补贴政策的间接性和低针对性，在一定程度上加深了农机服务供给过剩与不足并存的矛盾

虽然扩张性农机补贴政策对发展农机服务起到了有效推动作用，但是，其间接性和低针对性在一定程度上也导致了农机服务供给效率低下。突出表现在：第一，现有补贴政策的间接性导致农业机械购置偏离了农机服务市场需求。从补贴受体来看，现有农机补贴政策的补贴对象是农业机械购买者，即农机服务供给主体，而非农机服务需求主体。由此，导致了以下突出问题：一方面，在补贴资金的刺激作用下，除了直接从事农机服务的经营主体外，部分稍有经济实力的农业经营主体也开始购买农业机械。而这部分经济主体，主要是为了满足自己的农机服务需求，少量地向周边邻近地区提供农机服务。这种行为不仅造成农业机械的闲置浪费、低效利用，也导致部分地区、部分环节的农业机械数量大增，极易诱发恶性竞争，不利于农机服务产业的健康发展。另一方面，还有少部分经济主体在政策的刺激作用下购买农业机械，但却挪作他用，导致了有限财政补贴资金的不合理利用。比如，有些经济主体在购买拖拉机后，由于从事运输的利润高于提供农机作业服务，因此，他们选择将拖拉机用于运输领域。

第二，现有补贴政策的低针对性在一定程度上还刺激了众多小规模经济主体进入农机服务行业，从而导致了农机服务供给的高成本和低效率。特别是2013年农机补贴政策的调整，一是将补贴对象扩大到部分不直接从事服务事业的农业经营主体，二是对享受补贴购置农机具的台

（套）数或享受补贴资金总额设置上限。虽然这些政策调整增加了补贴的受惠面，刺激了更多经济主体购买农业机械，但是也分散了补贴资金的使用效率，造成了小规模、兼业农机服务供给主体的快速成长。而且由于小规模、兼业农机服务供给主体的经济实力有限，即便获得政策补贴，他们也依然较缺乏购买高质量农业机械的经济能力，从而，形成了小型、耗能型农业机械趋于饱和，而大中型、高质量农业机械依然不足的失衡格局。

第六章　农机服务发展与粮食经营的现代化转型

近年来，通过土地流转推进规模经营的农业转型路径不断受到质疑。发展农业生产性服务日渐成为决策层重点关注的解决农业转型的重要替代方案。不少学者也提出：发展农业规模经营，不能只局限于发展土地规模经营，规模化服务也是实现农业规模经营的可行方案，而且通过大力发展农业生产性服务等措施还可有效消除显性化的高昂地租成本[1][2]。从实践观察来看，在一些资源和区位条件相对优越的农业区域，以土地、资本等为主的生产要素不断集聚，涉及的农业生产领域也实现了较高的商品率或完全的商品化生产。这一较快的农业现代化过程，不仅加速了农业产业的结构升级，而且也引致农业产业形态发生了重大变化。其中，以农机服务为代表的农业生产性服务要素的广泛和深入进入，无疑在这些地区的农业转型升级过程中发挥着不可替代的重要支撑作用。本章以资源和区位条件相对优越的农业区域为研究对象，选取典型案例，重点考察以农机服务为代表的现代生产要素在这些地区的农业转型升级过程中究竟发挥了怎样的重要支撑作用。进而研究农业转型与农机服务发展之间是如何互相依赖、相互促进的。

---

[1] 朱守银：《对发展农业适度规模经营的认识与建议》，《中国农民合作社》2014年第10期。

[2] 韩俊：《供给侧结构性改革是塑造中国农业未来的关键之举》，《人民日报》2017年2月6日。

第一节　西南地区粮食经营的土地、劳动力和服务约束

在中国实现粮食连续十年增产的同时，粮食进口规模不断扩大，粮食消费需求也在工业化和城镇化进程中呈刚性增长，粮食供求平衡的压力进一步加剧，总体上处于脆弱的低水平平衡状态①。更值得关注的是，中国粮食供求的区域平衡问题也日渐突出。一方面，在耕地资源相对丰富的东北、黄淮海地区等粮食主产区，粮食生产的规模化程度不断提高，实现了较高的商品率或完全的商品化生产；另一方面，在耕地资源相对稀缺的西南地区，粮食生产仍然维持着分散的超小规模经营状态。尤其严重的是，大量调查资料证实，随着种粮机会成本逐渐上升，农业收入在农户家庭收入中的占比不断下降，在西南地区传统的粮食主产区出现了粮食生产从精耕细作向粗放经营倒退式发展的危险倾向，不仅粮食播种面积不断减少，而且粮食生产水平趋于下降。这一现实意味着，在国家粮食支持政策总体上不断加强的背景下，西南地区仍然维系的超小规模基础上的粮食经营体系正在不可挽回地走向衰落甚至瓦解，不但加剧了实现区域粮食供求平衡的难度，也在很大程度上以区域性矛盾凸显的方式暴露出中国粮食安全的脆弱性。在农户土地承包经营更为分散和承包土地细碎化的现实背景之下，西南地区粮食适度规模经营困局的突破面临的困难更多、难度更大，挑战更为严峻。具体表现在以下方面：

一　粮食适度规模经营进展十分缓慢

20 世纪 70 年代与 80 年代相交之际，作为几亿农民群众的自主选择，家庭经营方式一经实行，便表现出旺盛的生命力。但是，随着中国经济的持续快速发展和国际经济一体化程度的提高，超小规模的家庭经

---

① 郭晓鸣：《中国粮食安全的远忧与近虑》，《农村经济》2013 年第 2 期。

营也使中国农业在国内产业竞争和国际农业竞争中面临严峻挑战①。因而，自20世纪80年代中期中国农业出现徘徊以来，对以家庭承包制为基础的耕地规模经营的探索也相继展开。经过多年实践，中国农业适度规模经营取得了一定成效，特别是具有耕地资源优势的东北与黄淮海地区，以及具有经济优势的广东、浙江等沿海发达地区，其耕地适度规模经营更是走在了全国前列。然而，与此形成鲜明对比的是，受经济发展水平、资源条件及制度安排等多重因素的约束，尽管西南地区农村劳动力的大规模向外转移客观上为耕地集中提供了重要契机，但令人遗憾的是，这一事实并没有形成对西南地区耕地经营规模扩大的有效激励。西南地区耕地适度规模经营的实际进展总体上仍然滞后。以四川省为例，尽管2012年全省离开土地外出务工的农村劳动力总量超过2400万人，但是，同年耕地流转率仅为20.5%，低于全国平均水平1个百分点。②总体判断，由于耕地流转相对缓慢，加之已流转耕地存在明显的非粮化现象，西南地区绝大多数粮食生产上的耕地配置格局基本没有发生变化，超小规模基础上的家庭经营仍然是现阶段西南地区粮食生产的主要特征。

二 从事粮食生产的劳动力持续非均衡向外转移

随着改革开放后中国东部及沿海地区经济的快速发展，西南地区数以千万计的农村劳动力主要在利益机制的驱动下开始了大规模的跨区域转移。尔后，西南地区经济也缓慢增长，就近非农就业机会逐渐增加，从事农业生产的机会成本不断上升，兼业日渐成为西南地区传统小规模农户的理性选择，跨区外出务工和就近务工的收入逐步成为其收入的最主要来源。尤其需要指出的是，西南地区持续三十多年的农村劳动力大规模流出是以非均衡方式发展的，流出的都是青壮年劳动力，留下的都是老人和妇女。粮食生产经营也因此面临日益加剧的农村空心化和农业劳动力老龄化等严峻挑战。尽管上述发展态势就全国而言是极为普遍

---

① 何秀荣：《公司农场：中国农业微观组织的未来选择？》，《中国农村经济》2009年第11期。

② 中共四川省委农村工作委员会：《2012年四川省农业农村经济基本情况》，中共四川省委农村工作委员会网站（http://www.snsc.gov.cn），2013年8月26日。

的，并非西南地区所独有，但在人地矛盾更尖锐、土地分割更细碎、农业比较收益更低下的背景下，西南地区农村劳动力的流动规模比其他区域更大，所导致的农村空心化和农业劳动力老龄化问题也更加严重。以四川省为例，2012 年，全省转移输出农村劳动力 2414.6 万人①，占当年农村劳动力总量的 54.8%。四川省社会科学院 2012 年对四川省富顺县、安岳县和中江县三个粮食主产县农户的问卷调查数据显示，实际从事农业生产的劳动力平均年龄高达 54.2 岁，在农业生产的实际决策者中，年龄在 60 岁以上的占 58.4%，45 岁以下的仅占 10.6%②。对西南地区粮食生产而言，农村劳动力持续非均衡流出的结果不仅是以适度规模为支撑的现代粮食产业无从发展，而且老龄劳动力日益普遍的粗放经营正在使传统的精耕细作的粮食生产方式加速消失。

更值得关注的长期性问题是，已经成为中国经济与社会发展重要人力资源的新生代农民工，对城市的认同远远大于对农村的认同，他们与农村的关系极其疏远，其中绝大部分希望将来落户城市，不再返回农村③。这在很大程度上使"谁来种粮"的问题表现得更为尖锐。在西南地区，农村劳动力外出规模更大，农民工代际转换造成的新生代农民工"离农"趋势发展更快、影响更大，因而加速了其超小规模基础上的粮食家庭经营体系的瓦解。

当然，虽然近年来老一代农民工的返乡规模有所增长，但是，绝大多数年龄较大的农民工返回家乡之后，或者向家乡的小集镇集聚，以相对较低的生活成本实现"养老"与"养小"④的兼顾，或者简单地"重操旧业"，回到主要满足生存需要的原有小规模农业生产方式。因此，在缺乏相应的政策激励和外部系统支持的条件下，老一代农民工返乡并不能自动缓解西南地区农业劳动力不足的矛盾，相反更可能固化稀缺耕地资源所具有的社会保障功能，强化小规模农户的生存性生产行

---

① 中共四川省委农村工作委员会：《2012 年四川省农业农村经济基本情况》，中共四川省委农村工作委员会网站（http://www.snsc.gov.cn），2013 年 8 月 26 日。

② 郭晓鸣、任永昌、廖祖君、王小燕：《农业大省农业劳动力老龄化的态势、影响及应对——基于四川省 501 个农户的调查》，《财经科学》2014 年第 4 期。

③ 郭晓鸣、董欢：《新生代农民工融入城市的障碍分析与思考》，《学习论坛》2011 年第 4 期。

④ "养老"与"养小"指老一代农民工回到乡镇安度晚年并照顾孙辈的生活、教育等。

为。实践证明，这种以牺牲效率为代价的自给性粗放经营行为已经构成了耕地流转集中的现实阻碍，直接制约了西南地区粮食经营的现代化进程。

三　粮食生产的配套服务严重不足

20世纪90年代中期之后，中国农业技术推广体系受到了前所未有的冲击，"撤乡并镇"下大规模的机构合并和以减少财政拨款为主的"断奶式"的科技体制改革，使本就生存困难的农业技术服务组织陷入"线断、人散、网破"的困境之中，难以承担对现代农业发展的支撑和引领作用。比较而言，粮食生产的低收益导致其技术推广服务面临更大的冲击。在西南地区，由于粮食生产基本维系着分散化、粗放式和小规模的经营模式，本身就难以产生足够的有效农业技术需求，而严重老龄化的"末代农民"群体，也无法成为先进农业技术的承载主体。因此，西南地区不仅公益性的农业服务供给不足，市场化的农业服务也因需求不足而发展尤为滞后。上述两方面问题相互交织，造成西南地区粮食生产发展中农业服务供给不足成为普遍性的突出矛盾。

正因如此，在西南地区，仅仅关注农业技术推广体系的构建和完善是远远不够的，这并不能真正解决粮食生产发展中服务的支撑和带动作用得不到充分发挥的问题，必须高度重视立足自身实际推进粮食适度规模经营发展，通过经营方式创新创造有效技术需求，力求实现粮食生产发展中技术供给的增加与有效需求的增长相对同步和均衡，确保有限的农业技术资源更加充分有效地发挥效用。

第二节　困局突破：崇州"农业共营制"的案例观察

在相同的制度安排之下，西南地区粮食生产经营所面临的困境与矛盾更为突出和尖锐，而且普惠性的粮食补贴政策支持力度的不断加大，并没有对西南地区粮食适度规模经营的发展产生实际的绩效。由此揭示的更深刻的问题是，在西南地区耕地经营规模细小化和承包土地零碎化突出的条件下，仅仅依靠外部性的制度安排改变该地区粮食经营分散化的小规模生产方式显然极其困难。

四川省崇州市地处成都平原西部，境内平原占52.9%，低山和丘陵占8.7%，高中山区占38.4%。全市人均耕地仅0.89亩，农业小规模分户经营特征突出，西南地区粮食生产所面临的主要困境在崇州市均表现得极为充分。作为四川省粮食主要产区，崇州市近年来在耕地资源约束严峻的条件下，重点围绕"谁来种粮""如何种粮"等现实挑战，探索出了一条以土地股份合作社为载体、农业职业经理人为主体、现代生产性服务为支撑的粮食经营现代化道路，初步实现了粮食生产由小规模分散经营向适度规模经营的重要转变。

在耕地资源约束严峻的西南地区，粮食适度规模经营的破局是一项十分艰难的任务，因而，崇州市"农业共营制"的创新实践显得尤为具有现实价值，为西南地区选择粮食适度规模经营的转型道路提供了一个很好的分析与观察视角。崇州"农业共营制"的具体内容是指：以家庭承包为基础，以农户为核心主体，农业职业经理人、土地股份合作社、生产性服务组织等多元主体共同经营的新型农业经营模式。[①] 在分析崇州市粮食经营方式变革所取得的重要成效时，有必要回答"农业共营制"究竟如何运行，以及为什么在实现耕地规模经营之后，经营主体依然选择种植粮食作物。这将直接关系到对崇州探索可持续性和经验可推广性的评价。

一 以家庭经营为基础组建土地股份合作社，实现了低成本的土地集中

崇州市充分运用农村产权制度改革的成果，按照"入社自愿、退社自由、利益共享、风险共担"原则，引导农户以土地承包经营权作价折资、折股入社，组建土地股份合作社，并按章程规定，选举理事长、监事长，组成理事会和监事会。2010年至2013年6月，全市共组建了土地股份合作社312个，涉及全市21个乡镇141个行政村，入社耕地面积占全市耕地面积的25%左右。

具体而言，崇州市土地股份合作社在粮食规模经营方面的运行机制

[①] "中国新型农业经营体系研究"课题组、程国强、罗必良、郭晓鸣：《农业共营制：中国农业经营体系的新突破》，《红旗文稿》2015年第9期。

包含如下四个关键点：第一，坚持入社农户是土地股份合作社的主体，生产决策由入社农户共同决定，生产资金由全体社员共同筹集，合作社社员享有农业职业经理人聘用、利益分配等重大事项的决策权。第二，公开招聘农业职业经理人。股份合作社与农业职业经理人签订经营合同，约定产量指标、生产费用和奖赔规定；农业职业经理人统一组织生产过程，并接受社员、理事会和监事会的监督。第三，对犁地、播种、插秧、收割、运输、烘干等主要生产环节实施服务外包，由当地农业服务公司提供专业化的生产性服务来完成；未能外包的生产环节则由农业职业经理人通过雇用当地劳动力来完成。第四，利益分配方式由全体社员与农业职业经理人共同协商决定，通常是除去生产成本外的经营纯收入，按1:2:7的比例分配①。

在实践中，转包、出租等市场化的土地流转形式都涉及土地流转费用。这笔高昂的交易费用在实践中也成为土地适度集中的主要障碍。而粮食经营比较收益低下，更是让绝大多数专业大户、家庭农场或农业企业等需要借助市场化方式解决土地集中问题的农业经营主体望而却步。崇州市土地股份合作社的制度创新，最重要的一点是通过土地股份合作社对市场的替代，将土地流转交易成本内部化，有效避免了市场化土地流转中交易费用高昂的问题，从而实现了低成本的土地集中，也为破解粮食适度规模经营困局找到了可行的现实路径。崇州市土地股份合作社所集中起来的21.33万亩耕地分别由767个农业职业经理人经营，平均每个农业职业经理人的经营规模达278.1亩，基本实现了粮食生产的适度规模经营。

二 培养农业职业经理人和职业农民，有效破解了"谁来种粮"的困境

土地股份合作社建成后的规模化经营，使原有普遍老龄化的传统农民无力胜任经营，催生了对农业经营专业人才的现实需求。从而成为倒逼崇州主动探索农业职业经理人制度的重要动力。2011年，崇州市政

---

① 按1:2:7的比例分配，是指经营纯收入的10%作为公积金、风险金和工作经费，20%作为农业职业经理人的佣金，70%作为农户的土地入股分红。

府针对土地股份合作社规模化经营中普遍缺乏种植能手的现实问题，正式启动了农业职业经理人培育工程。在农业职业经理人的培育上，一是选择合适对象进行培养，采取自愿报名和乡镇推荐相结合的方式，由农业行政主管部门进行资格审查，确定培养对象。其中，以符合条件且有意愿从事粮食经营的村干部、农业技术人员、专业大户、返乡农民工等作为培养对象的核心主体。二是组建教师团队，通过遴选市、乡、村三级技术人员，组建市级培训教师团队。三是建立双重培养机制。一方面，市级培训教师对农业职业经理人开展技能培训；另一方面，农业职业经理人又在实践中对职业农民进行"面对面"指导、"手把手"示范。四是持证竞争上岗。崇州市政府还给符合评定标准的受培训人员颁发《农业职业经理人资格证书》，并建立农业职业经理人人才库。通过公开竞聘等方式，持证农业职业经理人在土地股份合作社上岗并享有相关扶持政策。五是实行动态管理的考核机制。建立农业职业经理人考核机制，实行准入及退出的动态管理制度，运用市场机制推动农业职业经理人有序交流。通过推进职业经理人制度，建立新型职业农民培育和服务体系，崇州市很快便培养了一支较成熟的市场化农业职业经理人和职业农民队伍。

农业职业经理人是崇州粮食经营方式变革中特别具有创新价值的制度设计，除了能够有效降低土地股份合作社的实际运行成本之外，更重要的意义在于，它从以下两个方面支撑甚至保障了粮食经营现代化探索的成功：第一，通过农业由传统"一家一户"小规模、自给性经营向"能者务农"的转变，最大化地实现了将耕地等稀缺资源向具有经营积极性和经营能力的农业职业经理人集中，从而重塑了粮食生产经营的市场属性。第二，不需支付高昂的进入成本就可经营已经有效集中起来的耕地，很好地契合了种植能手、营销大户、村干部等乡土精英展示才华、体现个人价值的利益诉求。农业职业经理人的制度设计通过充分挖掘沉淀在广大农村社会中的精英人才，激活了粮食经营主体的内生培育机制，为破解"谁来种粮"的困境探索出了一条极具现实性的成功路径。不仅如此，土地股份合作社基础上的农业职业经理人制度还通过有效联结传统"熟人"社会和现代"契约"社会，在保证粮食经营效率提升的同时，保持了以村庄为基础的农村地缘社会形态的稳定，为现代农业的持续发展奠定了十分重要的社会基础。

三 土地规模化、主体职业化引致了服务的规模化发展

在崇州市，土地股份合作社建成后的规模化经营不仅对农业经营主体提出了更高要求，也对农业经营方式提出了全新要求。在规模化经营格局下，土地股份合作社显然难以依靠自身完成所有生产环节，于是，自然催生了对农业生产性服务的客观需求。与此同时，集现代农业技术、经营管理知识和丰富实践经验于一身的农业职业经理人的加入，所带来的不仅仅是土地股份合作社生产规模和经营方式的变化，也引发了对农业生产性服务的强烈需求。

基于此现实背景，崇州市政府按照"政府引导、市场主体、一站服务"的发展思路，积极引导社会资金参与，组建了综合性农业生产性服务公司——成都蜀农昊农业有限公司。该公司以"农业服务超市"作为经营门市，依托当地的基层农业综合服务站，提供包括农业技术咨询、全程农机服务、农资配送、专业育秧（苗）、病虫害防治、田间运输、粮食代烘代贮等农业生产环节的全程服务，以满足土地股份合作社及其他土地规模经营主体的农业生产性服务需求。而且，所有农业生产性服务项目、内容、质量、价格等均实现公开公示、明码标价，供服务对象自主选择。

目前，崇州市已建立农业服务超市6个，拥有大中型农机具320台、植保机械700余台套，专业从业人员1600余人，工厂化育秧中心2个，服务面积达14.63万余亩。通过农业服务超市"一站式"服务，土地股份合作社每年每亩至少可节约生产成本100元以上。

四 现代化基础上仍然选择种植粮食作物

从大量实践看，由于粮食生产比较收益低，绝大多数专业大户、家庭农场、合作社和农业企业等规模经营主体都选择种植收益更高的经济作物。而在崇州市，土地股份合作社同样是实现土地集中的重要路径，农业职业经理人也同样要追求自身利益最大化，但土地股份合作社在实际的经营选择中却仍定位于粮食生产，进而成为西南地区破解粮食规模经营困局的成功范例。

第六章　农机服务发展与粮食经营的现代化转型

在当前农民拥有基本经营选择权的条件下，政府仅仅基于区域粮食供需平衡目标的需要和主要依靠行政干预推进粮食适度规模经营已绝无可能。崇州市"农业共营制"模式推动粮食适度规模经营的重大突破，实质上最关键和最直接的原因是有内生性利益的有效驱动。

第一，从生产决策者——全体社员（农户）的层面来看，由于崇州市地处经济发达的成都平原，非农产业发达，大多数农户对土地经营收入的依赖程度明显较低。在这一区域，农民之所以认同"土地股份合作社＋农业职业经理人＋生产性服务"的共营模式，主要原因正是他们希望在保有对土地的基本控制权的同时，能够尽可能摆脱土地的约束，实现更大程度的非农就业选择。因而相比于利润，农户更为看重的是生产的稳定性。在所有生产资金都由入社农户共同筹集的条件下，他们更愿意选择市场需求稳定、风险相对较小、政府扶持力度更大的粮食作物。

第二，从生产经营者——农业职业经理人的层面来看，土地股份合作社的基本运行机制是生产决策必须由合作社社员即入社农户共同决定，因而农业职业经理人只有在所提供的生产计划充分满足农户需求的情况下才能成功"竞聘上岗"。在这一意义上，农业职业经理人所做的是受制于农户现实需求的有限的生产选择。然而，同样重要的是，农业职业经理人是在不支付大额土地租金的条件下主要凭借"职业信誉"获得土地规模经营资格，他们虽然具有良好的务农技能，却普遍缺乏经济实力，因此，他们极其看重并珍惜这种低门槛进入的机会。因此，农业职业经理人的行动逻辑并非遵循利润最大化，相反，他们更偏向经营生产管理难度不大、机械化程度较高、经营风险较小、收益相对稳定的粮食作物，既维持和保证其经营业绩得到正面评价，又实现主要以扩大经营规模增加自身收入的个人发展目标。再加之政府粮食补贴政策向"谁种谁有"方向调整的力度不断加大，也对农业职业经理人形成更强的政策激励，使其总体上更倾向于种植粮食作物。

在崇州市的实践中，正是委托方—合作社社员和代理方—农业职业经理人的利益偏好达成一致，构成了这一区域在依托土地股份合作社实现土地集中之后，粮食适度规模经营实现突破性进展最为重要的动力机制。

第三节　服务支撑下的粮食经营现代化转型

在交易费用为正的情况下，一种制度安排与另一种制度安排的资源配置效率是不同的①。崇州市粮食经营方式的诱致性变革，不仅提升了耕地资源的配置效率，推动了粮食适度规模经营，而且在实践中诱发了一系列粮食经营方式变革，形成了现代粮食生产经营体系。

一　经营方式：农业生产性服务+标准化生产

以农业生产性服务为代表的现代生产要素的广泛和深入进入，加速了崇州市粮食产业的现代化升级进程，产生了粮食生产向科学化经营管理转化的深刻变革。在农业职业经理人的统一经营下，土地股份合作社的所有耕地实现了粮食生产良种统供、技术统训、物资统配和病虫统防，不仅直接推动了粮食生产向集中、标准、质量可控转型，而且从根本上解决了技术推广进村入户的"最后一公里"难题，有效促进了粮食生产技术进步。与此同时，粮食生产的专业化、标准化程度也得以提高，主要粮食生产环节基本实现了服务外包，由市场化经营的农业服务公司统一提供包括专业育秧、病虫防治、田间运输、收割烘贮等在内的全程服务。崇州市21.33万亩入股土地股份合作社的耕地中，良种、测土配方施肥、水稻机插秧、绿色防控等节本增效技术的推广面积达到100%。

二　经营效率：粮食生产函数的重构

除了上述显性变化外，崇州市粮食经营方式的变革还表现为粮食生产函数的重构以及在此基础上粮食经营效率的提高。假设变革前的粮食生产函数形式为：$Q_1 = F(L, K, N)$，其中，L为劳动，K为资本，N为耕地。变革后的粮食生产函数形式为：$Q_2 = F(L, K, N, E)$，其中，

---

① [美]R.H.科斯：《社会成本问题》，载R.H.科斯、A.A.阿尔钦、D.C.诺斯《财产权利与制度变迁——产权学派与新制度学派论文集》，刘守英译，上海三联出版社1994年版。

E 为农业职业经理人才能。

第一，原有生产要素的升级。一是由兼业背景下留守在家的妇女、老人转变为经过专业技能培训的专聘职业农民。二是绝大多数粮食生产环节例如翻土、整地、播种、收割等的外包，使农业生产性服务以资本的形式进入生产函数，丰富了现代要素成分。三是由超小规模、分散经营向规模、连片经营发展，同时，在测土配方施肥等技术支撑下，耕地资源的利用率也得以提高。

第二，新的现代生产要素的进入。舒尔茨[①]（1987）指出，一个受传统农业束缚的人，无论土地多么肥沃，也不能生产出许多食物，节俭和勤劳工作并不足以克服这种类型农业的落后性，更何况是勤劳也不复存在的小规模粗放经营。因此，农业职业经理人的进入，不仅带来了新技术、新知识，更重要的是将粮食生产从以牺牲效率为代价的粗放经营转变为以提升效率为目标的集约经营，粮食生产也由此完成了从自给型向商品型转化的质变。

第三，粮食经营效率的提高。粮食劳动生产率可表达为（速水佑次郎等[②]，2003）：

$$\frac{Q}{L} = \frac{N}{L} \times \frac{Q}{N} \qquad (6-1)$$

式（6-1）中，Q 表示粮食总产出，L 表示从事粮食生产的劳动力数，$\frac{Q}{L}$ 表示粮食劳动生产率，N 表示粮食种植面积，$\frac{N}{L}$ 表示耕地装备率，$\frac{Q}{N}$ 表示耕地生产率。

崇州实践主要从两个方面提高了粮食劳动生产率。一是在适度规模经营的基础上，增加了农业生产性服务等劳动替代型资本的投入，实现了只需少量低强度的劳动就能完成整个粮食生产过程，从而提高了耕地装备率。二是在统一经营管理下，通过进一步选用良种、实施测土配方施肥等耕地替代型生产要素的投入，在一定程度上也提升了耕地生产

---

① ［美］西奥多·W. 舒尔茨：《改造传统农业》，梁小民译，商务印书馆1987年版。
② ［日］速水佑次郎、神门善久：《农业经济论》（新版），沈金虎、周应恒、曾寅初、张玉林、张越杰、于晓华译，中国农业大学出版社2003年版。

率。调查统计表明，2012年，崇州市未入社农户水稻平均亩产为508公斤，而入股土地股份合作社的耕地平均亩产为556公斤，粮食生产效率的提高十分明显。

三 "农业共营制"实践是符合西南地区实际的粮食经营现代化之路

粮食安全是中国国家安全的重要基础，虽然中国实现了历史罕见的粮食十年连续增产，但是，中国粮食安全的压力仍在加大，粮食供求紧平衡的形势依然严峻。尽管粮食支持政策不断强化，但中国绝大多数地区超小规模基础上的粮食家庭经营的基本格局仍然没有改变。因此，进一步强化制度创新，探索适宜于不同区域的粮食适度规模经营模式，从根本上破解粮食适度规模经营的现实困局，已经成为中国实现粮食产业现代化的关键选择。

对西南地区而言，由于耕地资源约束更为严峻，农村空心化和农业劳动力老龄化问题更加突出，粮食生产中分散化的小规模农户经营方式正在更快地衰落甚至瓦解，改变粮食经营方式的内在需求已经表现得十分强烈。崇州市粮食经营方式变革的实践，正是一种符合帕累托改进的制度创新，不仅成功探索了土地股份合作社基础上的粮食适度规模经营，重构了具有显著区域特征的新型粮食生产经营体系，而且促进了农业职业经理人和农业生产性服务等现代要素的广泛进入，将原本趋近衰落的粮食产业变为了能够产生足够经济激励的盈利产业，拓展了一条符合西南地区实际的粮食经营现代化发展道路。

第四节 启示：农业转型是联合效应的结果

在西南地区普遍分散和细碎的土地经营格局之下，粮食生产可以实现适度规模经营，现代生产要素能够有效进入，比较收益能够较大幅度提升，这一发生在粮食生产上的深刻变化极具影响力并发人深省。

崇州实践所提供的最有价值的启示是：农业转型是联合效应的结果，单一要素的进入或组织方式的变化，都不足以引发农业整体转型。虽然以农机服务为代表的农业生产性服务发展是实现农业转型的重要支撑，但是，还必须认识到，农机服务的引入仅是农业转型的一个必要不充分条件,其现实作用的发挥还依赖于相关环境的配套变化。

对崇州"农业共营制"的观察表明,土地适度规模经营是推进农业现代化的重要途径,而建立健全农业生产性服务体系则是推进土地适度规模经营的根本保障。一方面,土地适度规模经营要求大力发展农业生产性服务业以满足规模经营主体对服务的客观需求;另一方面,农业生产性服务业的大力发展,又刺激了农业分工深化、裂变农业经营主体,从而进一步推动了土地适度规模经营[①]。

因此,未来西南地区现代粮食产业培育及发展的现实路径,应是重点通过制度创新构建农民自主参与的内生动力机制,促使农民以"集体行动"的合作方式实现土地集中并搭建粮食适度规模经营的平台,培育乡土专业农业人才市场,激励完备的农业生产性服务体系快速成长。

---

① 姜松、曹峥林、刘晗:《农业社会化服务对土地适度规模经营影响及比较研究——基于 CHIP 微观数据的实证》,《农业技术经济》2016 年第 11 期。

第七章　农机服务发展与小农衔接现代农业

不可否认，在一些农业发展较好的区域，以农机服务为代表的农业生产性服务的快速发展与现代化农业成长之间形成了一种良性互动，甚至是相辅相成、相互促进的发展关系。但是，还应当清晰认识到，在中国的现实条件下，农业发展表现出明显的二元分化态势，以盈利为目标的商品化现代农业和以满足自身需要为主的自给性传统农业在不同区域共同存在。而农业转型在这些传统农区仍表现为长时期的阵痛过程，大量农村劳动力外出导致农村老龄化和空心化日趋加重的同时，却并没有带来土地等生产要素的合理集中和适度规模经营，相反，大多数传统农区仍然维持着分散的小农户经营状态，甚至部分区域还出现了从精耕细作的农业生产方式向粗放经营的农业生产方式倒退的反向发展。而且更重要的是，传统农区的农业倒退并不是以技术要素的退化作为特征表现，因为在这些区域仍然有大量农机服务等新的外部要素进入，形成传统农业形态与现代农机服务要素共存的经济现象。

因此，深入分析和把握农机服务在中国农业转型中的功能作用，显然不能仅仅以其在农业发达区域的实际进展来简单概括和评价，不能让中国许多仍然以自给自足和粗放经营为主的传统农区"被代表"。就现代农业发展的理论而言，"以服务弥补小规模家庭经营弊端"的逻辑判断是成立的，但这只能说明农机服务与改造传统农业之间有一定的相关关系，而不能说明两者之间必然存在因果关系。本章重点考察农机服务是否有助于把弱小的传统农业部门改造成为一个高生产率的产业部门。

具体地,首先分析传统小农①为什么引进农机服务,主要在哪些生产环节引进?然后,分析引进这些农机服务后,以自给自足为主的传统农业形态究竟发生了哪些变化?是否因此真正实现了传统农业的转型?这些问题的回答对于在中国国情下科学处理小农经济与现代农业之间的关系具有重大战略意义。

第一节 小农衔接现代农业的重大意义

一 小农衔接现代农业的现实意义

一直以来,如何看待小农发展的问题,学术界和政界的争议都较大,特别是关于小农能否实现中国农业转型以及如何转型等问题。尽管小农经营农业的弊端不断凸显,但是,必须承认,在中国人多地少、城镇化漫长的综合国情下,小农仍将在未来较长时期里客观存在。从统计数据来看,截至2016年年底,中国经营规模在50亩以下的农户约2.6亿户,占农户总数的97%左右,户均耕地面积约5亩左右。根据农业农村部预测,到2050年,中国经营规模在50亩以下的将仍有1亿户左右,所经营的耕地面积仍将占全国耕地面积的50%左右。长期来看,小农户仍将是中国农业生产经营的基本单位和重要主体。这也就意味着小农在农业生产中能否实现现代化,直接决定了中国农业能否实现真正转型。甚至可以说,没有传统小农的农业现代化,是不完整的农业现代化。此外,小农在社会稳定、粮食安全、传承乡土文化等方面起到的重要作用,也决定了中国农业的现代化进程不可能脱离传统小农。

二 小农衔接现代农业的政策意义

自党的十九大报告以来,中央政策明确提出要"实现小农户和现代农业发展有机衔接"。2017年12月,习近平总书记进一步在中央农村工作会议上强调"积极培育新型农业经营主体,促进小农户和现代农业发展有机衔接"。2018年,中央一号文件又明确提出"把小农生产

---

① 考虑到本章是对传统小农的农机服务引进情况展开分析,因此本章的样本以普通农户为主(n=363),并不涉及对规模经营主体的行为分析与讨论。

引入现代农业发展轨道"。但是，在社会主义市场经济的快速发展冲击下，家庭小农经营的弊端与社会化大生产之间的矛盾不断凸显，如经营规模小且地块分散、交易成本高、技术进步内在动力不强等。因此，2018年中央全面深化改革委员会审议通过的《关于促进小农户和现代农业发展有机衔接的意见》，明确提出"服务、提高和富裕小农户，促进传统小农户向现代小农户转变"。2018年9月26日，中共中央、国务院印发的《乡村振兴战略规划（2018—2022年）》中，更是具体提出"改善小农户生产设施条件，提高个体农户抵御自然风险能力。发展多样化的联合与合作，提升小农户组织化程度。鼓励新型经营主体与小农户建立契约型、股权型利益联结机制，带动小农户专业化生产，提高小农户自我发展能力。健全农业社会化服务体系，大力培育新型服务主体，加快发展'一站式'农业生产性服务业。加强工商企业租赁农户承包地的用途监管和风险防范，健全资格审查、项目审核、风险保障金制度，维护小农户权益。"可见，小农户与现代农业发展的有机衔接问题在政策层面已越来越明晰，其重要政策意义也不言而喻。

第二节　传统农区的"老人农业"现象

按照国际标准，中国已然进入老龄化社会[①]。然而，就当人口老龄化顺理成章成为备受关注的热门话题时，殊不知，在工业化和城镇化进程中，中国持续多年亿万农业劳动力大规模由农村向城镇的转移，使得农村人口老龄化程度更为严重，进程更为快速。第六次全国人口普查结果显示，中国农村60岁以上人口占农村总人口的比例已达15.0%，高于城镇同比例3.3个百分点[②]。农村老年人口绝对数的持续增加和相对数的急剧扩展已是不争之事实。

[①] 联合国1956年发布的《人口老龄化及其经济社会含义》给出了老龄化的定义：一是65岁及以上老年人口占总人口的7%以上，二是14岁及以下儿童人口占总人口的30%以下，三是老少人口比例在30%以上，四是年龄中位数在30岁以上。国际惯例认为，当一个国家或地区60岁以上人口占比超过10%，或65岁以上人口占比超过7%，即意味着这个国家或地区处于老龄化社会。第六次全国人口普查主要数据公报显示，中国60岁及以上人口占比达13.26%，其中65岁及以上人口占8.87%。

[②] 资料来源：《第六次全国人口普查结果公报》。

于是,"老人农业"① 作为一个客观存在但却饱受争议的讨论话题进入研究视野。一方面,不少学者对"老人农业"充满无尽担忧,感慨"明天谁来种地",认为"老人农业"现象已成为困扰中国农业发展的现实难题②,是农民在追求自身收益最大化情形下做出的不利于农业和农村长期发展的分工结果③。陈锡文等④通过对 1978 年以来中国农业产出相关要素影响程度的分析,揭示出农村老年人口比重与农业劳动力转移对 2002 年以后的农业产出有明显负作用。邹晓娟等⑤基于"老人农业"生产现状分析,指出农村留守老人自身素质和外部支持的不足,制约着中国农业生产的发展,甚至影响着农产品的持续供给。Li 等⑥利用随机前沿生产函数和效率分析函数对中国辽宁省的统计数据进行研究,揭示出:当农业劳动力的平均年龄为 45 岁时,农户层面的生产技术效率达到最高,此后,技术效率不断下降。另外,也不乏学者对"老人农业"的存在与发展保持较乐观的态度。如 Davis 等⑦通过对北爱尔兰家庭农场的实证研究表明,年龄与农场生产效率之间并不存在直接的相关关系。林本喜等⑧在农业劳动力老龄化对土地资源利用效率的分析基础上,指出担心农业劳动力老龄化带来农业危机的必要性不大。胡雪枝等⑨利用农村固定观察点数据的分析表明,老年农户与年轻农户两者在粮食作物种植决策、要素投入量、作物单产等方面都没有表现出明

---

① 借鉴老龄化社会的概念,本书定义的"老人农业"是指一个国家或地区农业中 60 岁以上农业劳动力占比超过 10%。另外,考虑到经济发达地区及大中城市郊区的农业情况更为复杂多元,本章讨论的"老人农业"主要指传统农区的农业形态。
② 张红宇:《"老人农业"凸显农业发展隐忧》,《湖南日报》2011 年 7 月 19 日。
③ 熊主武:《改变"老人农业"格局的思考》,《中国国情国力》2011 年第 11 期。
④ 陈锡文、陈昱阳、张建军:《中国农村人口老龄化对农业产出影响的量化研究》,《中国人口科学》2011 年第 2 期。
⑤ 邹晓娟、贺媚:《农村留守老人农业生产现状分析——基于江西调查数据》,《华中农业大学学报》(社会科学版)2011 年第 6 期。
⑥ Li Min, Terry Sicular, "Aging of the Labor Force and Technical Efficiency in Crop Production: Evidence from Liaoning Province", *China Agricultural Economic Review*, Vol. 5, No. 3, 2013.
⑦ Davis J., Caskie P. and Wallace M., "Economics of Farmer Early Retirement Policy", *Applied Economics*, Vol. 41, No. 1, 2009.
⑧ 林本喜、邓衡山:《农业劳动力老龄化对土地利用效率影响的实证分析——基于浙江省农村固定观察点数据》,《中国农村经济》2012 年第 4 期。
⑨ 胡雪枝、钟甫宁:《农村人口老龄化对粮食生产的影响——基于农村固定观察点数据的分析》,《中国农村经济》2012 年第 7 期。

显差异，农村人口老龄化并没有对中国粮食生产产生明显负面影响。

如果"老人农业"的确明显表现出向自给、粗放经营倒退的发展趋向，我们能做些什么？因为放任其发展必然会加剧中国农业的自然衰退，而这并非是我们可以承受的结果。而如果"老人农业"的存在有其合理性，我们又该如何行动，应当有哪些针对性的应对策略？这些问题都值得深入思考。

一 传统农区"老人农业"的产生逻辑

从世界农业特别是发达国家的历史经验来看，"老人农业"现象在很大程度上具有普遍性，并非中国独有的经济现象。但是，必须清楚认识到，主要由于体制和政策因素等复杂影响，中国传统农区"老人农业"的产生和发展又不可避免地表现出了显著的自身特征。

（一）宏观层面：非均衡快速城镇化进程的产物

伴随着乡镇企业的成长及改革开放推进的双重契机，自20世纪80年代，农村内部劳动力便开始逐渐转向非农产业。尤其是当人们普遍认识到"解决'三农'问题的关键是解决农民问题，而解决农民问题的出路只能是减少农民"时，城市化理所应当地成为了改造中国传统农业的出路。此后，传统农区内部劳动力的向外转移以更加紧迫的姿态加速进行着。

然而，当人们沉浸在"城市化是解决三农问题的一剂良药"，或正在为中国取得的快速城市化满心欢喜时，却忽视了原本期待城市化的初衷。在当前越来越多的"积攒进城安居所需费用"的影响逻辑主导下，不仅农业劳动力大量流出村庄，而且各种资源也持续流出农村，结果是多数农村地区，特别是传统农区并没有因为劳动力外出务工更加繁荣，反而越来越萧条与空心化[①]。中国持续三十多年的农业劳动力大规模流出是以非均衡方式发展的，流出的绝大多数都是青壮年劳动力。因而，"老人农业"成为这场以牺牲农村为代价的城市化进程的产物，也就不足为奇。

---

① 贺雪峰、董磊明：《农民外出务工的逻辑与中国的城市化道路》，《中国农村观察》2009年第2期。

当然，城市化是经济发展的必经阶段，农业劳动力向非农产业和城镇转移也是世界各国的普遍趋势，这些都是事实。但从国际经验来看，发端于英国的欧洲城市化，历时约 200 年，美国也用了大约 100 年的时间才完成其城市化进程①。比较而言，中国的变化过于迅速，在较短的时间内走完了西方国家在较长时间里才完成的各种转变，尤其是人口转移②。因此，中国的农业人口老龄化在本质上是有别于发达国家的：发达国家更多地表现为农业劳动力自然老龄化，即家庭农场经营者的自然衰老过程；而中国目前传统农区快速出现的"老人农业"虽然也有人口自然老龄的原因，但是，更大程度上却是由于年轻农业劳动力的离去而导致的结构性老龄化。这场快速的非均衡城镇化进程不仅使得中国传统农区的农业提前进入老龄化，而且使其态势更为复杂和严峻。

（二）微观层面：小规模农户家庭基于收益最大化的分工结果

为什么传统农区农业劳动力转移的结果就是"老人农业"？这有必要从微观主体——小规模农户家庭的经营特征及其行为选择进行解释。首先，无论以所利用的生产要素量，还是农业产出量来衡量，传统农区农业经营特征都主要表现为超小规模基础上的家庭经营。其次，超小规模基础上的家庭经营又是以自给自足为主要生产目的，产品的商品化率较低。为分析需要，对农户家庭做出如下假设：一是传统农区的农户家庭是由老年人、中年男性、中年女性、青年子女及孙辈等成员组成，其中孙辈不计入劳动力；二是农户以家庭为单位进行决策，决策模型为家庭效用最大化。

根据劳动力转移模型，基于农业比较效益低下、非农产业预期收入较高等认识，传统农区的农户家庭显然会选择外出务工，以实现家庭整体收益的最大化。Rozelle 等③和 Zhao④ 的研究早已证实，年轻的男性

---

① 仇保兴：《第三次城市化浪潮中的中国范例——中国快速城市化的特点、问题与对策》，《城市规划》2007 年第 6 期。

② 蔡昉：《被世界关注的中国农民工——论中国特色的尝试城市化》，《国际经济评论》2010 年第 2 期。

③ Rozelle S., Taylor J. E., Debrauw A., "Migration, Remittances, and Agricultural Productivity in China", *American Economic Review*, Vol. 89, No. 2, 1999.

④ Zhao Yaohui, "Leaving the Countryside: Rural-to-urban Migration Decisions in China", *American Economic Review*, Vol. 89, No. 2, 2001.

劳动力更愿意进城打工。因此，在传统农区的农户家庭内部，中年男性和青年子女是外出务工的首要人选。随着近年非农就业机会不断增多及女性实现自我价值的愿望，实践中，青年女性劳动力外出务工的趋势也有所增加。尤其需要指出的是，农业生产性服务业的发展，为农户家庭兼顾外出务工与近似自给的农业生产提供了更大的便利与可能性。

那么，为什么农户家庭不举家迁移，还要剩下老人继续从事农业？这主要是由于农业劳动力在城镇务工的不确定性，以及住房、社会保障、子女教育等配套设施的不完善性，导致了绝大多数进城务工的农业劳动力根本无法顺利实现身份和地位的双重转变。在难以举家迁移的现实约束下，农户家庭需要为家务和农业生产留下一定数量的劳动力[①]，以防范风险。

因此，"老人农业"是传统农区农户家庭为应对当前城镇化的不稳定、降低家庭收入风险而理性选择家庭劳动力空间分化的结果，其存在具有明显的过渡性。

二 传统农区"老人农业"的生产行为特征

借鉴纳入个体异质行为动机的行为经济学研究范式[②]，此部分以"老人农业"的生产行为作为研究对象，对比分析不同年龄类别农户家庭的生产行为[③]特征，试图得出一些更深入的规律性发现。为便于统计描述分析，按照农业劳动力构成情况将农户家庭划分为三个类别，家庭农业劳动力年龄在 60 岁及以上的占比达 50.0% 以上为"老年家庭"，家庭农业劳动力年龄在 45—59 岁的占比达 50.0% 以上为"中年家庭"，家庭农业劳动力年龄在 44 岁及以下的占比为 50.0% 以上为"青年家庭"。

---

① 纪月清、刘迎霞、钟甫宁：《家庭难以搬迁下的中国农村劳动力迁移》，《农业技术经济》2010 年第 11 期。

② Camerer C. F., Loewenstein G., Rabin M., *Advance in Behavioral Economics*, Princeton University Press, 2004.

③ 以下讨论以种植业为重点，畜牧业和林业的生产情况不在研究范围之内。

(一) 种植品种与决策依据

对调查样本的农业生产品种进行分析发现，不同年龄类别的家庭，其种植品种的选择确有一定差异。以粮食作物为例，虽然不同年龄类别家庭种植水稻、小麦、玉米的情况大致相同，但是，油菜的种植情况却表现出较大差异："老年家庭"中仅20.6%的农户种植了油菜，而在"中年家庭"及"青年家庭"中，油菜的种植比例相对较高。再以经济作物为例，52.8%的"老年家庭"都种植了蔬菜，而对于耗劳力较多的果树，"老年家庭"的种植比例却非常低。

至于种植品种的第一确定依据，调查表明不同年龄类别的家庭都以"自食需要"和"传统习惯"为主。不过，半结构访谈也发现"老年家庭"似乎更倾向于选择"操作简单"的作物品种，这也解释了为什么"老年家庭"中油菜和果树的种植比例偏低，而水稻和小麦的种植比例较高[①]。

(二) 种植规模与土地利用

从调查数据来看，"老年家庭"的粮食作物种植规模略大于"中年家庭"及"青年家庭"，这似乎与一般逻辑不相符合。可能的解释是：第一，当年龄越大，农业劳动力更难在非农产业就业，只能被动选择农业生产；第二，作为老一辈传统农民，他们对农业的感情相对更为深厚，在身体状况能够达到农业生产的要求时，其继续经营农业的自发意愿更为强烈，对他们而言，农业除了具有最基本的生产功能外，也是一种生活方式。

年龄结构与土地流转、撂荒情况之间的关系则表现得较为复杂。从耕地转入情况来看，"中年家庭"转入耕地的现象最为普遍，而"老年家庭"和"青年家庭"的转入行为则较少。这可能是由于当农业劳动力年龄大于60岁时，其体力趋于下降，所以很少会选择继续扩大生产规模，对他们而言，农业生产更多是为了维持自给自足的需要；而当决策者年龄小于44岁时，其非农就业机会较多，在农业比较效益低下的情况下，自然也较少选择扩大农业生产规模。从耕地转出情况来看，不同年龄类别家庭之间的情况相似：转出耕地的农户比例较低，且平均转

[①] 相对而言，油菜和果树的种植环节更为复杂，且机械化实现程度较低。

出耕地规模较小。至于土地撂荒,则表现出生命周期规律,即随着年龄增加,农户家庭的土地撂荒意愿先不断增加,当增加到一定年龄后,又表现出下降趋势。

(三) 劳动力情况与应对方式

总体来看,农户家庭在农忙时均表现出明显的劳动力不足。相比"中年家庭"和"青年家庭","老年家庭"更加认为"农忙时自家农业劳动力明显不足"。那么,不同年龄类别的农户家庭在面对农业劳动力不足时,又分别是如何解决的?整体来看,家庭应对劳动力不足的最主要方式是"雇工或购买农业机械服务"以及"亲戚帮忙或与别人换工"。特别是在认为"农忙时自家劳动力不足"的"老年家庭"中,"雇工或购买农业机械服务"的方式来解决劳动力不足已是常态。这表明,在"老人农业"中,借助市场化农机服务方式解决劳动力不足的现象也已较为普遍。农机服务等市场化产物,在一定程度上降低了年龄及体力对农业生产的影响,使得"老人农业"生产能够顺利进行。不过,"老人家庭"选择粗放耕作的现象也较为明显。

(四) 技术采用与粮食单产水平

访谈还了解到,在常规节约土地和替代劳动的技术选择上,"老年家庭"与"中青年家庭"的行为选择较为相似,但是,对于种养循环等现代农业技术,"老年家庭"的采用意识明显较为淡薄。

从主要粮食作物的单产数据来看,年龄结构似乎并没有显著影响粮食作物的产出水平。以水稻为例,各年龄类别家庭之间的平均单产水平较为持平,"老年家庭""中年家庭""青年家庭"平均水稻单产分别为1043.5斤、1167.5斤、1069.4斤。

三 传统农区"老人农业"的发展判断

不可否认,传统农区"老人农业"在一定程度上的确已表现出从精耕细作的农业生产方式向粗放经营的农业生产方式倒退的反向发展,以及进一步向自给性生产的退化。但进一步考察和分析,可以得到如下更值得关注和重视的研究发现及发展判断。

(一) "老人农业"更多存在于耗劳力少、机械化程度高的作物领域

不同农作物的生产特性,决定了并不是在所有的作物生产领域都会

出现"老人农业"现象。因种植生产环节较为复杂、适用的农业机械本身较少、种植风险较大等原因，油菜及大部分经济作物中"老人农业"现象并不突出。然而，令人担忧的是，这一事实也有可能会使传统农区的农业生产由多种经营向单一经营转变，甚至可能引致商品经济向小农经济的倒退[①]。

（二）在自给为主的农业形态中，年龄对粮食生产行为并未产生显著影响

总体来看，传统农业中老年劳动力的粮食生产行为与中青年劳动力之间并无显著差异，尤其是在粮食种植决策和常规技术选择方面，甚至粮食作物单产水平之间的差别也并不十分明显。这在一定程度上揭示出"粗放经营现象并非'老人农业'所特有，传统农区'懒人农业'迹象已较为普遍"的事实。可以说，粗放经营的选择在更大程度上是源于农业自身的低效益。

（三）农机服务的发展，使得不可逆的"老人农业"表现出更强的生存能力

随着中国城镇化进程的加速，农业劳动力的转移还将继续。更为尴尬的是，新一代农民工对城市的认同远大于对农村的认同，他们与农村的关系极其疏远，甚至绝大部分希望将来落户城市。同时，那些已届退休年龄的老一代农民工也不断返乡替补当前"老人农业"的生产主体，而这些可能返回农村的老一代农民工也正在陆续进入老人行列。因此，在相当一段时期内，传统农区"老人农业"的存在是难以逆转的。欣慰的是，当前农业生产性服务，特别是农业机械外包服务的发展，大大降低了农业经营者自身体力对农业生产的约束，使得单靠留守在家的老人也能较为顺利地完成整个农业生产过程。因此，在农业适度规模经营难以一蹴而就的现实面前，传统农区"老人农业"借助农机服务的支撑具有了更强的生存能力。

[①] 郭晓鸣、任永昌、廖祖君、王小燕：《农业大省农业劳动力老龄化的态势、影响及应对——基于四川省501个农户的调查》，《财经科学》2014年第4期。

（四）虽然"老人农业"有其存在的合理空间，但本质上仍与现代农业的发展相背离

无论是快速城镇化的产物，还是微观农户家庭的理性选择，传统农区"老人农业"的确具有合理的发展空间。但是，按照现代农业的发展要求，"老人农业"仍表现出一些不适应性。各种现代农业技术的低采用率，不仅表明"老人农业"中技术选择行为的保守，更重要的是揭示出其对这些现代农业技术或许根本不存在内在需求。这无疑将构成现代农业技术推广的重要障碍，制约着传统农区农业技术进步。更关键的是，"老人农业"小规模、自给性的经营特征在本质上是与现代农业规模化、商品化、市场化的发展取向相背离的。

四 传统农区"老人农业"的现代转型

既然现阶段"老人农业"的存在具有一定的必然性与合理性，那么，传统农区农业经营体系的构建和农业经营主体的培育，就不应以挤出老龄农业劳动力为代价。相反，考虑到短期内现代农业无法覆盖所有农区的客观事实，国家相关农业政策必须认同"老人农业"的发展现实，给予未来生存需要依靠农业的老龄农业劳动力必要的政策支持。概括而论，下述三个方面是至关重要的：一是大力发展农业生产性服务业，扩大外包服务范围，进一步松弛农业劳动者体力对农业生产的约束；二是加强水利、道路等农村生产性设施建设，以保证农业生产性服务的顺利进入；三是加大对老龄农业劳动力的培育，通过农业科技、经营管理等内容的培训，在可能条件下有效提升"老人农业"的生产能力和经营能力。

当然，也应清醒认识到，虽然短期内"老人农业"的发展有其合理性，但是，超小规模基础上的"老人农业"毕竟不是中国现代农业发展的目标，其存在具有明显的过渡性质。因此，为防止"老人农业"陷入粗放农业生产模式，从中国农业长远发展的深层次角度来看，还有必要进一步推进农村产权制度及城乡社会保障制度改革，创造农民带着土地财产权利彻底实现市民化的条件，在基本方向上坚持以完善的制度建设导向农业要素在城乡之间的优化配置，进而以平滑稳定的方式实现中国的农业转型。

第三节 警惕传统小农生产中没有"发展"的农机服务引进

一 讨论基础与命题设定

（一）对农业转型的理解

借鉴前文关于农业转型相关理论的回顾及文献综述，本书认为，从传统农业成功转型到现代农业至少应包括以下基本要点：

第一，经营手段的变革。舒尔茨认为，单纯依靠重新配置受传统农业束缚的农业所拥有的要素是不会使农业生产有显著的增加，改造传统农业的关键是引进新的现代农业生产要素。先进科学技术的广泛应用和工业装备的普遍采用，是农业经营手段变革的本质特征表现，也是在自然资源给定条件下推动农业持续发展的强大动力。

第二，经营目的的变革。要实现传统农业向现代农业的转变，必须由满足自给性需求为主的农业生产目标转变为利润最大化的商品性生产目标。[①] 唯有如此，才能改变农业的封闭状态，实现农业与其他产业之间的进一步融合，进而保持并强化农业在支撑国民经济发展中的基础地位作用。

第三，经营规模的变革。现代农业发展的重要支撑是农业产业的效益提高和竞争力提升。[②] 分散的小规模经营不仅限制了农业投入增长，阻碍科技进步，而且抗风险能力差，在市场化条件下具有很大的脆弱性。因此，即便不同国家和区域土地资源禀赋差异悬殊，但在从传统农业向现代农业转变中的共同趋势都是促进土地要素的合理集中，实现各种约束条件下的适度规模经营，进而提升农业的产业竞争力。

第四，经营主体的变革。农业现代化过程不仅是农民不断减少的过程，更是农业生产主体经营能力不断提高的过程。由于农业劳动力是生产力中最能动的要素，因此，传统农业的成功转型必然要求自给自足的

[①] 陶武先：《现代农业的基本特征与着力点》，《中国农村经济》2004年第3期。
[②] 郭晓鸣：《中国现代农业发展战略选择研究》，《理论与改革》2007年第5期。

传统农民向适应于商品生产、懂技术、善经营的新型职业农民转变。

（二）命题设定

基于以上理解，本章提出如下两个基本命题：

命题一：传统农业中新生产要素的引进并不必然带来农业的现代化转型。即便在农业生产中采用了新生产要素，但如果仍然维持的是自给或以自给为主的农业生产活动，那么，这种农业质态依然属于传统农业。

命题二：传统农业中新生产要素的引进并不能自动转换成农业产量增长，即使农业产量有所增长，也并不一定意味着农业发展，即可能出现"有增长而无发展"的情况，最终仍然停留在传统农业阶段。

二　传统小农生产中的农机服务引进情况

在363个普通农户中，购买过农机服务的农户家庭占72.8%，但是仅4.4%的普通农户在所有环节中都购买了农机服务。这些家庭大多只在翻土、犁地、播种、收割等生产环节购买过农机服务，且以水稻和小麦为主，玉米、油菜等作物生产过程中的机械化程度较低。另外，从购买时间来看，农户家庭购买农机服务的平均年限都较长。特别地，犁地、收割等环节的农机服务引进年限大多都超过了5年。

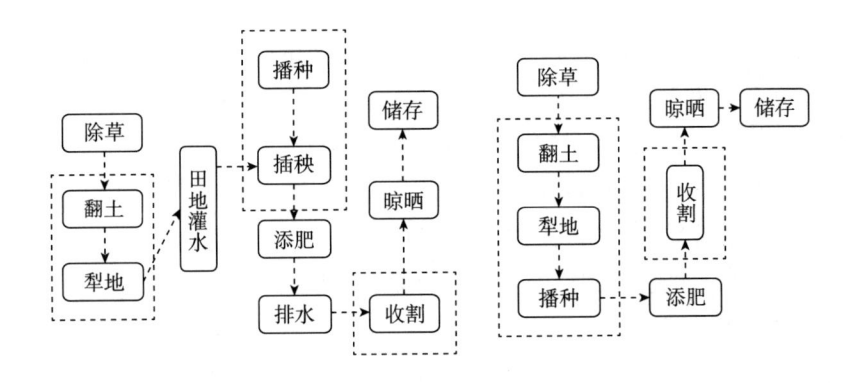

图7-1　水稻（左）和小麦（右）生产环节
（虚线方框内为农机服务环节）

三 传统小农引进农机服务的决策模型：家庭效用最大化

根据第四章的理论分析，普通农户引进农机服务的决策模式是家庭效用最大化，而不是市场利润。第四章的实证分析也表明，种植规模分化对普通农户所有环节的农机服务需求行为都未产生显著影响。即在传统农业形态中，农机服务的购买与农户家庭的土地资源禀赋之间并无相关关系。结合半结构访谈，进一步得出如下判断：

判断一：传统农业生产过程中大量农机服务的购买，实质是在要素资源禀赋比较优势基础上，农户家庭所做出的理性选择。农户家庭中青壮年劳动力离土外出务工，是传统农业中农户家庭购买农机服务的重要前提。

判断二：尽管仍然处于传统农业形态，但随着农业劳动力老龄化和妇女化问题的凸显，加之购买农机服务价格的相对便宜，使得有外部收入支持的小规模家庭经营的确产生了满足自给性生产的农机服务需求。

四 农业产业特性与传统农业中农机服务的替代领域

半结构访谈发现，大多农户家庭仅在水稻和小麦的翻土、犁地、播种、收割等生产环节购买农机服务。因此，进一步得出以下判断：

判断三：不同农作物的生产特性差异，决定了并不是在所有农业领域中资本要素都具有优势，进而决定了农机服务的替代领域。因种植生产环节较为复杂、程序较多、适用的农业机械本身较少，玉米和油菜等作物实现农机替代劳动较为困难。而水稻和小麦等大田作物实现农机操作则相对容易，农机市场提供的作业服务也相对较为完善。

判断四：农业的产业特性，特别是农业劳动的非连续性、监督的困难性以及成果的最后决定性[1]，决定了并不是所有生产环节都适合使用农机。实践中，作为理性人假设的小规模农户，在满足自给需求的农业生产活动中，仅在翻土、犁地、播种、收割等生产环节选择购买了农机服务以替代自身劳动。而田间管理等其他农事活动，由于分工的高协调费用和计量困难较难以实现市场分工，因此，在传统农业生产实践中，这些环节仍以人力为主。

---

[1] 钟甫宁：《农业经济学》，中国农业出版社2011年版。

五 没有"发展"的农机服务引进

调查分析表明，在传统农业生产过程中部分生产环节，特别是水稻和小麦等作物的翻土、犁地、播种、收割等环节，农机服务的引进已是普遍现象。但这能够证明引进了农机服务这一新生产要素的传统农区就已经实现了向现代农业转型？能证明这些传统农区已踏上农业现代化发展道路了吗？这些问题的回答关键在于对引进后的农业生产经营行为的观察与判断。

（一）经营规模：制度缺陷背景下耕地经营规模未能有明显突破

在当前中国农村土地要素市场发育尚不健全以及城镇化进程中户籍、住房、社保等多项配套制度缺失的宏观背景下，农村劳动力转移的不彻底性和农村养老保障制度的不完善等在实践中固化了稀缺土地资源所具有的社会保障功能。结果是，多年来这些生活在传统农区，但以外出务工收入为主且购买过农机服务的农户家庭，与从未购买过农机服务的农户家庭相比较，流转土地的情况依然较少发生。在购买过农机服务的普通农户中，仅有9.7%的农户家庭流转入过土地，其中大部分还是亲朋、邻里之间的非正式流转。另外，即便有发生流转行为，流转规模也非常小，平均不到2亩。总体来看，传统农区购买过农机服务的农户家庭其耕地经营规模并没有明显扩大，也未能改变分散化、小规模的小农经济特征。因此，尽管替代劳动的技术变革，从理论上来讲能够提高农业劳动效率，缩短农业生产的必要劳动时间。而且实践中，农机服务的引进也实际支撑了大量青壮年劳动力外出，增加了农户家庭的收入，整体上提高了传统农区农户家庭的生活水平。

但是，应当认识到，农业劳动效率的提高和农业发展之间并不存在必然联系。农机服务的引进的确使得传统农业中资本—劳动比不断上升，在一定程度上也提升了农业技术装备水平。然而，令人遗憾的是，这些现代生产要素的进入并没有形成对传统农区土地经营规模扩张的有效激励，也未能明显带来农业单产的提高。

（二）经营主体：农机服务协助"老人/妇女"完成整个农业生产过程

在363个普通农户中，农业生产决策者年龄在45岁以上的农户家庭达84.3%。而在购买过农机服务的农户家庭样本中，老人和妇女已基本控制着农业生产的实际决策权，成为家庭农业生产的主导力量。随着劳动力工资价格的普遍上涨，劳务经济对青壮年劳动力的吸引更加突出，进而农机服务在高劳动强度生产环节对劳动的替代作用也日渐突出。显然，正是因为有了市场化的农机服务，青壮年劳动力才能更为放心地外出务工。近年来，在农忙季节，外出务工劳动力大量返村的现象也开始明显减少。可以说，农机服务的协助使得单靠留守在家的老人和妇女也能顺利完成整个农业生产过程，一定程度上很好地兼顾了外出务工和农业生产。

然而，更需要关注的关键问题是，老人和妇女成为传统农业生产的实际经营者之后，进一步放大了农业兼业化和副业化的发展态势。通过半结构访谈发现，以往农户家庭在农业生产中大多使用农家肥，而现在都以化肥替代，种"懒庄稼"的现象日益普遍。因此，尽管农机服务的引进在形式上实现了农业生产方式的转变，但"老人/妇女+农机服务"的模式并没有真正改造传统自给的小农生产方式，甚至有向粗放经营倒退的倾向。

这种农业模式的固化和延续，可能会对粗放农业经营形成事实上的变相支持，进而产生延续分散小规模农户经营方式的不利影响，在一定程度上阻碍土地等农业生产要素的合理流动。从中国农业未来发展的深层次角度来看，这种延续不仅使新型农民的成长缺乏一定的内生条件，对中国新型职业农民的培育构成土地要素配置上的明显障碍，直接阻碍农业内部由传统向现代的转型，而且还使通过发展现代农业实现支撑新型工业化和城镇化发展目标的难度加大。

(三) 经营行为：满足家庭自给的生产动机被进一步强化

虽然传统农业中农户家庭农机服务的购买率较高，但在农业生产过程中选择购买农机服务，只是在劳动力成本不断上升而导致的要素资源禀赋变化背景下，资本对劳动的一种替代。在决定是否购买农机服务时，农户家庭并没有特别考虑土地资源禀赋以及是否能实现增产等问题。目前，这些购买农机服务的农户家庭，仍然以外出务工为主要收入来源，并且其占比呈明显上升趋势。在有5年以上引进农机服务经历的普通农户家庭样本中，当被问及"种植结构确定依据"时，依然有

67.4%的农户家庭选择"根据自食需要",25.2%选择"按照传统习惯"。因此,这种以满足自给性生产需求的市场化农机服务引进,在实践中并没有改变传统农户家庭自给性的生产行为。即自给性的农业生产活动中,尽管其引进了农机服务这一新生产要素,但总体上仍停留在传统农业当中。

在传统农区,小规模自给性农户在农业生产过程中农机服务的引进,维系甚至强化了传统农业自给自足的经营行为,而且还出现了向粗放经营的农业生产方式倒退的反向发展。从国家粮食安全的宏观战略目标来看,这种引进对于中国农产品紧平衡的现状而言,无疑没有起到有效的改善作用,在一定程度上甚至加剧了农产品供求之间的矛盾。

第四节 配套变革激发农机服务对传统小农的改造作用

小农的现代化转型能否成为现实,关键在于能否有"正能量"的制度供给[1]。虽然,理论而言,发展现代农业生产性服务体系是提升传统小农,培育现代小农的重要途径,但是,前文主要从传统小农中农机服务引进的决策模型、替代领域以及农业形态发生的变化等角度的分析,在实证基础上否定了"生产性服务有助于农业转型"这一假说。那么,在中国"大国小农"的基本国情短期内较难根本性改变的背景下,如何进行制度设计激发农机服务对传统小农的改造作用,自然成为实现中国农业转型亟须解决的核心问题。

前文的研究表明,传统农区农业生产过程中农机服务的引进,虽然在形式上实现了农业生产方式的系列转变,但却有可能使"老人/妇女+农机服务"的粗放农业模式得以维持甚至强化。这显然不是中国农业转型的正确路径。"把小农生产引入现代农业发展轨道",并不是指一味盲目引入,而是要促进传统小农向现代小农转变。深层次观察发现,虽然农机服务的发展是中国实现农业转型的重要途径,但在传统农

---

[1] 温锐、范博:《近百年来小农户经济理论与实践探索的共识与前沿——"小农·农户与中国现代化"学术研讨会简论》,《中国农村经济》2013年第10期。

区，其现实作用的发挥必须依赖于相关的政策支持条件及配套变革，特别是农业经营主体与农业产业的发展变革。总体而言，以下层面的配套改革至关重要：

一是再组织化小农，重构农业生产与流通体系。传统小农与大市场、大资本之间的矛盾是客观存在的。因此，改造传统小农，仅仅关注小农本身是不够的，必须激发传统小农有组织地参与农业分工经济，从而，充分发挥市场化农机服务对传统农业的改造作用，带动小农实现农业的现代化转型。

二是进一步区分"惠农民"与"强农业"的政策目标，鼓励适度规模经营发展。应当承认，当所有农业经营规模都非常细小，细小到农业生产性服务成本很大时，农业生产性服务是无法高效发挥作用的。因此，在继续实施普惠型惠农政策和大力强化农村公共服务供给的同时，还应重点将农业产业发展的政策支持导向于适度规模经营和市场化的各类新型经营主体，有效强化对农业的产业增长激励，创新更加有利于发挥生产性服务正向功能作用的新型农业经营体系，从而倒逼传统小农转型，促进传统农业的现代化转型。

三是在农村外部，必须加快推进城乡社会保障制度并轨、城乡土地制度统一等配套制度改革，为城乡生产要素的自由平等流动搭建重要制度平台，以完善的制度建设导向农业要素的优化配置，鼓励传统小农以多种方式参与农业转型，从而更有效地支撑中国农业转型。

第八章　农业转型视角下优化农机服务发展的政策选择

农机服务的发展是与整个经济社会发展、农业转型等宏观变化相伴的动态互动过程。一方面，农机服务的发展影响着农业机械化水平，在很大程度上有利于带动农业生产专业分工深化，推动农业生产方式转变。另一方面，经济社会发展、农业转型等又反过来影响着农机服务的需求总量和需求结构，进而决定其发展方向。前文从农业多重转型大背景的考察，发现农机服务引进对农业转型发展的作用和效果是非均衡的。那么，应当如何加强供给侧改革，优化服务供给体系质量和效率，以充分发挥农机服务对农业转型的引领与带动作用？这是本章探讨的核心内容。

第一节　农机服务发展的宏观环境变化

一　新型工业化、农业现代化进程有利于农机服务的产业化发展

新型工业化、农业现代化、服务化三者之间互为发展前提和发展推动力[①]。首先，根据产业结构演进规律，农机服务的产业化发展是工业化中后期发展的必然趋势。早在产业三分法中，"配第—克拉克定理"就揭示：无论从当今世界各国发展水平的横向来看，还是从不同国家发

[①] 陈永杰：《工业化、信息化、城镇化、农业现代化同步发展战略》，《经济研究参考》2013年第68期。

展过程的纵向考察,第一产业的产值及就业人数所占份额都将不断减少;第二产业所占份额首先迅速增长,然后趋于稳定;第三产业所占份额则将持续增长[1]。而在服务业内部结构中,格鲁伯和沃克[2]的实证分析表明:随着经济发展,生产性服务业的比重将不断上升,并成为服务业内部最为重要的分类服务。结合中国发展实际,新型工业化已经取得较大进展,以制造业为主导的产业结构也开始逐步向以服务业为主导的产业结构演进[3]。因此,按照世界经济发展轨迹,在中国产业结构中,以农机服务为代表的农业生产性服务业也将进一步快速发展。

其次,农机服务的产业化发展既是农业现代化的重要内容,也是实现农业现代化的重要外部支撑。一方面,农业机械化是农业现代化的重要标志,是实现农业现代化发展不可缺少的物资技术保证[4]。而由于农机服务的产业化发展有利于以低成本方式实现中国小规模农业的机械化作业,更契合中国农业发展实际,因此,农机服务已逐渐成为实现农业机械化的主要路径。随着农业现代化进程的加快,农业生产专业分工还将进一步细化和合理[5],继而也将更有利于农机服务的产业化发展。另一方面,从农业发展实践来看,以农机服务为代表的现代生产要素的广泛和深入进入,在农业转型升级过程中发挥着不可替代的重要支撑作用。可以说,当前迅速发展的农业规模化经营就主要得益于农机服务的产业化发展。因此,在由传统农业向现代农业转型的加速时期,农机服务也将发挥越来越重要的作用。

二 新型城镇化的加速推进将引发更强烈、广泛的农机服务需求

从 2004 年农业劳动力进入"刘易斯转折点"以来[6],劳动力市场

---

[1] Clark C. G., *Condition of Economic Progress*, London: Macmillan, 1940.
[2] [加]赫伯特·G. 格鲁伯、迈克尔·A. 沃克:《服务业的增长:原因与影响》,陈彪如译,上海三联书店1993年版。
[3] 简新华、杨冕:《从"四化同步"到"五化协调"》,《武汉大学学报》(哲学社会科学版)2013年第6期。
[4] 白人朴:《农业机械化与农民增收》,《农业机械学报》2004年第4期。
[5] 苏振锋、谢青:《工业化是城镇化、信息化和农业现代化的动力》,《中国社会科学报》2013年3月13日。
[6] Cai F., "Demographic Transition, Demographic Dividend, and Lewis Turning Point in China", *China Economic Journal*, Vol. 3, No. 2, 2010.

工资价格明显上涨。而根据诺瑟姆曲线①，中国城镇化正处于加速发展阶段。虽然"城镇化率能达到多少"是有争议的，但是，可以预见的是，随着中国城镇化进程的纵深推进，以及受非农产业更高比较利益的驱使，农业劳动力特别是青壮年劳动力转入非农产业和向城镇集中的过程还将继续，甚至加快。因此，由农业劳动力短缺引发的"谁来种地"等问题也将更为严峻。

更值得强调的是，在新型城镇化、人口城镇化发展理念下，随着户籍、社会保障、就业、住房、教育等制度的不断完善，农业劳动力转移还将呈现一些新的发展趋势：将逐渐从过去以个体、季节性转移为主向以全家转移为特征转变。特别是有着与第一代农民工不同成长经历和社会生活环境的新生代农民工，无论在内在成长经历还是情感方面，都与农村关联甚少，甚至在农村没有土地。出于比较利益及自我发展等考虑，新生代农民工具有更彻底的离农倾向，他们或许将成为中国传统农民的终结。这将进一步加剧农业劳动力的短缺矛盾，暴露出传统、分散、小规模农业经营方式的不可持续性。不过，这也正是农业适度规模经营、转变农业发展方式的重要契机。而农机服务的发展通过替代农业劳动力，不仅可以缓解劳动力短缺矛盾，帮助农户解决"谁来种地"的难题，而且有利于改善农村土地撂荒问题，提高土地利用率。另外，土地托管服务组织等新型农机服务供给主体的发展，还有助于以低成本方式推动区域性农业适度规模经营。因此，随着人口城镇化的不断推进，农业生产实践对农机服务的需求还会更为强烈，需求范围也会更加广泛。

三 生态文明发展战略及绿色化发展理念要求大力发展农机服务

中国是一个农业资源相对贫乏的国家，产业化农业发展模式所带来的生态环境污染、生态系统退化等各类问题都已逐渐显性化，能源供给与消耗之间的矛盾也日渐突出。国家层面生态文明发展战略及绿色化发

---

① 诺瑟姆曲线，是指描述一个国家和地区的城镇人口占总人口比重变化过程的一条稍被拉平的"S"形曲线，根据曲线可将城市化过程分成三个阶段：城市水平较低、发展较慢的初期阶段，人口向城市迅速聚集的中期加速阶段和进入高度城市化以后城镇人口比重的增长又趋缓慢甚至停滞的后期阶段。

展理念都要求加快转变农业发展方式,构建科技含量高、资源消耗低、环境污染少的节约型农业。而由于农业机械是农业生产中的能源消耗大户和碳排放量大户,因此,走节约型农业机械化发展道路势在必行,是事关中国农业可持续发展和农业现代化进程的重要内容。

除部分农业机械本身存在能耗高、效率低等问题外,农业机械化发展模式在过去较长时期里也表现出高成本、低效率的非经济特征。其一,由于分散、细碎化的农业经营格局,农机作业田间转弯时间较多、单户作业规模较小、单户作业周期较短等问题较为突出,在一定程度上导致了农机市场中"劣币驱逐良币"现象的广泛存在,使得小型、耗能农业机械更受欢迎。其二,现行农机补贴政策未能有效解决高效、节能、环保农业机械的资金难题,相反,在一定程度上还刺激了更多小规模经济组织进入农机服务产业,进一步促成了高成本、高耗能农机服务市场的形成。

而农机服务的产业化发展通过共同利用农业机械,避免了分散购机、小规模经营的浪费行为,有利于从整个产业发展角度提高农业机械的集约利用率,促进农业机械资源的合理流动和优化配置。因此,农机服务的产业化发展不仅是实现农业机械化绿色发展的有效路径[1],也更为契合农业现代化、绿色化发展的新要求。

四 农业劳动力老龄化发展态势将引致对农机服务的更迫切需求

第六次全国人口普查结果显示,中国农村 60 岁以上人口占农村总人口的比例已达 15.0%[2]。按照国际上通常将"60 岁以上人口占总人口比例达到 10%"作为一个国家或地区进入老龄化社会的标准,中国农村人口老龄化时代无疑已经到来。四川省社会科学院的调查还表明,高龄和超龄劳动力不仅在数量上是中国农业生产的主力军,而且正在逐渐成为农业生产经营的实际决策者。更需要引起重视的是,在未来较长时期里,随着农业劳动力自然老龄化、青壮年劳动力进一步向外转移以及老一代农民工陆续返回农村,农业劳动力老龄化程度还将进一步加

---

[1] 李刚:《走绿色农业道路,发展低碳农机》,《中国农机化》2011 年第 6 期。
[2] 资料来源:《第六次全国人口普查结果公报》。

深。到那时,"谁来种地""如何种地"等现实难题都将更为突出。

从农业生产实践来看,老人农业已经对中国农业产生了一些负面影响,在一定程度上表现出了从精耕细作的农业生产方式向粗放经营的农业生产方式倒退的反向发展,甚至向自给性农业生产退化的态势。但是,值得欣慰的是,农机服务的发展,通过降低农业生产劳动强度,大大降低了农业经营者年龄、体力对农业生产的约束作用,使得单靠留守在家的老人也能较为顺利地完成整个农业生产过程①。更重要的是,农机服务的产业化发展在提高农业生产效率的同时,还有利于降低老人农业的生产成本。因此,农机服务在农业劳动力老龄化深化发展背景下具有更迫切的现实需求。

五 收入增长和追求闲暇将促使农机服务发展为农业的经常性消费

需求是农机服务发展的最基本动力。但是,真正的需求既应具有支付意愿,同时还应具备支付能力。从影响农机服务需求的最直接因素——收入水平来看,伴随着中国农村和农业发展取得的巨大成就,农民收入总体呈现增长态势,1978—2014年,农村居民人均纯收入由134元增加到9892元②。农民收入水平的提高,使得农民具备了一定支付能力,这是将农机服务潜在需求转变为有效需求的充分必要条件。

与此同时,随着农民收入的逐步增长,农民生活水平不断提升,作为消费者的农民的效用函数外延不断扩展,除直接经济利益外,农民对闲暇享受等涉及自身福利改善的商品的消费意愿也更为强烈。市场化农机服务的发展,通过共同利用农业机械的方式,不仅大大降低了单个农民对农业机械的使用成本,也正好契合了农民希望减轻劳动强度、追求闲暇享受的强烈需求,有利于增进农民福利。而随着农民收入、生活水平、消费观念等进一步提升,农民追求闲暇享受的需求意愿还会更加强烈,继而,他们选择外购农机服务以替代家庭劳动的市场需求也会更为广泛。从长远发展来看,农机服务将逐渐发展成为农业生产中的一项经

---

① 董欢、郭晓鸣:《传统农区"老人农业"的生成动因与发展空间》,《中州学刊》2015年第9期。

② 资料来源:《2014年国民经济和社会发展统计公报》。

常性消费活动。

第二节 农业经营主体进一步分化对农机服务发展的新要求

当前,农业经营主体正呈现加速分化的二元态势。一方面,种养大户、家庭农场、农民专业合作社、农业公司等规模经营主体快速发展,明显向规模化、专业化、商品化经营转变;另一方面,小规模承包农户仍将在中长时期内大量存在,且兼业化、老龄化、妇女化程度继续加深。不同类型农业经营主体不仅当前对农机服务的需求行为表现出较大差异,而且,随着农业转型以及经营主体的进一步分化,这种差异还将进一步扩大。

一 规模经营主体的快速发展要求农机服务向规模化、全程化、优质化和多元化方向发展

第一,从农业发展趋势来看,适度规模经营农业终将逐渐成为中国农业发展的主要形态。如何顺应规模经营主体的发展需求,完善农机服务供给体系,日益成为农业政策中迫切需要回答的重要问题。考察经营行为,规模经营主体普遍具有较强的市场化倾向,其生产目的在于实现经营利润最大化,较为重视农业生产成本的降低和经营效益的提升。因此,为了更大程度实现农业经营的规模经济效应和降低生产经营成本,规模经营主体对外包农机服务的规模经济效应也有更高要求。这将倒逼农机服务供给主体进一步向规模化方向发展,以充分发挥服务的规模经济效应。而小规模兼业服务供给主体则将不断分化,他们中的大部分将逐渐在农业适度规模经营进程中被市场淘汰。

第二,相较于普通农户,专业大户、家庭农场、农民专业合作社、土地股份合作社等规模经营主体对农机服务的需求还表现出较强烈的全程化倾向,他们对相关配套和增值型服务都有较高要求。因此,随着人工成本的不断高涨,规模经营主体对农机服务的全程化、配套化要求还将进一步扩张,从而使农机服务向全程化发展的重要性和紧迫性也更为突出。

第三，规模经营主体在经营领域方面呈现出较为鲜明的多元化发展趋势。这就要求农机服务也必须多元化发展，由主要集中于粮食作物拓展到能满足多种农作物的服务需求，由主要适应单个种植环节拓展到能满足多个种植环节的服务需求。

此外，随着规模经营主体的不断发展壮大，其经营行为也更趋专业化，对农产品质量和品牌效应等都有更高追求。这对服务质量和效率也都提出了更高要求，进而倒逼农机服务向优质化和品牌化方向发展。

二 普通农户的长期存在是本土化、综合化、托管化农机服务的广泛市场基础

虽然农业经营主体将不断分化，但是，在未来相当长时期内，小规模兼业农户将依然是中国农业生产的主要微观主体。从前文的实证分析得知，对大部分以农为主的普通农户而言，农机服务的价值主要在于替代农业劳动力，弥补农业劳动力的不足。他们对农机服务的需求总体呈现分散、庞杂、单户规模小和不确定等特征。而以农为主的普通农户"小而全"的兼业经营特点，在一定程度上又进一步深化了农机服务需求的这些特征。因此，如果由专业化、规模化的服务供给主体向其提供农机服务，不但很难充分发挥农机作业的规模经济效应，反而还会产生较高的服务成本和市场交易成本。相比较而言，因为熟人关系可以降低与分散、小规模普通农户之间的市场交易成本，所以，本土化、综合化的服务供给主体将具有更大的市场发展空间。

而至于部分已经不将农业作为赚钱手段，或不愿自己经营农业，但又不愿放弃土地承包经营权的以农为辅的普通农户，农机服务的作用主要体现在释放农业劳动力，协助他们更轻松、省心地兼顾农业生产和外出务工，进而实现家庭整体效用最大化。他们对服务的需求具有"保姆式"特点。因此，托管服务模式对其往往具有更大的市场吸引力。

特别是随着农业劳动力大量向外转移、农村留守人口老龄化现象日益凸显，一家一户办不了、办不好、办起来不合算的事情越来越多，迫切需要加快培育各类服务组织，大力发展面向广大农户的农机服务。

第三节　优化农机服务发展的政策支持体系

以需求管理为核心的凯恩斯主义认为，一切生产和服务活动都必须围绕需求，应当以需求为导向组织生产和提供服务。但是，发展是一个关于生产率持续提高的长期问题，而生产率的提高则需要不断投入和改善投入的效率[①]。供给侧经济学理论还认为，在一定条件下，供给能自动创造需求。从这个角度理解，在农机服务需求不断增长的态势下，加强供给侧改革，充分发挥服务供给的引领与带动作用也十分关键。

更需重视的是，在未来较长时期里，中国农业将继续呈现多种农业形态、多种农业经营主体并存的发展格局。因此，农机服务未来发展的思路应当是：基于农机服务供需失衡的现状，以及农业形态、农业经营主体结构进一步分化对农机服务未来发展提出的新要求，在以市场需求为主导的基础上，构建能够适应服务需求结构变化的多元服务体系；与此同时，也应高度重视服务供给的结构性改革，通过优化服务供给体系质量和效率引导服务的需求变化，从而提升服务对现代农业发展的支撑和推动作用。沿着这样的发展思路，本书提出以下政策建议：

一　逐步将农机购置补贴政策调整为农机服务补贴政策，通过提高政策的针对性和覆盖性促进服务全面发展

市场化农机服务既是实现中国农业机械化的最主要经营模式，同时，也在中国农业生产方式转变方面发挥着重要作用。因此，加强对农机服务未来发展的支持具有重要战略意义。而微观层面的实证分析也表明，主要受需求和供给两个层面的多因素共同影响，当前农业生产实践中农机服务供需失衡现象较为严重。

对此，本书建议调整现行农机补贴政策，由当前的农机购置补贴政策逐步调整为农机服务补贴政策，以提高补贴政策的针对性和覆盖性。其一，通过直接降低农机服务的购买成本，不仅有利于刺激农业经营主体对农机服务的需求，还可降低经营主体的农业生产成本。其二，通过

[①] 张军：《加强供给侧改革有一个重要前提》，《文汇报》2015年11月2日。

将补贴政策由供给主体直接受益转变为需求主体直接受益，有利于规避在农机购置补贴支持政策下农户分散盲目购机导致的农机闲置和资金浪费等问题，从而提高农业机械配置和使用效率，缓解当前农机服务供给不足与过剩并存的矛盾。其三，对农机服务需求主体的补贴方式有利于形成以需求为导向的服务供给体系，有助于淘汰那些小规模、服务质量差、效益低的服务供给主体，优化农机服务供给主体结构。

二 加强对规模化服务主体的优惠扶持，通过服务的规模化、产业化、品牌化发展满足农业的现代化要求

农机服务的规模经营效应越突出，规模化服务供给主体越普及，就越有利于农业的适度规模经营和现代化发展。为了进一步满足新型农业经营主体的服务需求和适应农业的现代化发展要求，必须高度重视农机服务供给层面的改革，除增加服务供给总量外，还应当注重调整服务供给结构，加强对规模化服务供给主体的政策支持力度。第一，在逐步将农机购置补贴政策调整为农机服务补贴政策的同时，建议继续加强对规模化服务供给主体的购机优惠补贴力度。这不仅可以进一步优化服务供给主体结构，提高服务供给质量和效率，更重要的是，培育农机服务的规模化、产业化发展氛围，有利于将服务的规模化发展和推动农业适度规模经营结合起来，从而引领农业的现代化发展。第二，由于大型农业机械价格较高、资产专用性较强，且在使用过程中会产生较明显的正外部效应，因此，建议重点加强对大中型、环保型农业机械的购买补贴和优惠，如制定配套的融资、贷款优惠政策，鼓励土地经营权抵押贷款等，突出对农机服务的规模化、优质化和品牌化建设。这既有利于通过减少服务供给主体道德风险的发生概率，增进服务供给主体与农业经营主体之间的合作关系，形成良好的互动发展机制[①]，也可通过服务的优质化、品牌化发展带动农业向高标准生产转变。

三 扶持有实力的本土化服务供给主体发展壮大，通过带动普通农户的服务需求转变推动农业的区域性变革

虽然规模化农机服务供给模式与小规模、分散、兼业农户家庭的农

---

① 姜长云：《支持新型农业经营主体要有新思路》，《中国发展观察》2014年第9期。

机服务需求是不相适应的，但是，考虑到农机服务的发展有可能会对兼业、粗放经营形成变相支持，产生延续分散小规模农户经营方式的不利影响，以及阻碍土地等农业生产要素的流动①。所以，在政策选择上不能一味以需求为导向，而应该引导和扶持有实力的本土化服务供给主体发展壮大，培育具有较强地缘优势的综合性服务供给主体。这既可以借助本土化优势和良好的熟人关系，以较低的市场交易成本向普通农户供给作业服务，也可充分发挥作业服务的规模经济效应。更关键的是，本土化服务供给主体的规模化发展也有助于引领和带动区域农业的规模化、现代化发展。

另外，应当鼓励发展托管服务等新兴模式，通过进一步带动小规模、分散兼业农户，特别是以农为辅的普通农户的农机服务需求变化，从而，一方面有利于将普通农户纳入社会整体专业分工体系，打破农业内部封闭循环，推动农业经营主体进一步分化，带动小规模兼业经营方式的区域性变革；另一方面，还有利于通过影响普通农户的农业生产行为，促进农业劳动力向非农产业或城镇转移，进而为农业适度规模经营创造有利条件。

此外，建议在偏远山区及丘陵地区，或农业机械化发展程度较低的种植环节，试行政府购买农机服务的方式，以满足这些地区农业经营主体的服务需求，改善服务水平的区域失衡状况。

四 进一步推进农村生产性基础设施建设，为农机服务的发展提供良好外部环境

前文微观需求层面的实证分析表明，农村生产性基础设施建设情况不仅影响着经营主体的农机服务需求，而且在很大程度上还决定了服务市场的发展水平。因此，加强农村生产性基础设施建设，对促进农机服务发展具有重大现实意义。由于作业道路、农田水利等农村生产性基础设施在消费过程中具有较明显的非竞争性、非排他性和不可分割性，因此，属于公共品范畴。根据公共经济学理论，这类产品应当由政府

---

① 董欢、郭晓鸣：《生产性服务与传统农业：改造抑或延续？——基于四川省501份农户家庭问卷的分析》，《经济学家》2014年第6期。

提供。

具体建议如下：第一，由政府对农机化生产道路进行统一规划、统一投资、统一建设，通过构建农机化生产道路"入村、进组、到田"的道路畅通网络体系，以满足农机作业操作的基本要求。尤其应当加大对丘陵和山区作业道路的建设，以促进农机服务在区域间的协同发展。第二，加大对农田水利等配套性基础设施的建设，为农机服务的全程化发展提供良好的外部环境。第三，对个人或非政府经济组织等社会资本参与农村生产性基础设施建设的情况，政府应当予以相应的补贴和鼓励。

附 录

抽样调查问卷

问卷编号：_____

农业发展方式和农业生产性服务业调查问卷

您好！这是我们承担的国家课题的调查问卷，仅供学术和政策研究之用。问卷填写你的姓名和联系电话等信息，只是当前后信息有矛盾时，便于我们跟您进行信息复查。请您根据实际情况回答，我们承诺不会将您的回答结果泄露出去。非常感谢您的支持！如果您家不是一般农户，属于工商资本投资农业，在本问卷中请视同公司农场。

调查地点：_____省_____市_____县_____乡（镇）_____村

问卷回答者：_____ 联系电话：_____

调查员：_____   调查日期：_____

1. 您和您家（或家庭农场、公司农场）农业生产决策者的基本情况：(请在对应代码中选择)

	性别（代码1）	年龄（代码2）	健康状况（代码3）	受教育程度（代码4）	现从事的主要职业（代码5）
您的情况					
您家农业生产决策者的情况					

注：如您本人就是家庭农业生产决策者，请在性别处填写"本人"，其余空置。

代码1（性别）：①男　　②女

代码2（年龄）：①25岁及以下　②26—40岁　③41—60岁　④61岁以上

代码3（健康状况）：①很好　②较好　③一般　④稍差　⑤很弱

代码4（受教育程度，以实际受过的最高教育为准，含未毕业）：①不识字　②小学　③初中　④高中　⑤中专/技校和大专　⑥大

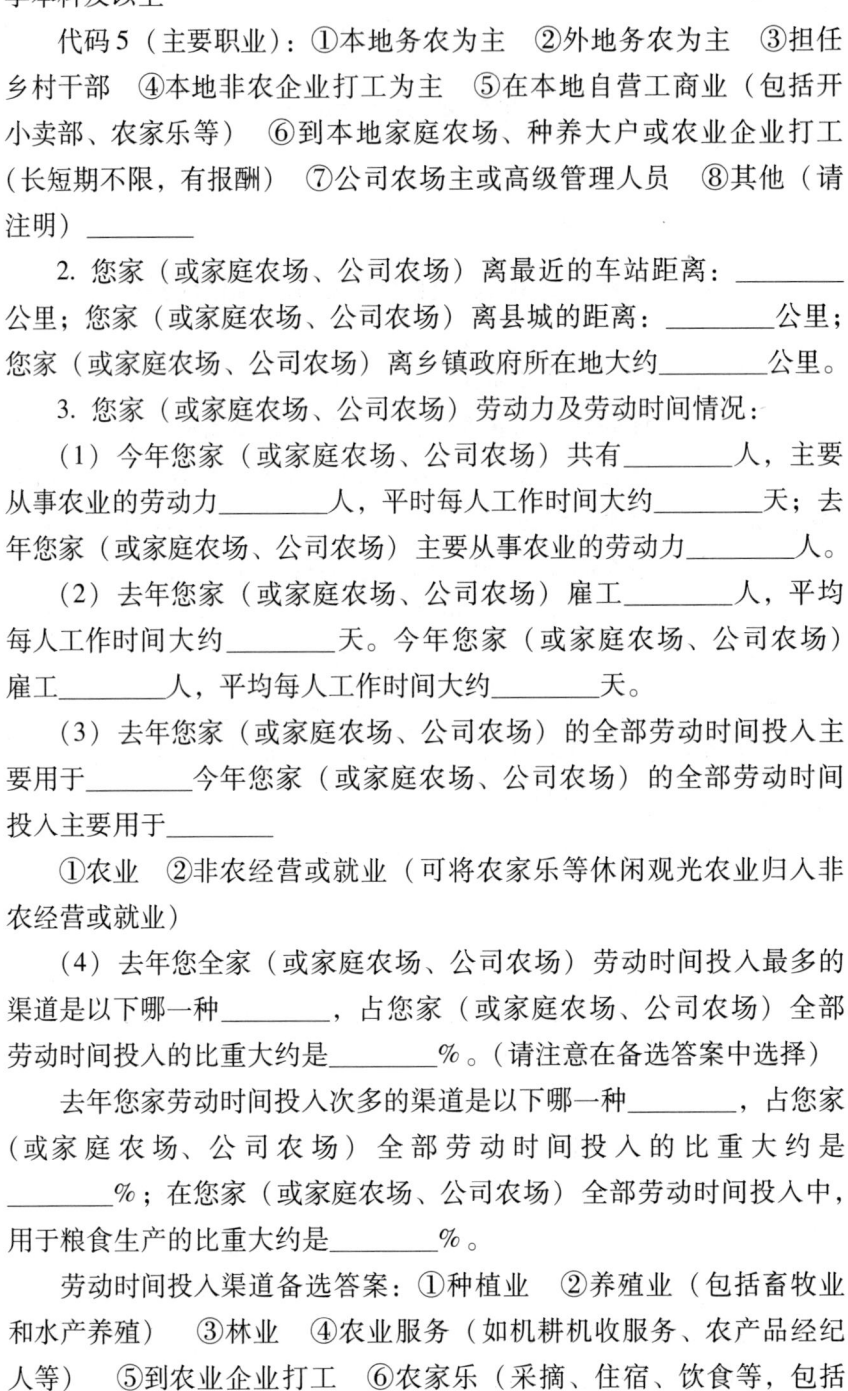

学本科及以上

代码5（主要职业）：①本地务农为主 ②外地务农为主 ③担任乡村干部 ④本地非农企业打工为主 ⑤在本地自营工商业（包括开小卖部、农家乐等） ⑥到本地家庭农场、种养大户或农业企业打工（长短期不限，有报酬） ⑦公司农场主或高级管理人员 ⑧其他（请注明）_____

2. 您家（或家庭农场、公司农场）离最近的车站距离：_____公里；您家（或家庭农场、公司农场）离县城的距离：_____公里；您家（或家庭农场、公司农场）离乡镇政府所在地大约_____公里。

3. 您家（或家庭农场、公司农场）劳动力及劳动时间情况：

（1）今年您家（或家庭农场、公司农场）共有_____人，主要从事农业的劳动力_____人，平时每人工作时间大约_____天；去年您家（或家庭农场、公司农场）主要从事农业的劳动力_____人。

（2）去年您家（或家庭农场、公司农场）雇工_____人，平均每人工作时间大约_____天。今年您家（或家庭农场、公司农场）雇工_____人，平均每人工作时间大约_____天。

（3）去年您家（或家庭农场、公司农场）的全部劳动时间投入主要用于_____今年您家（或家庭农场、公司农场）的全部劳动时间投入主要用于_____

①农业 ②非农经营或就业（可将农家乐等休闲观光农业归入非农经营或就业）

（4）去年您全家（或家庭农场、公司农场）劳动时间投入最多的渠道是以下哪一种_____，占您家（或家庭农场、公司农场）全部劳动时间投入的比重大约是_____%。（请注意在备选答案中选择）

去年您家劳动时间投入次多的渠道是以下哪一种_____，占您家（或家庭农场、公司农场）全部劳动时间投入的比重大约是_____%；在您家（或家庭农场、公司农场）全部劳动时间投入中，用于粮食生产的比重大约是_____%。

劳动时间投入渠道备选答案：①种植业 ②养殖业（包括畜牧业和水产养殖） ③林业 ④农业服务（如机耕机收服务、农产品经纪人等） ⑤到农业企业打工 ⑥农家乐（采摘、住宿、饮食等，包括

为农家乐和自家用的少量种养业）　⑦非农经营或就业　⑧担任乡村干部或从事其他公共活动　⑨其他（请注明）_____

（5）今年您全家（或家庭农场、公司农场）劳动时间投入最多的渠道是以上哪一种_____，占您家（或家庭农场、公司农场）全部劳动时间投入的比重大约是_____%；（请注意在上题备选答案中选择）今年您家劳动时间投入次多的渠道是以上哪一种_____，占您家（或家庭农场、公司农场）全部劳动时间投入的比重大约是_____%；在您家（或家庭农场、公司农场）全部劳动时间投入中，用于粮食生产的比重大约是_____%？

（6）您家（或家庭农场、公司农场）劳动力的最高受教育程度是以下哪一种？_____

您家（或家庭农场、公司农场）主要从事农业的劳动力最高受教育程度是以下哪一种？_____（受教育程度，以实际受过的最高教育为准，含未毕业）

①不识字　②小学　③初中　④高中　⑤中专/技校和大专　⑥大学本科及以上

如果您家不是公司农场，请继续。如果您家是公司农场，请直接转入第5题。

（7）除您和农业生产决策者外，您家有村干部吗_____？

①有　②没有

（8）今年如果您家有劳动力在外地务工，请问有_____人，平均在外务工时间大约为_____个月，平均月工资大约为_____元。

4. 请问您家去年人均纯收入大约_____元；（纯收入：近似指一年的所有收入减去产生这些收入的成本或家庭经营费用性支出等。人均纯收入指的是按人口平均的纯收入）与当地农户人均纯收入相比，去年您家人均纯收入属于以下哪种？_____（此处括弧中的数据仅供判断时参考，非严格精确数据）

①明显较低（不足当地人均纯收入的80%）　②大致相当（约81%—120%）

③较高但低于当地农户人均纯收入的2倍（约121%—180%）

④相当于当地农户人均纯收入的2倍以上（超过180%）

5. 您家（或家庭农场、公司农场）收入情况：

（1）去年您家（或家庭农场、公司农场）的全部收入主要来自：_____今年您家（或家庭农场、公司农场）的全部收入主要来自_____。

①农业　②非农经营或就业（可将农家乐等休闲观光农业归入非农经营或就业）

（2）去年您家（或家庭农场、公司农场）收入最多的来源渠道是以下哪一种？_____占您家（或家庭农场、公司农场）全部收入的比重大约是_____%；收入次多的来源渠道是以下哪种？_____占您家（或家庭农场、公司农场）全部收入的比重大约是_____%。

收入来源备选答案：①种植业　②养殖业（包括畜牧业和水产养殖）　③林业　④提供农业服务的收入（如机耕机收服务、农产品经纪人等）　⑤农家乐（采摘、住宿、饮食等，包括为农家乐和自家用的少量种养业）　⑥经商办企业收入　⑦工资性收入（含到农业企业打工收入）　⑧财产性收入（含土地流转收入、财产投资收入等）和转移性收入（含来自政府补贴的收入和亲朋好友馈赠等）　⑨其他（请注明）_____

（3）今年您家（或家庭农场、公司农场）收入最多的来源渠道是以上哪一种？_____占您家（或家庭农场、公司农场）全部收入的比重大约是_____%；收入次多的来源渠道是以上哪种？_____占您家（或家庭农场、公司农场）全部收入的比重大约是_____%。

（4）与去年相比，您家（或家庭农场、公司农场）今年的政府补贴收入属于以下哪种情况？_____

①有明显增加　②略有增加　③差不多　④略有减少　⑤有明显减少　⑥近年来没有获得政府补贴

6. 目前您家（或家庭农场、公司农场）承包耕地面积_____亩；抛荒耕地面积_____亩；承包山地（非耕地）面积_____亩。

去年您家（或家庭农场、公司农场）农作物实际耕种面积_____亩，今年实际耕种面积_____亩。（注：此题的耕种面积并不是指播种面积，即不考虑复种指数，种1季或2季及以上的，均按1季计算）

7. 如果您家（或家庭农场、公司农场）通过土地流转转入过耕地，请回答本题。

如果没有转入过耕地，请转入第 8 题：

（1）到去年为止，您家（或家庭农场、公司农场）共通过土地流转转入耕地_____亩，最早是从_____年开始流转入，这些转入的耕地平均转入时间大约为_____年。

（2）您家（或家庭农场、公司农场）去年转入耕地的租金情况是按现金计算还是按实物计算？_____（如按现金计算，请回答 A；如按实物计算，请回答 B。如既有按现金计算又有按实物计算，请选主要的）

A. 您家（或家庭农场、公司农场）去年转入耕地的平均租金是_____元/亩；耕地转入租金确定后一般_____年内保持不变（如不同地块不同，请填主要的）；以后每隔_____年再提高_____%，或再提高_____元/亩（如不提高，请填0）。

B. 您家（或家庭农场、公司农场）去年转入耕地的平均租金是_____斤/亩_____（实物名称），今年转入耕地的平均租金是_____斤/亩_____；耕地转入租金确定后一般_____年内保持不变（如不同地块不同，请填主要的）；以后每隔_____年再提高_____%，或再提高_____斤/亩_____实物名（如不提高，请填0）。

（3）您家（或家庭农场、公司农场）今年是否有新增转入耕地？_____①是　②否

如果有新增转入耕地，请问转入面积_____亩，平均租金是_____元/亩或_____斤/亩。如无请空置。

（4）近年您家（或家庭农场、公司农场）转入耕地时，与耕地相关的农业补贴（如种粮补贴，农资综合补贴等）归谁？　①耕地转入者（您家或公司农场）　②耕地转出者　③其他（请说明）

（5）您家（或家庭农场、公司农场）目前已经转入耕地的主要来源属于以下哪种情况？（单选，请选最主要）

①本村一般农户　②本村亲友　③本村集体　④村外亲友　⑤村外一般农户　⑥外村集体　⑦其他（请注明）_____

（6）近年来您家（或家庭农场、公司农场）主要通过哪种方式转入耕地？_____

①与农户签订正式合同或协议　②与农户口头协议　③与乡村集体签订正式合同或协议　④与乡村集体口头协议　⑤其他（请注明）_____

（7）近年来您家（或家庭农场、公司农场）转入耕地的主要原因是什么？_____（单选，请填最主要的）

①家庭劳动力多　②为扩大专业化种植规模　③亲友委托耕种　④耕地转入价格便宜或可无偿耕种　⑤地荒了可惜　⑥其他（请注明）_____

（8）请问目前您家（或家庭农场、公司农场）已转入的耕地主要用于以下哪些用途？

第一主要用途是_____，第二主要用途是_____。

①种植粮食作物　②种植经济作物　③发展养殖业　④发展农家乐或休闲观光农业　⑤其他（请注明）_____　⑥无

（9）您家（或家庭农场、公司农场）明年还准备增加转入耕地吗？_____　①是　②否

如果是，请问您家（或家庭农场、公司农场）明年准备转入耕地主要用于上述哪些用途？（请从上题的选项中选择）

第一主要用途是_____，第二主要用途是_____。

8. 如果您家不是公司农场，请回答本题。如果您家是公司农场或工商资本投资农业，请跳过本题。如果您家通过土地流转转出过耕地，请继续回答该题。如果没有转出过耕地，请转入第9题（注：本题中转出耕地的情况不包括乡村建设征地）。

（1）到去年为止，您家共通过土地流转转出耕地_____亩，最早是从_____年开始流转出，这些转出的土地平均转出时间大约为_____年。

（2）您家转出耕地的租金情况是按现金计算还是按实物计算？_____（如按现金计算，请回答A；如按实物计算，请回答B。如果两种方式都有，请填写主要的）

A. 您家去年转出耕地的平均租金是_____元/亩；耕地转出租金

确定后一般_____年_____内保持不变（如不同地块不同，请填主要的）；以后每隔_____年再提高_____%，或再提高_____元/亩（如不提高，请填写0）。

B. 您家去年转出耕地的平均租金是_____斤/亩_____（实物名称），今年转出耕地的平均租金是_____斤/亩_____（实物名称）；耕地转出租金确定后一般_____年内保持不变（如不同地块不同，请填主要的）；以后每隔_____年再提高_____%，或再提高_____斤/亩_____实物名（如不提高，请填写0）。

（3）您家今年新增流转出耕地吗？_____①是　②否

如果转出，请问转出耕地面积_____亩，平均租金是_____元/亩或_____斤/亩_____（实物名称）。

（4）近年您家转出耕地的主要原因是什么？_____（单选）

①劳动力少，种不过来　②种田太辛苦或不愿从事农业　③外出打工　④转向农村非农经营或就业　⑤获得土地流转收益比自己耕种更划算　⑥服从乡村统一规划　⑦种田能保证自家主要农产品消费就行⑧其他（请注明）_____

（5）您家转出耕地主要转给以下哪种组织？_____（单选）

①龙头企业　②农民合作社　③一般农户　④专业大户或家庭农场（包括科技示范户）　⑤投资农业的工商资本（不包括龙头企业）⑥其他（请注明）_____

（6）您家目前已转出耕地租金的主要支付方式是以下哪一种？_____（单选）

①每年生产周期前支付　②每年生产周期中间支付　③每年生产周期末支付　④签订合同时支付　⑤合同执行期满时支付　⑥合同执行中期支付　⑦不定期支付　⑧其他（请注明）_____

（7）根据近年来的观察，您家对转出耕地的权益保障有无担心？_____

①有　②无

如果有，最大的担心_____，第二大担心_____。

①耕地流转价格太低　②耕地流转价格不能水涨船高　③耕地流转价格不一定能兑现　④耕地流转价格太高，难长久　⑤耕地流转价格上

涨太快　⑥耕地流转价格波动太大　⑦其他（请注明）_____

（8）在未来两三年里，您家将以何种方式经营您家的承包地？_____

①全部自己经营　②部分自己经营，其余流转出去　③部分自己经营，部分抛荒　④全部抛荒　⑤全部流转出去　⑥无偿转给亲戚朋友经营　⑦其他（请注明）_____

（9）近年来您家主要通过哪种方式转出耕地？_____

①签订合同或协议　②口头协议　③根据乡村集体安排　④其他（请注明）_____

9. 如果您家（或家庭农场、公司农场）从事粮食生产，请继续回答本题。如果没有从事粮食生产，请转入第10题。

（1）今年您家（或家庭农场、公司农场）用于粮食生产的耕地面积共_____亩，粮食作物的最主要品种是（按种植面积衡量）_____？该粮食作物对外销售占比约为_____％。

①稻谷　②小麦　③玉米　④豆类　⑤薯类和杂粮

（2）今年您家（或家庭农场、公司农场）粮食作物单产属于以下哪种情况？_____

①低于本地粮食平均单产20％以上　②低于本地粮食平均单产5％—20％　③与本地粮食平均单产相近（比本地粮食平均单产高、低不超过5％）　④高于本地粮食平均单产5％—20％　⑤高于本地粮食平均单产20％以上

（3）今年您家（或家庭农场、公司农场）粮食作物每亩成本（包括人工成本）属于以下哪种情况？_____

①低于本地粮食平均亩成本20％以上　②低于本地粮食平均亩成本5％—20％　③与本地粮食平均亩成本相近（比本地粮食平均亩成本高、低不超过5％）　④高于本地粮食平均亩成本5％—20％　⑤高于本地粮食平均亩成本20％以上

10. 除粮食外，您家（或家庭农场、公司农场）种植的最主要农作物是以下哪一类_____？这种农作物对外销售占比约为_____％。

①棉花、油菜籽、糖料　②蔬菜、花卉　③果树　④中药材　⑤农家乐或休闲观光型种植　⑥无　⑦其他（请注明）_____

11. 如果有对外销售，您家（或家庭农场、公司农场）生产的农产品主要采取下列哪些方式销售？

最主要的方式_____，第二主要的方式_____。

①自己到市场上销售　②由消费者、收购商到家里收购　③由村集体统一组织销售　④由专业合作社组织统一销售　⑤由签过协议的企事业单位统一收购　⑥网络或电子商务　⑦通过经纪人或协会等中介来销售　⑧农家乐或乡村旅游　⑨其他（请注明）_____

12. 目前您家（或家庭农场、公司农场）选择种植品种的主要依据（按重要程度最多选两项）：

第一依据_____；第二依据_____。

①自食需要　②传统习惯　③种植简单方便，需要劳动力少　④打发时间　⑤效仿别人　⑥不同产品的比较收益　⑦绝对收益（销售价格和成本）⑧政府　⑨其他（请注明）_____

13. 如果您家（或家庭农场、公司农场）从事畜牧业，请继续回答本题。如果没有从事畜牧业，请转入第14题。

（1）您家（或家庭农场、公司农场）畜牧业的主要饲养品种是以下哪一种？_____

①家禽　②猪　③牛羊或大牲畜　④珍稀或特种动物养殖　⑤其他（请注明）_____

（2）您家（或家庭农场、公司农场）畜牧业最主要饲养品种的饲养规模是以下哪一种？_____

①家庭副业式饲养　②专业饲养，但低于30只（头）　③50—100只（头）以下　④100—500只（头）以下　⑤500只（头）—1000只（头）　⑥1000只（头）以上

（3）您家（或家庭农场、公司农场）畜牧业的主要饲养方式是以下哪一种？_____

①家庭散养　②圈养　③草场牧养　④圈养和牧养结合，但牧养为主　⑤圈养和牧养结合，但圈养为主

14. 如果您家是农户或家庭农场，请继续回答本题；如果是公司农场，请转入第15题。

（1）您家是否被当地政府评定为家庭农场_____？①是　②否

（2）如果已被评定为家庭农场，那么你觉得这对你有什么好处？

最主要的好处是_____，第二主要的好处是_____。

①可以获得国家的政策支持（不包括财政补贴）　②可以获得政府财政补贴　③可以更好从事农业生产经营　④可以更好地扩大经营规模　⑤有利于打造农产品品牌　⑥有利于解决家庭劳动力就业问题　⑦其他（请注明）_____

（3）您家如果未被评定为家庭农场，您是否有努力成为家庭农场的打算？

①有　②没有

如果有，那么你觉得这对你有什么好处？（注意本题与（2）重点不同）

最主要的好处是_____，第二主要的好处是_____。

①可以获得国家的政策支持（不包括财政补贴）　②可以获得政府财政补贴　③可以更好地从事农业生产经营　④可以更好地扩大经营规模　⑤有利于打造农产品品牌　⑥有利于解决家庭劳动力就业问题　⑦其他（请注明）_____

若没有兴趣成立家庭农场，主要有哪些原因？_____最主要的原因是_____，第二主要的原因是_____。

①现在的经营方式挺好，没有必要搞家庭农场　②对相关政策不了解　③融资或扩大资金投入比较困难　④家里劳动力比较缺乏　⑤生产技术问题不好解决　⑥对经营农业不感兴趣　⑦农业经营风险太大　⑧政策支持力度太小或难以获得政策支持　⑨流转土地比较困难　⑩其他（请注明）_____

15. 您家（或家庭农场、公司农场）从事农业生产经营的主要目的是以下哪两种？（最多填写两种）

最主要目的是_____，第二主要目的是_____。

①通过销售农产品或经营农业获得经济收入　②满足自家农产品消费需求（吃粮吃菜吃肉等）　③保障自家消费的农产品安全、放心（如不存在农药污染等）　④如果不做农业就没什么可做的，其他不会或不熟悉　⑤通过农业打发时间。如现在做农业也不累，做做事不容易

生病　⑥喜欢农业的生产方式和农村生活方式，或搞农业新鲜、时髦、有品位　⑦搞农业比搞其他产业容易赚钱　⑧搞农业有利于发展农家乐或乡村旅游　⑨其他（请注明）_____

16. 您家（或家庭农场、公司农场）在农业生产经营中遇到的最主要困难是以下哪两种（最多填两项）？

第一大主要困难是_____，第二大主要困难是_____。

①农忙季节劳动力紧张　②难以买到安全、高效的化肥、农药和饲料　③化肥、农药、良种等农资价格太贵或波动太大　④农产品销售困难　⑤农产品储藏、保鲜困难或损失较大　⑥农作物病虫害或动物疫病防治难　⑦获得技术、品种和市场信息难　⑧资金周转困难　⑨水利等基础设施条件太差　⑩其他（请说明）_____

17. 关于农业产中环节的生产经营服务，请回答下表：

产中的生产经营服务类型	有无接受该项服务？（代码1）	对当前服务供给的满意程度？（代码2）	当前获得这些服务的主要信息来源是哪一种？（代码3）	对未来服务需求的强烈程度？（代码4）
（1）农田灌溉服务				
（2）施肥撒药服务				
（3）农业技术服务（技术指导、新技术推广）				

代码1（服务）：①有　②无

代码2（满意程度）：①不了解或未接触　②很满意　③满意　④一般或无所谓　⑤较不满意　⑥很不满意

代码3（主要信息来源）：①无　②邻里之间相互联系或亲戚朋友介绍　③专业合作社或专业协会　④村领导或村里公告　⑤政府部门或政府信息平台　⑥互联网　⑦电视、广播、报纸等　⑧上门服务　⑨其他

代码4（需求的强烈程度）：①很强烈　②强烈　③一般　④较不强烈　⑤较弱或没有需求

18. 如果接受过农业技术服务，请回答本题。如果没有接受过农业技术服务，请跳到19题。

获取农业技术服务的渠道情况：最主要渠道是_____，第二主要渠道是_____。

①地方政府部门、政府事业单位、村委会或村集体经济组织等

②农民合作社、农民专业协会或农产品行业协会

③科技示范户、示范农场或农业科技示范园

④涉农企业或农业产业化龙头企业

⑤市场化科技中介或服务机构

⑥大专院校、职业学校和科研院所

⑦农业公共创新中心或公共服务平台

⑧自学、自我研究或大众传媒

⑨其他（请注明）_____

19. 您家（或家庭农场、公司农场）在选择、采用农业新技术时，最关心哪两个问题？

第一关心_____；第二关心_____。

①节省成本 ②增加产量 ③提升农产品质量或特色 ④减少劳动量或省事 ⑤有利于改善环境 ⑥获得政府补贴 ⑦减少风险 ⑧新鲜、时髦 ⑨其他（请注明）_____

20. 您家（或家庭农场、公司农场）在购买良种或畜禽品种时，最看重以下哪两个因素？

第一看重_____，第二看重_____。

①品种价格 ②品种质量，包括性能的稳定性和抗灾能力等 ③品种生产的产品质量 ④品种生产产品的增产能力 ⑤政府提供品种补贴的多少 ⑥品种销售者提供的服务 ⑦品种销售者的品牌和可信度 ⑧其他（请说明）_____

21. 关于农业产业链的生产经营服务，请您根据您家（或家庭农场、公司农场）情况回答下表：

农业产业链的生产经营服务类型	有无接受该项服务？（代码1）	对当前服务供给的满意程度？（代码2）	当前获得这些服务的主要信息来源是哪一种？（代码3）	对未来服务需求的强烈程度？（代码4）
（1）化肥、农药等农资供应服务				

续表

农业产业链的生产经营服务类型	有无接受该项服务？（代码1）	对当前服务供给的满意程度？（代码2）	当前获得这些服务的主要信息来源是哪一种？（代码3）	对未来服务需求的强烈程度？（代码4）
（2）农畜产品简易加工、包装服务				
（3）农产品运输和销售服务				
（4）农产品储藏、保鲜服务（包括冷链物流等）				
（5）农产品质量检验检测服务				
（6）面向农业产业链的信息和咨询服务				
（7）农业电子商务服务				
（8）土地流转服务				

代码1（服务）：①有　②无

代码2（满意程度）：①不了解或未接触　②很满意　③满意　④一般或无所谓　⑤较不满意　⑥很不满意

代码3（主要信息来源）：①不了解或未接触　②邻里之间相互联系或亲戚朋友介绍　③专业合作社或专业协会　④村领导或村里公告　⑤政府部门或政府信息平台　⑥互联网　⑦电视、广播、报纸等　⑧上门服务　⑨各种广告　⑩其他

代码4（需求的强烈程度）：①很强烈　②强烈　③一般　④较不强烈　⑤较弱或没有需求

22. 您家（或家庭农场、公司农场）对金融服务，请回答下表：

金融服务的类型	有无接受该项服务？（代码1）	对当前服务供给的满意程度？（代码2）	对未来服务需求的强烈程度？（代码3）
（1）借款服务			

续表

金融服务的类型	有无接受该项服务？（代码1）	对当前服务供给的满意程度？（代码2）	对未来服务需求的强烈程度？（代码3）
（2）农业保险服务			
（3）投资和证券买卖服务			
（4）结算服务			
（5）担保服务			

代码1（服务）：①有　②无

代码2（满意程度）：①不了解或未接触　②很满意　③满意　④一般或无所谓　⑤较不满意　⑥很不满意

代码3（需求的强烈程度）：①很强烈　②强烈　③一般　④较不强烈　⑤较弱或没有需求

23. 当您家（或家庭农场、公司农场）生产经营遇到资金紧张时，较为可行的融资渠道：

第一可行的渠道是_____，第二可行的渠道是_____。

①亲朋好友或乡邻无息借款　②民间借贷（有息）　③高利贷（高于银行等金融机构利率4倍以上）　④向企业或大户借款　⑤银行或农村信用社等金融机构　⑥村镇银行等新型农村金融机构　⑦合作社　⑧村集体　⑨其他（请注明）_____

24. 如果接受过畜禽疫病防控服务，请回答本题：

（1）您家（或家庭农场、公司农场）的畜禽疫病防控服务主要是由以下哪个组织提供的？_____

①政府或乡村组织统防统治　②农业合作社组织　③龙头企业组织　④专业化、市场化防控企业　⑤综合性、市场化服务企业　⑥农户等微观主体自己处理　⑦其他（请注明）_____

（2）您家（或家庭农场、公司农场）对当前畜禽疫病防控服务供给的总体满意程度如何？_____

①很满意　②满意　③一般或无所谓　④较不满意　⑤很不满意

（3）您家（或家庭农场、公司农场）最需要以下哪两种服务组织提供畜禽疫病防控服务？

第一需要由_____提供，第二需要由_____提供。
①政府或乡村组织统防统治　②农业合作社组织　③龙头企业组织　④专业化、市场化防控企业　⑤综合性、市场化服务企业　⑥农户等微观主体自己处理　⑦其他（请注明）_____

（4）在畜禽疫病防控服务的方面，您（或家庭农场、公司农场）觉得目前最主要的问题是什么？_____
①缺少市场化服务组织　②防控成本太高　③防控技术缺乏　④防控难度越来越大　⑤统防统治欠缺，包括政府和合作社等方面　⑥防控病虫害与提高农产品质量面临两难选择　⑦其他（请注明）_____

25. 如果您家（或家庭农场、公司农场）接受过农产品流通服务，最好主要由以下哪两种服务组织提供？
第一需要由_____提供，第二需要由_____提供。
①政府或乡村集体统一提供　②农业合作社组织提供　③龙头企业提供　④市场化中介服务机构提供　⑤农产品市场提供　⑥农户等微观主体自己处理　⑦农产品加工企业提供　⑧农产品经纪人　⑨超市等大型零售商　⑩其他（请说明）_____

如果您家（或家庭农场、公司农场）从事种植业，请继续回答接下来的问题；如果您家没有从事种植业，问卷回答结束。

26. （1）您家（或家庭农场、公司农场）最早从_____年开始在_____（作物名）种植过程中使用农业机械，是哪些环节？_____（原则上单选，但若同时在多个环节使用农业机械，请多选）
①除草　②耕地　③排灌　④播种　⑤插秧　⑥施肥、撒药　⑦收割　⑧搬运　⑨以上两种或两种以上，请填写具体种类_____

（2）您家（或家庭农场、公司农场）相关的生产道路（农机作业前后需经过的道路）宽_____米，路面情况是以下哪一种？_____
①水泥　②柏油　③沙石　④泥巴　⑤其他（请注明）

（3）您所在村主要路面情况是_____①水泥　②柏油　③沙石　④泥巴　⑤其他（请注明）

（4）您所在村进村公路路面情况是以下哪一种_____？①水泥　②柏油　③沙石　④泥巴　⑤其他（请注明）

（5）您所在村的电力供应情况是以下哪一种_____①完全覆盖 ②部分覆盖，使用户数比例_____%

27. 您家（或家庭农场、公司农场）为什么使用农业机械，请选择最主要的原因是_____，第二主要的原因是_____。

①太累，减轻劳动强度　②弥补劳动力不足　③使用机械作业效率更高　④降低粮食或农产品损耗　⑤相比雇工而言，机械作业更加便宜　⑥保障农产品质量　⑦节约成本、提高收益　⑧其他（请注明）_____

28. 您家（或家庭农场、公司农场）拥有农业机械吗？_____（如没有，请转入第31题）

①有［请注明_____，如农用运输车、农用水泵、小型拖拉机（手扶）、小型拖拉机配套农具、农用排灌动力机械、耕整机、机动播种机、大中型拖拉机及配套农具、联合收割机等］　②没有

29. 你家（或家庭农场、公司农场）购买农业机械享受过国家或地方政府补贴吗？_____

①有，_____（请注明补贴项目、金额）　②没有

30. 您（或家庭农场、公司农场）是否了解农机补贴政策？_____①了解　②不了解

如果了解，您家（或家庭农场、公司农场）对当前农机补贴政策的评价如何_____？

第一主要的评价_____，第二主要的评价_____。

①补贴太多　②补贴太少　③比较合适　④补贴发放不够及时　⑤补贴领取手续太麻烦　⑥没有什么用，或跟我们没关系　⑦其他（请注明）_____

31. 关于农机服务，请根据您家（或家庭农场、公司农场）情况回答下表：

农机服务类型	是否接受过该项服务？（代码1）	对当前服务供给的满意程度？（代码2）	对未来服务需求的强烈程度？（代码3）
（1）机收机割服务			

续表

农机服务类型	是否接受过该项服务？（代码1）	对当前服务供给的满意程度？（代码2）	对未来服务需求的强烈程度？（代码3）
（2）机耕服务			
（3）机播服务			
（4）机插服务			
（5）机械排灌服务			
（6）机械施肥撒药服务			
（7）设施农业机械服务			

代码1（服务）：①有　②无

代码2（满意程度）：①不了解或未接触　②很满意　③满意　④一般或无所谓　⑤较不满意　⑥很不满意

代码3（需求的强烈程度）：①很强烈　②强烈　③一般　④较不强烈　⑤较弱或没有需求

32. 如果获得过农机服务，请回答。如没有获得农机服务，请转入第35题。

（1）您家（或家庭农场、公司农场）对服务质量评价较高的是由以下哪种组织提供的服务？

最高_____，第二高_____

（2）您家（或家庭农场、公司农场）对服务价格评价最满意的是以下哪种组织提供的服务？

最高_____，第二高_____

（3）您家（或家庭农场、公司农场）当前最需要以下哪两种组织提供的服务？

第一需要_____，第二需要_____

①家庭自我提供服务　②农户互助服务或周边农机较多、农机主要供自家使用的其他农户服务　③农机作业专业户、大户　④农机合作社　⑤土地等其他类型的农民合作组织　⑥乡村集体的农机服务队　⑦农机服务公司（企业）或农机服务超市　⑧涉农企业或农业产业化龙头企业　⑨农机服务志愿者　⑩其他（请注明）_____

(4) 当初在购买农机服务时第一看重_____，第二看重_____？

①购买价格 ②服务质量 ③服务效率 ④服务态度 ⑤提供的配套服务 ⑥服务的及时性 ⑦农机品牌 ⑧其他（请注明）_____

(5) 您家（或家庭农场、公司农场）是如何获取农机作业服务信息的？_____

①邻里之间相互联系 ②朋友介绍 ③农机合作社 ④土地合作社等其他类型的合作组织 ⑤政府信息平台 ⑥农机超市宣传 ⑦其他（请注明）_____

(6) 您家（或家庭农场、公司农场）对当前农机作业服务现实问题的评价是以下哪两种？

最主要的评价是：_____；第二主要的评价是：_____

①质量太差，包括机械作业带来的损失较大（如机收收不干净） ②成本太高或价格太贵 ③生产经营全过程配套性差（如机耕、机播、机收或机插等部分环节农机服务发展较好，有些重要环节发展严重滞后） ④供给太少或供应不及时、供给缺乏保障 ⑤总体不错或问题不大 ⑥较好或很好 ⑦其他（请说明）_____

33. 请您回忆一下近三年来您家（或家庭农场、公司农场）购买农机作业服务的价格、雇用人工的价格。（请填下表，单位：元/亩。如果有些地方按天计价，请大致折算为元/亩）

	插秧环节			收割环节		
	2013年	2012年	2011年	2013年	2012年	2011年
雇用人工进行插秧或收割的价格						
购买农机服务进行插秧或收割的价格						

34. 如果您家（或家庭农场、公司农场）种植了水稻，请回答本题；如果没有种植水稻，则转入第36题：

(1) 请问2013年水稻实际种植面积_____亩，平均地块面积

_____亩，水稻对外销售占比大约为_____%。

（2）种植水稻的这些地块的地貌特征：_____（请选最主要的）

①平原　②丘陵　③山区　④其他（请说明）_____

（3）种植水稻的这些地块有没有参加过土地调整项目？_____

①有，_____（请注明项目名称，如土地平整、合并、互换、中低产田改造等）　②没有

（4）种植水稻的这些地块有没有获得政府补贴？_____

①有，_____（请注明补贴项目、金额）　②没有

（5）您家（或家庭农场、公司农场）在种植水稻时使用了农业机械吗？_____

①使用　②没有使用

（6）如果您家（或家庭农场、公司农场）近两年种植水稻时使用了农业机械，请问主要在哪些环节使用？（请填下表，只需填写使用过农业机械的环节，其余可空置）

生产环节	机械作业面积（亩）	由谁提供的服务？（代码1）	以什么交易形式获取服务？（如前面回答"家庭自我提供服务"，此题不用作答）（代码2）	为什么要购买农机作业服务？（如前面回答"家庭自我提供服务"，此题空置）（单选）（代码3）
除草				
耕地				
排灌				
播种				
插秧				
施肥、撒药				
收割				
搬运				

代码1（提供者）：①家庭自我提供服务　②农户互助服务或周边农机较多、农机主要供自家使用的其他农户服务　③农机作业专业户、大户　④农机合作社　⑤土地等其他类型的农民合作组织　⑥乡村集体的农机服务队　⑦农机服务公司（企业）或农机服务超市　⑧涉农企

业或农业产业化龙头企业　⑨农机服务志愿者　　⑩其他（请注明）＿＿＿＿＿＿

　　代码2（交易形式）：①口头交易　②签订正规合同　③将土地托管给合作社　④其他（请注明）＿＿＿＿＿＿

　　代码3（购买原因）：①农忙时，自家机械忙不过来　②自己买机械不划算　③购买农机作业服务方便，自己不用操心　④劳动力不足　⑤其他（请注明）＿＿＿＿＿＿

　　36. 如果您家（或家庭农场、公司农场）种植了小麦，请回答本题；如果没有种植小麦，则转入第36题：

　　（1）请问2013年小麦实际种植面积＿＿＿＿＿＿亩，平均地块面积＿＿＿＿＿＿亩，小麦对外销售占比大约为＿＿＿＿＿＿%。

　　（2）种植小麦的这些地块的地貌特征：＿＿＿＿＿＿。（请选最主要的）

　　①平原　②丘陵　③山区　④其他（请说明）＿＿＿＿＿＿

　　（3）种植小麦的这些地块有没有参加过土地调整项目？＿＿＿＿＿＿

　　①有，＿＿＿＿＿＿（请注明项目名称，如土地平整、合并、互换、中低产田改造等）　②没有

　　（4）种植小麦的这些地块有没有获得政府补贴？＿＿＿＿＿＿

　　①有，＿＿＿＿＿＿（请注明补贴项目、金额）　②没有

　　（5）您家（或家庭农场、公司农场）在种植小麦时使用了农业机械吗？＿＿＿＿＿＿①使用　②没有使用

　　（6）如果您家（或家庭农场、公司农场）近两年种植小麦时使用了农业机械，请问主要在哪些环节使用？（请填下表，只需填写使用过农业机械的环节，其余可空置）

生产环节	机械作业面积（亩）	由谁提供的服务？（代码1）	以什么交易形式获取服务？（如前面回答"家庭自我提供服务"，此题不用作答）（代码2）	为什么要购买农机作业服务？（如前面回答"家庭自我提供服务"，此题空置）（单选）（代码3）
除草				
耕地				
播种				

续表

生产环节	机械作业面积（亩）	由谁提供的服务？（代码1）	以什么交易形式获取服务？（如前面回答"家庭自我提供服务"，此题不用作答）（代码2）	为什么要购买农机作业服务？（如前面回答"家庭自我提供服务"，此题空置）（单选）（代码3）
施肥、撒药				
收割				
搬运				

代码1（提供者）：①家庭自我提供服务　②农户互助服务或周边农机较多、农机主要供自家使用的其他农户服务　③农机作业专业户、大户　④农机合作社　⑤土地等其他类型的农民合作组织　⑥乡村集体的农机服务队　⑦农机服务公司（企业）或农机服务超市　⑧涉农企业或农业产业化龙头企业　⑨农机服务志愿者　⑩其他（请注明）_____

代码2（交易形式）：①口头交易　②签订正规合同　③将土地托管给合作社（全委托经营）　④其他（请注明）_____

代码3（购买原因）：①农忙时，自家机械忙不过来　②自己买机械不划算　③购买农机作业服务方便，自己不用操心　④劳动力不足　⑤其他（请注明）_____

37. 当地一般劳动力（普工）外出务工的大概收入：（按天计价，根据当地多数劳动力外出务工的大致情况推算，不需绝对准确）

2011年_____元，2012年_____元，2013年_____元

38. 当前您家（或家庭农场、公司农场）最需要哪种_____类型农业机械提供服务？（1千瓦=1.36马力）

①超大型农机（动力达100马力以上）　②大型农机（动力达50马力低于100马力）　③中型农机（动力在20马力以上50马力以下）　④小型和微型农机（动力在10马力以上20马力以下）　⑤微型农机（动力在10马力以下）

39.（1）您对您家（或家庭农场、公司农场）农机拥有状况的主要评价是以下哪一种？_____

（如果家里没有农机，也请回答本题）

①太少或没有，农忙季节严重不够　②较少，农忙季节仍然短缺　③供求差不多，问题不大　④较多，农机利用率较低，有些闲置浪费　⑤太多，农机利用率太低，闲置浪费严重　⑥部分农机利用率低、部分农机利用率高（请说明）　⑦其他（请注明）_____

（2）您对您家（或家庭农场、公司农场）所在村或附近村民组农机拥有状况的主要评价是以下哪一种？_____

如果您选择了农机利用率低（即选择了以上④、⑤、⑥之一），请问：

（3）您家（或家庭农场、公司农场）农机利用率低问题最严重的是以下哪一种？_____

①动力机械（请具体说明）　②配套机械（请具体说明）

（4）您家（或家庭农场、公司农场）所在村或附近村民组农机利用率低问题最严重的是以下哪一种？_____

①动力机械（请具体说明）　②配套机械（请具体说明）

半结构访谈问卷

访谈问卷一（针对服务供给主体）：

农机作业服务供给主体的半结构访谈问卷

1. 服务组织类型：

①农机专业户　②农机合作社　③土地等其他类型的农民合作组织　④农机服务公司（企业）或农机服务超市　⑤乡村集体的农机服务队　⑥涉农企业或农业产业化龙头企业

2. 自有农业机械情况：

2.1　类型：如农用运输车、农用水泵、小型拖拉机（手扶）、小型拖拉机配套农具、农用排灌动力机械、耕整机、机动播种机、大中型拖拉机及配套农具、联合收割机等

2.2 数量、功率、何时购买?

2.3 何处购买:政府农机经销部门、个人农机经销处、二手农机转让等

2.4 单价、资金来源:自有、民间借款、银行或信用社、补贴

2.5 有没有享受过国家或地方政府补贴?

3. 对外提供农机作业服务情况:

3.1 年限?主要在哪些环节提供?

①除草 ②耕地 ③排灌 ④播种 ⑤插秧 ⑥施肥、撒药 ⑦收割 ⑧搬运 ⑨其他

3.2 农机作业服务的作业环节先后顺序,有无规律?

3.3 作业范围主要是?

①本村 ②本镇 ③本县 ④本省跨地区服务 ⑤跨省作业

3.4 交易方式:租赁服务、订单服务、跨区作业、全委托经营

3.5 如何让农户了解您提供的服务?

①乡亲相互告知 ②主动上门介绍 ③通过村集体发布服务信息 ④通过合作组织发布服务信息

4. 内部利益分配机制:

4.1 成员之间的权利与义务、成本分摊和利润分配是如何规定的?

4.2 具体运行机制如何?

5. 农机使用中维修及零配件的购买和更换情况?是否方便?

6. 地方政府已提供了什么优惠政策?

基础建设经费补贴、购机补贴、购机贷款、燃油价格补贴、政府提供作业信息服务等

7. 面临哪些困难?希望地方政府提供什么帮助?

访谈问卷二(针对农业干部):

农业干部的半结构访谈问卷

一、农业产业发展的整体情况、存在的问题等。

二、农业产业发展中的财政投入、基础设施建设等。

三、县委、县政府以及综合部门对农业产业发展的思路、目标、定位、重点、空间布局等的想法或建议。

四、农业机械化发展基本情况，主要农作物的机械化率情况，差异及形成原因。

五、农机作业服务组织发展情况，各个组织之间的比较情况，优劣势情况。

六、农机作业服务发展中面临的问题及困境（普遍性问题及个别产业的特殊问题）。

七、有哪些相关支持政策，一般性及特殊的；支持的方式及相关政策实施的成效。

参考文献

[1] [俄] A. 恰亚诺夫：《农民经济组织》，萧正洪译，北京中央编译出版社1996年版。

[2] [美] 阿瑟·刘易斯：《二元经济论》，施炜等译，北京经济学院出版社1989年版。

[3] [英] 阿尔弗雷德·马歇尔：《经济学原理》，朱志泰、陈良璧译，商务印书馆2009年版。

[4] [美] 彼得·德鲁克：《大变革时代的管理》，赵干城译，上海译文出版社1999年版。

[5] 白人朴：《中国农业机械化与现代化》，中国农业科学技术出版社2002年版。

[6] 白人朴：《农业机械化与农民增收》，《农业机械学报》2004年第4期。

[7] 蔡昉：《被世界关注的中国农民工——论中国特色的尝试城市化》，《国际经济评论》2010年第2期。

[8] 蔡键、唐忠：《华北平原农业机械化发展及其服务市场形成》，《改革》2016年第10期。

[9] 曹阳：《社会化服务带动现代农业发展》，《农机市场》2018年第11期。

[10] 陈锡文、陈昱阳、张建军：《中国农村人口老龄化对农业产出影响的量化研究》，《中国人口科学》2011年第2期。

[11] 陈锡文：《构建新型农业经营体系，加快发展现代农业步伐》，《经济研究》2013年第2期。

[12] 陈晓华：《大力培育新型农业经营主体——在中国农业经济学年会上的致辞》，《农业经济问题》2014 年第 1 期。

[13] 陈立：《对农业机械化问题初步的系统分析》，《农业经济丛刊》1980 年第 12 期。

[14] 陈春生：《中国农户的演化逻辑与分类》，《农业经济问题》2007 年第 11 期。

[15] 陈江：《清代经济增长轨迹试析》，《思想战线》1991 年第 6 期。

[16] 陈义媛：《资本主义式家庭农场的兴起与农业经营主体分化的再思考——以水稻生产为例》，《开放时代》2013 年第 4 期。

[17] 陈义媛：《农业技术变迁与农业转型：占取主义/替代主义理论述评》，《中国农业大学学报》（社会科学版）2019 年第 2 期。

[18] 陈义媛：《中国农业机械化服务市场的兴起：内在机制及影响》，《开放时代》2019 年第 3 期。

[19] 陈卫平：《中国农业生产率增长、技术进步与效率变化：1990—2003 年》，《中国农村观察》2006 年第 1 期。

[20] 陈胜祥：《分化与变迁：转型期农民土地意识研究》，经济管理出版社 2010 年版。

[21] 陈靖、冯小：《农业转型的社区动力及村社治理机制——基于陕西 D 县河滩村冬枣产业规模化的考察》，《中国农村观察》2019 年第 1 期。

[22] 陈吉元、韩俊：《邓小平的农业"两个飞跃"思想与中国农村改革》，《中国农村经济》1994 年第 10 期。

[23] 陈吉元、彭建强、周文斌：《21 世纪中国农业与农村经济》，河南人民出版社 2009 年版。

[24] 陈超、周宏、黄武：《论农业产业化过程中龙头企业的创新》，《农业经济问题》2002 年第 5 期。

[25] 陈剑平、吴永华：《以现代农业综合体建设加快我国农业发展方式转变》，《农业科技管理》2014 年第 5 期。

[26] 陈孝树：《农机合作社是农机服务的发展模式》，《农机科技推广》2004 年第 12 期。

[27] 陈宝峰、白人朴、刘广利：《影响山西省农机化水平的多因素逐

步回归分析》，《中国农业大学学报》2005 年第 4 期。
[28] 陈永杰：《工业化、信息化、城镇化、农业现代化同步发展战略》，《经济研究参考》2013 年第 68 期。
[29] 陈宏伟、穆月英：《农业生产性服务的农户增收效应研究——基于内生转换模型的实证》，《农业现代化研究》2019 年第 3 期。
[30] 曹建华等：《农村土地流转的供求意愿及其流转效率的评价研究》，《中国土地科学》2007 年第 5 期。
[31] 曹五一：《总供需平衡分析的若干理论问题》，《经济学家》1994 年第 2 期。
[32] 党国英：《当前中国农村改革的再认识》，《学术月刊》2017 年第 4 期。
[33] 杜鹰：《小农生产与农业现代化》，《中国农村经济》2018 年第 10 期。
[34] 杜志雄：《农业生产性服务业发展的瓶颈制约：豫省例证与政策选择》，《东岳论丛》2013 年第 1 期。
[35] 杜志雄、王新志：《加快家庭农场发展的思考与建议》，《中国合作经济》2013 年第 8 期。
[36] 杜志雄、金书秦：《中国农业政策新目标的实现路径》，《中国经济时报》2016 年 5 月 13 日。
[37] 杜志雄：《家庭农场是乡村振兴战略中的重要生产经营主体》，《农村工作通讯》2018 年第 4 期。
[38] 董欢、郭晓鸣：《新型城镇化与农业现代化：第一代农民工的转移取向及其多元影响》，《人口与发展》2013 年第 6 期。
[39] 董欢、郭晓鸣：《生产性服务与传统农业：改造抑或延续？——基于四川省 501 份农户家庭问卷的分析》，《经济学家》2014 年第 6 期。
[40] 董欢：《农地承包经营权有偿退出的现实合理性及可行性分析——基于农业转型、新型城镇化和乡村治理视角的考察》，《复旦学报》2017 年第 4 期。
[41] 董欢、郭晓鸣：《传统农区"老人农业"的生成动因与发展空间》，《中州学刊》2015 年第 9 期。

［42］董洁芳、李斯华：《我国农机作业服务主体发展现状及趋势分析》，《中国农机化学报》2015 年第 11 期。

［43］董亚珍、鲍海军：《家庭农场将成为中国农业微观组织的重要形式》，《社会科学战线》2009 年第 10 期。

［44］董涵英：《对农业机械化问题的一些思索》，《中国农村经济》1987 年第 6 期。

［45］［德］弗里德里希·恩格斯：《法德农民问题》，载马克思、恩格斯《马克思恩格斯全集》第 22 卷，人民出版社 1974 年版。

［46］冯小：《新型农业经营主体培育与农业治理转型——基于皖南平镇农业经营制度变迁的分析》，《中国农村观察》2015 年第 2 期。

［47］冯小：《农业转型中家庭农业的分化与农利再分配——以 T 镇的农业转型道路为考察对象》，《南京农业大学学报》（社会科学版）2016 年第 2 期。

［48］傅泽田、穆维松：《农机动力总量分析模型在农业机械化系统分析中的应用》，《中国农业大学学报》1998 年第 6 期。

［49］傅泽田：《农村劳动力剩余与农业机械化》，《北京农业工程大学学报》1998 年第 4 期。

［50］高强、孔祥智：《我国农业社会化服务体系演进轨迹与政策匹配：1978—2013 年》，《改革》2013 年第 4 期。

［51］高梦滔、张颖：《小农户更有效率？——八省农村的经验证据》，《统计研究》2006 年第 8 期。

［52］郭晓鸣：《中国现代农业发展战略选择研究》，《理论与改革》2007 年第 5 期。

［53］郭晓鸣、董欢：《新生代农民工融入城市的障碍分析与思考》，《学习论坛》2011 年第 4 期。

［54］郭晓鸣：《中国粮食安全的远忧与近虑》，《农村经济》2013 年第 2 期。

［55］郭晓鸣：《推进土地流转与适度规模经营需要高度关注四个问题》，《农村经营管理》2014 年第 11 期。

［56］郭晓鸣：《家庭农场：特征、问题及发展对策》，《中国乡村发现》2014 年第 12 期。

[57] 郭晓鸣、董欢：《西南地区粮食经营的现代化之路——基于崇州经验的现实观察》，《中国农村经济》2014 年第 7 期。

[58] 郭晓鸣、任永昌、廖祖君、王小燕：《农业大省农业劳动力老龄化的态势、影响及应对——基于四川省 501 个农户的调查》，《财经科学》2014 年第 4 期。

[59] 郭晓鸣：《中国农地制度改革的若干思考》，《社会科学战线》2018 年第 2 期。

[60] 郭苏荨：《创新农业经营方式的有益尝试——山西省晋中市农村土地托管调查与思考》，《山西农经》2015 年第 5 期。

[61] 郭景润：《英国早期现代化进程中的农民分化问题研究》，硕士学位论文，武汉大学，2005 年。

[62] 龚为纲、黄娜群：《农业转型过程中的政府与市场——当代中国农业转型过程的动力机制分析》，《南京农业大学学报》（社会科学版）2016 年第 2 期。

[63] 关凤利：《我国农业生产性服务业的发展对策》，《经济纵横》2010 年第 4 期。

[64] 关锐捷：《构建新型农业社会化服务体系初探》，《农业经济问题》2012 年第 4 期。

[65] 顾海英：《关于上海松江区发展家庭农场的思考》，《科学发展》2013 年第 12 期。

[66] 韩俊：《"十二五"时期我国农村改革发展的政策框架与基本思路》，《改革》2010 年第 5 期。

[67] 韩俊：《农业经营规模不是越大越好》，《农村工作通讯》2013 年第 4 期。

[68] 韩俊：《农业改革须以家庭经营为基础》，《经济日报》2014 年 8 月 7 日。

[69] 韩俊：《准确把握土地流转需要坚持的基本原则》，《农民日报》2014 年 10 月 22 日。

[70] 韩俊：《供给侧结构性改革是塑造中国农业未来的关键之举》，《人民日报》2017 年 2 月 6 日。

[71] 韩坚、尹国俊：《农业生产性服务业：提高农业生产效率的新途

径》,《学术交流》2006年第11期。

[72] 韩朝华:《个体农户和农业规模化经营:家庭农场理论评述》,《经济研究》2017年第7期。

[73] 何秀荣:《公司农场:中国农业微观组织的未来选择?》,《中国农村经济》2009年第11期。

[74] 何秀荣:《关于我国农业经营规模的思考》,《农业经济问题》2016年第9期。

[75] 贺雪峰、董磊明:《农民外出务工的逻辑与中国的城市化道路》,《中国农村观察》2009年第2期。

[76] 贺雪峰:《当下中国亟待培育新中农》,《人民论坛》2012年第5期。

[77] 贺雪峰、印子:《"小农经济"与农业现代化的路径选择——兼评农业现代化激进主义》,《政治经济学评论》2015年第2期。

[78] 黄季焜:《新时期中国农业发展:机遇、挑战和战略选择》,《中国科学院院刊》2013年第3期。

[79] 黄少安:《关于制度变迁的三个假说及其验证》,《中国社会科学》2000年第4期。

[80] 华鸣:《农民选择机械作业的社会经济动因》,《山西农机》1997年第9期。

[81] 胡瑞法、黄季焜:《农业生产投入要素结构变化与农业技术发展方向》,《中国农村观察》2001年第11期。

[82] 胡瑞法、黄季焜:《从耕地和劳动力资源看中国农业技术构成和发展》,《科学对社会的影响》2002年第2期。

[83] 胡雪枝、钟甫宁:《农村人口老龄化对粮食生产的影响——基于农村固定观察点数据的分析》,《中国农村经济》2012年第7期。

[84] 侯方安:《农业机械化推进机制的影响因素分析及政策启示——兼论耕地细碎化经营方式对农业机械化的影响》,《中国农村观察》2008年第5期。

[85] [加]赫伯特·G.格鲁伯、迈克尔·A.沃克:《服务业的增长:原因与影响》,陈彪如译,上海三联书店1993年版。

[86] [美]黄宗智:《长江三角洲小农家庭与乡村发展》,中华书局

2000年版。

[87] ［美］黄宗智：《中国农业隐形革命》，中国政法大学出版社2010年版。

[88] ［美］黄宗智：《中国新时代的小农场及其纵向一体化：龙头企业还是合作组织》，《中国乡村研究》2010年第2期。

[89] ［美］黄宗智：《"家庭农场"是中国农业的发展出路吗?》，《开放时代》2014年第2期。

[90] 纪月清：《我国农户农机需求及其结构研究》，《农业技术经济》2013年第7期。

[91] 简新华、杨冕：《从"四化同步"到"五化协调"》，《武汉大学学报》（哲学社会科学版）2013年第6期。

[92] 姜长云：《农村非农化过程中农户（农民）分化的动态考察——以安徽省天长市为例》，《中国农村经济》1995年第9期。

[93] 姜长云：《着力发展面向农业的生产性服务业》，《农村工作通讯》2010年第22期。

[94] 姜长云：《转型发展：中国"三农"新主题》，安徽人民出版社2011年版。

[95] 姜长云：《农业生产性服务业发展的模式、机制与政策研究》，《经济研究参考》2011年第51期。

[96] 姜长云：《农业产中服务需要重视的两个问题》，《宏观经济管理》2014年第10期。

[97] 姜长云：《支持新型农业经营主体要有新思路》，《中国发展观察》2014年第9期。

[98] 姜长云、张藕香、洪群联：《农机服务组织发展的新情况、新问题及对策建议》，《全球化》2014年第12期。

[99] 姜长云：《关于发展农业生产性服务业的思考》，《农业经济问题》2016年第5期。

[100] 姜长云等：《多维视角下的加快转变农业发展方式研究》，中国社会科学出版社2017年版。

[101] 姜松、曹峥林、刘晗：《农业社会化服务对土地适度规模经营影响及比较研究——基于CHIP微观数据的实证》，《农业技术经

济》2016 年第 11 期。

[102] 蒋三庚：《现代服务业研究》，中国经济出版社 2007 年版。

[103] 纪月清、刘迎霞、钟甫宁：《家庭难以搬迁下的中国农村劳动力迁移》，《农业技术经济》2010 年第 11 期。

[104] 纪永茂、陈永贵：《专业大户应该成为建设现代农业的主力军》，《中国农村经济》2007 年（专刊）。

[105] 孔祥利、赵娜：《农业转型：引入土地制度变迁的生产函数重建》，《厦门大学学报》（哲学社会科学版）2018 年第 5 期。

[106] ［德］卡尔·马克思：《资本论》（第 1 卷），人民出版社 2004（1867）年版。

[107] ［德］卡尔·马克思、弗里德里希·恩格斯：《马克思恩格斯全集》第 36 卷，人民出版社 1974 年版。

[108] ［德］卡尔·马克思、弗里德里希·恩格斯：《马克思恩格斯选集》第 1 卷，人民出版社 2012 年版。

[109] ［德］卡尔·考茨基：《土地问题》，梁琳译，生活·读书·新知三联书店 1955（1899）年版。

[110] ［英］卡尔·波兰尼：《大转型：我们时代的政治与经济起源》，冯钢等译，浙江人民出版社 2007 年版。

[111] 匡远配、陆钰凤：《农地流转实现农业、农民和农村的同步转型了吗？》，《农业经济问题》2016 年第 11 期。

[112] ［美］兰斯·戴维斯、道格拉斯·诺斯：《制度变迁的理论：概念与原因》，载［美］罗纳德·H. 科斯、阿曼·阿尔钦、道格拉斯·诺斯（编）《财产权利与制度变迁——产权学派与新制度学派论文集》，刘守英译，上海三联出版社 1994 年版。

[113] ［俄］列宁：《论合作制》，载《列宁选集》第 4 卷，人民出版社 1972 年版。

[114] ［俄］列宁：《俄国资本主义的发展》，人民出版社 1984 年版。

[115] 李秉龙、薛兴利：《农业经济学》，中国农业大学出版社 2009 年版。

[116] 李国祥：《中央 1 号文件：改革创新驱动现代农业》，《中国青年报》2015 年 2 月 9 日第 2 版。

[117] 李厚廷：《问题与出路：后发地区农村生产力发展研究》，中国经济出版社 2008 年版。

[118] 李显刚：《现代农机专业合作社是创新农业经营主体的成功探索》，《农业经济问题》2013 年第 9 期。

[119] 李庆东：《农机化对农业经济发展影响程度的分析》，《数理统计与管理》1994 年第 1 期。

[120] 李立辉、杨清、吴谷丰、赵耀：《农业机械化技术经济效益评价》，《农业技术经济》2001 年第 1 期。

[121] 李刚：《走绿色农业道路，发展低碳农机》，《中国农机化》2011 年第 6 期。

[122] 李炳坤：《发展现代农业与龙头企业历史责任》，《农业经济问题》2006 年第 9 期。

[123] 李登旺、王颖：《土地托管：农民专业合作社的经营方式创新及动因分析——以山东省嘉祥县为例》，《农村经济》2013 年第 8 期。

[124] 李宽、曹珍：《实践中的适度规模：基于村庄公平的视角——以上海松江区林村家庭农场为例》，《农村经济》2014 年第 2 期。

[125] 李春海：《新型农业社会化服务体系框架及其运行机理》，《改革》2011 年第 10 期。

[126] 林毅夫：《制度、技术与中国农业发展》，格致出版社 1992 年版。

[127] 林毅夫、蔡昉、李周：《中国的奇迹：发展战略与经济改革》，上海人民出版社 1999 年版。

[128] 林毅夫：《经济能否成功转型，农业现代化是关键》，《中华工商时报》2018 年 5 月 29 日第 3 版。

[129] 林本喜、邓衡山：《农业劳动力老龄化对土地利用效率影响的实证分析——基于浙江省农村固定观察点数据》，《中国农村经济》2012 年第 4 期。

[130] 林辉煌：《江汉平原的农民流动与阶层分化：1981～2010——以湖北曙光村为考察对象》，《开放时代》2012 年第 3 期。

[131] 刘军强、鲁宇、李振：《积极的惰性——基层政府产业结构调整

的运行机制分析》,《社会学研究》2017 年第 5 期。

[132] 刘峰涛、王鲁梅:《农业机械化外部性的经济分析及其政策阐释》,《中国农机化》2005 年第 4 期。

[133] 刘霞辉:《供给侧的宏观经济管理——中国视角》,《经济学动态》2013 年第 10 期。

[134] 刘运梓、宋养琰:《农业机械化是农业现代化的核心和基本内容吗?》,《社会科学辑刊》1980 年第 4 期。

[135] 刘卓、李成华:《我国农机服务组织模式现状及发展趋势分析》,《农机化研究》2008 年第 11 期。

[136] 刘传江:《世界农业经营规模:变迁、现实、政策与启示》,《经济评论》1997 年第 5 期。

[137] 刘雨松:《土地细碎化对农户购买农机作业服务的影响分析》,硕士学位论文,西南大学,2014 年。

[138] 刘凤芹:《农业土地规模经营的条件与效果研究:以东北农村为例》,《管理世界》2006 年第 9 期。

[139] 罗必良:《经济组织的制度逻辑——一个理论框架及其对中国农民经济组织的应用研究》,山西经济出版社 2000 年版。

[140] 罗必良:《论服务规模经营——从纵向分工到横向分工及连片专业化》,《中国农村经济》2017 年第 11 期。

[141] 罗必良:《现代农业发展理论:逻辑线索与创新路径》,中国农业出版社 2009 年版。

[142] 罗必良、胡新艳:《农业经营方式转型:已有试验及努力方向》,《农村经济》2016 年第 1 期。

[143] 罗象谷:《农业机械化是农业的根本出路吗?》,《中国农村经济》1985 年第 7 期。

[144] 路江涛:《小麦跨区机收对我国农业机械化发展的影响》,《农业现代化研究》2000 年第 1 期。

[145] 陆文荣、段瑶、卢汉龙:《家庭农场:基于村庄内部的适度规模经营实践》,《中国农业大学学报》(社会科学版)2014 年第 3 期。

[146] 卢秉福、张祖立:《我国农业机械化发展的制约因素及对策》,

《农机化研究》2006 年第 12 期。

[147] 吕明宜等：《一条独具特色的中国道路》，《农民日报》2014 年 10 月 31 日。

[148] 楼江、祝华军、韩鲁佳：《农业劳动力转移与农业机械化的相关性分析》，《农业系统科学与综合研究》2006 年第 1 期。

[149] ［美］罗伯特·贝茨：《热带非洲的市场与国家：农业政策的政治基础》，曹海军、唐吉洪译，吉林出版集团有限责任公司 2011 年版。

[150] 马晓冬、孙晓欣：《2000 年以来江苏省农业转型发展的时空演变及问题识别——基于全要素生产率的视角》，《经济地理》2016 年第 7 期。

[151] 农业部经管司、经管总站研究组：《构建新型农业经营体系，稳步推进适度规模经营——"中国农村经营体制机制改革创新问题"之一》，《毛泽东邓小平理论研究》2013 年第 6 期。

[152] 农业部农村经济体制与经营管理司、中国社会科学院农村发展研究所：《中国家庭农场发展报告（2015 年）》，中国社会科学出版社 2016 年版。

[153] 农业部农村经济研究中心（编）：《中国农业产业发展报告》，中国农业出版社 2008 年版。

[154] 欧阳峣：《中国农业转型：困境和出路》，《大国经济研究》2012 年第 4 辑。

[155] 潘慧琳等：《家庭农场：现代农业发展新道路——对中央一号文件首次提出发展家庭农场的解读》，《决策探索》2013 年第 2 期。

[156] 潘锦云、汪时珍：《现代服务业改造传统农业的理论与实证研究》，《经济学家》2011 年第 12 期。

[157] 潘经韬、陈池波：《社会化服务能提升农机作业效率吗？——基于 2004—2015 年省级面板数据的实证分析》，《中国农业大学学报》2018 年第 12 期。

[158] 彭代彦：《农业机械化与粮食增产》，《经济学家》2005 年第 3 期。

[159] 彭玮：《破解"三农"难题促进农业转型发展——第十三届全国社科农经协作网络大会综述》，《社会科学动态》2017年第7期。

[160] ［美］珀金斯：《中国农业的发展1368—1968年》，宋海文等译，上海译文出版社1984年版。

[161] 秦宏：《沿海地区农户分化之演变及其与非农化、城镇化协调发展研究》，博士学位论文，西北农林科技大学，2006年。

[162] 仝志辉、温铁军：《资本和部门下乡与小农户经济的组织化道路——兼对专业合作社道路提出质疑》，《开放时代》2009年第4期。

[163] 仝志辉、侯宏伟：《农业社会化服务体系：对象选择与构建策略》，《改革》2015年第1期。

[164] 仇淑萍、江波、廖晓莲、符建湘：《家庭承包土地经营与农机服务组织模式研究》，《现代农业装备》2007年第1期。

[165] 仇保兴：《第三次城市化浪潮中的中国范例——中国快速城市化的特点、问题与对策》，《城市规划》2007年第6期。

[166] 任朝军、朱瑞祥、石高超、张会娟：《农机购置补贴与农机服务产业化的关系》，《农机化研究》2007年第2期。

[167] ［美］R. H. 科斯：《社会成本问题》，载R. H. 科斯、A. A. 阿尔钦、D. C. 诺斯《财产权利与制度变迁——产权学派与新制度学派论文集》，刘守英译，上海三联出版社1994年版。

[168] 孙新华：《农业规模经营主体的兴起与突破性农业转型——以皖南河镇为例》，《开放时代》2015年第5期。

[169] 孙新华：《农业规模经营的去社区化及其动力——以皖南河镇为例》，《农业经济问题》2016年第9期。

[170] 孙晓燕、苏昕：《土地托管、总收益与种粮意愿——兼业农户粮食增效与务工增收视角》，《农业经济问题》2012年第8期。

[171] 孙爱军、黄海、李有宝、王清博：《农机服务组织发展问题研究》，《中国农机化学报》2015年第3期。

[172] 孙葆春、牟少岩：《家庭农场适度规模发展公平视阈的内涵及特点》，《改革与战略》2015年第3期。

[173] 舒坤良：《农机服务组织形成与发展问题研究》，博士学位论文，吉林大学，2009年。

[174] 宋洪远、黄华波、刘光明：《关于农村劳动力流动的政策问题分析》，《管理世界》2002年第5期。

[175] 宋海英、姜长云：《农户对农机社会化服务的选择研究——基于8省份小麦种植户的问卷调查》，《农业技术经济》2015年第9期。

[176] 宋修一：《农户采用农机作业服务的影响因素分析》，硕士学位论文，南京农业大学，2009年。

[177] 苏振锋、谢青：《工业化是城镇化、信息化和农业现代化的动力》，《中国社会科学报》2013年3月13日。

[178] 苏昕、王可山、张淑敏：《我国家庭农场发展及其规模探讨——基于资源禀赋视角》，《农业经济问题》2014年第5期。

[179] ［日］速水佑次郎、神门善久：《农业经济论》（新版），沈金虎、周应恒、曾寅初、张玉林、张越杰、于晓华译，中国农业大学出版社2003年版。

[180] 汤进华、林建永、刘成武、吴永兴：《中国农业机械化发展影响因素的通径分析》，《辽宁工程技术大学学报》（自然科学版）2011年第2期。

[181] 陶武先：《现代农业的基本特征与着力点》，《中国农村经济》2004年第3期。

[182] 涂圣伟：《工商资本下乡的适宜领域及其困境摆脱》，《改革》2014年第9期。

[183] 王家庭、张换兆：《中国农村土地流转制度的变迁及制度创新》，《农村经济》2011年第3期。

[184] 王钊、刘晗、曹峥林：《农业社会化服务需求分析》，《农业技术经济》2015年第9期。

[185] 王崇理：《传统农业与现代农业：农业的增长与发展问题》，《云南学术探索》1995年第1期。

[186] 王志刚、申红芳、廖西元：《农业规模经营：从生产环节外包开始——以水稻为例》，《中国农村经济》2011年第9期。

[187] 汪苏:《土地托管杠杆》,《财新周刊》2016年第32期。

[188] 温铁军:《"三农"问题与制度变迁》,中国经济出版社2009年版。

[189] 温铁军:《中国农业如何从困境中突围?》,《中国经济时报》2016年2月19日第9版。

[190] 温锐、范博:《近百年来小农户经济理论与实践探索的共识与前沿——"小农·农户与中国现代化"学术研讨会简论》,《中国农村经济》2013年第10期。

[191] 魏金义、祁春节:《中国农业要素禀赋结构的时空异质性分析》,《中国人口·资源与环境》2015年第7期。

[192] 乌东峰、李思维:《我国农户分化与异质融资需求》,《东南学术》2013年第6期。

[193] 吴雪莲、张俊飚、何可、张露:《农户水稻秸秆还田技术采纳意愿及其驱动路径分析》,《资源科学》2016年第11期。

[194] 吴迪:《吉林省农户对农机需求的影响因素分析》,《当代生态农业》2012年第3期。

[195] "我国新型农业经营体系研究"课题组、程国强、罗必良、郭晓鸣:《农业共营制:我国农业经营体系的新突破》,《红旗文稿》2015年第9期。

[196] 严海蓉、陈义媛:《中国农业资本化的特征和方向:自下而上和自上而下的资本化动力》,《开放时代》2015年第5期。

[197] 徐春光:《又到跨区机收时——诸诚"麦客"备战跨区作业面面观》,《当代农机》2014年第5期。

[198] 徐小青、金三林:《探索农业社会化经营的新路——安徽省凤台县农村土地托管调查》,《社会科学报》2013年6月6日。

[199] 徐勇:《"再识农户"与社会化小农的构建》,《华中师范大学学报》(人文社会科学版)2006年第3期。

[200] 许锦英:《农机服务产业化是稳定家庭承包责任制、发展农业生产力的重要途径》,《中国农村经济》1998年第9期。

[201] 许锦英、卢进:《农机服务产业化与我国农业生产方式的变革》,《农业技术经济》2000年第2期。

[202] 许锦英：《农机服务产业化：我国农业转型的帕累托最优制度安排》，山东人民出版社2003年版。

[203] 夏玉莲、曾福生：《中国农地流转制度对农业可持续发展的影响效应》，《技术经济》2015年第10期。

[204] 辛德树、房德东、周惠君：《家庭经营条件下农机作业组织模式的选择》，《中国农机化》2005年第6期。

[205] 徐勇、邓大才：《社会化小农：解释当今农户的一种视角》，《学术月刊》2006年第7期。

[206] 熊主武：《改变"老人农业"格局的思考》，《中国国情国力》2011年第11期。

[207] 肖卫东：《中国农业生产地区专业化的特征及变化趋势》，《经济地理》2013年第9期。

[208] ［美］西奥多·W. 舒尔茨：《改造传统农业》，梁小民译，商务印书馆1987年版。

[209] ［美］西奥多·W. 舒尔茨：《经济增长与农业》，郭熙保译，北京经济学院出版社1991年版。

[210] ［英］亚当·斯密：《国民财富的性质和原因的研究》，郭大力、王亚南译，商务印书馆1972年版。

[211] 杨华：《农村土地流转与社会阶层的重构》，《重庆社会科学》2011年第5期。

[212] 杨进：《中国农业机械化服务与粮食生产》，博士学位论文，浙江大学，2015年。

[213] 杨敏丽：《中国农业机械化与农业国际竞争力》，中国农业科学技术出版社2003年版。

[214] 杨敏丽、白人朴：《农业机械化与农业国际竞争力的关系研究》，《中国农机化》2004年第6期。

[215] 杨玉林、白人朴：《我国小麦跨区机收作业现状、问题及发展趋势》，《中国农业大学学报》2000年第6期。

[216] 苑鹏：《中国农民专业合作经营组织发展的基本条件》，《农村经营管理》2006年第8期。

[217] 苑鹏：《农民专业合作组织与农业社会化服务体系建设》，《农村

经济》2011 年第 1 期。
[218] 苑鹏：《欧美农业合作社的实践创新及其对我国的启示》，《学习与实践》2015 年第 7 期。
[219] 阮文彪：《小农户和现代农业发展有机衔接——经验证据、突出矛盾与路径选择》，《中国农村观察》2019 年第 1 期。
[220] 余志刚、樊志方：《粮食生产、生态保护与宏观调控政策》，《中国农业资源与区划》2017 年第 5 期。
[221] 杨林生、论卫星：《论我国农业经营主体的经济属性及其企业化升级》，《现代经济探讨》2014 年第 6 期。
[222] 尹海涛：《土地托管："托"出种地新模式》，《河南日报》2013 年 8 月 2 日。
[223] [德] 约翰·冯·杜能：《孤立国同农业和国民经济的关系》，吴衡康译，商务印书馆 1986 年版。
[224] [美] 詹姆斯·C.斯科特：《国家的视角——那些试图改善人类状况的项目是如何失败的》，王晓毅译，社会科学文献出版社 2004 年版。
[225] 周其仁：《产权与制度变迁：中国改革的经验研究》，北京大学出版社 2004 年版。
[226] 张晓山：《大力培育新型农业经营主体》，《农民日报》2014 年 10 月 30 日。
[227] 张晓山：《农民专业合作社的发展趋势探析》，《管理世界》2009 年第 5 期。
[228] 张晓山：《合作社的基本原则与中国农村的实践》，《农村合作经济经营管理》1999 年第 6 期。
[229] 张益丰、刘东：《谁能成为现代化农业建设的中坚力量——论适度规模化农业生产与保障机制的实施》，《中央财经大学学报》2012 年第 11 期。
[230] 张谦：《中国农业转型中地方模式的比较研究》，《中国乡村研究》2013 年。
[231] 张红宇：《"老人农业"凸显农业发展隐忧》，《湖南日报》2011 年 7 月 19 日。

[232] 张红宇、李伟毅:《新型农业经营主体:现状与发展》,《中国农民合作社》2014年第10期。

[233] 张国霖:《关于农机化作业服务组织发展问题的思考》,《福建农机》2005年第4期。

[234] 张林秀:《农户经济学基本原理概述》,《农业技术经济》1996年第3期。

[235] 张桃林:《加快打造中国农业机械化升级版——在2016年全国农业机械化工作会议上的讲话(摘要)》,《农机科技推广》2016年第2期。

[236] 张绪科:《规模家庭农场的发展优势》,《现代农业科技》2013年第9期。

[237] 张军:《加强供给侧改革有一个重要前提》,《文汇报》2015年11月2日。

[238] 赵佳、姜长云:《兼业小农抑或家庭农场——中国农业家庭经营组织变迁的路径选择》,《农业经济问题》2015年第3期。

[239] 赵阳:《城镇化背景下的农地产权制度及相关问题》,《经济社会体制比较》2011年第2期。

[240] 赵晓峰、赵祥云:《新型农业经营主体社会化服务能力建设与小农经济的发展前景》,《农业经济问题》2018年第4期。

[241] 钟甫宁:《农业经济学》,中国农业出版社2011年版。

[242] 钟甫宁、陆五一、徐志刚:《农村劳动力外出不利于粮食生产吗?》,《中国农村经济》2016年第7期。

[243] 钟真:《社会化服务:新时代中国特色农业现代化的关键——基于理论与政策的梳理》,《政治经济学评论》2019年第2期。

[244] 中国国际经济交流中心课题组:《中国实施绿色发展的公共政策研究》,中国经济出版社2013年版。

[245] 邹晓娟、贺媚:《农村留守老人农业生产现状分析——基于江西调查数据》,《华中农业大学学报》(社会科学版)2011年第6期。

[246] 祝华军:《农业机械化与农业劳动力转移的协调性研究》,《农业现代化研究》2005年第3期。

[247] 朱守银:《对发展农业适度规模经营的认识与建议》,《中国农民合作社》2014 年第 10 期。

[248] 朱启臻、鲁可荣:《农业的公共产品性与农业服务体系建设》,《中国农业科技导报》2007 年第 1 期。

[249] "中国传统农业向现代农业转变的研究" 课题组:《从传统到现代:中国农业转型的研究》,《农业经济问题》1997 年第 5 期。

[250] Ahammed Chowdhury S. and Robert W. Herdt, "Farm Mechanization in a Semiclosed Input – Output Model: The Philippines", *American Journal of Agricultural Economics*, Vol. 65, No. 3, 1983.

[251] Alejandro Nin – Pratt, Bingxin Yu, Shenggen Fan, "Comparisons of Agricultural productivity Growth in China and India", *Journal of Productivity Analysis*, Vol. 33, No. 3, 2010.

[252] Audsley E., "An Arable Farm Model to Evaluate the Commercial Viability of New Machines or Techniques", *Journal of Agricultural Engineering Research*, Vol. 26, No. 2, 1981.

[253] Barrett C., "Rosenzweig M. R. On Price Risk and the Inverse Farm Size – productivity Relationship", *Journal of Development Economics*, Vol. 51, No. 2, 1996.

[254] Barnum H. N., Squire L., "An Econometric Application of the Theory of the Farm – household", *Journal of Development Economics*, Vol. 6, No. 1, 1979.

[255] Belk R. W., "Why not Share Rather than Own", *Annals of the American Academy of Political and Social Science*, Vol. 611, No. 1, 2007.

[256] Binswanger H. P., *The Economics of Tractors in South Asia*, New York: Agricultural Development Council, 1978, pp. 3 – 6.

[257] Botsman Rachel, Roo Rogers, *What's Mine is Yours: How Collaborative Consumption is Changing the Way We Live*, New York: Harper Collins, 2011.

[258] Cai F., "Demographic Transition, Demographic Dividend, and Lewis Turning Point in China", *China Economic Journal*, Vol. 3,

No. 2, 2010.

[259] Camerer C. F., Loewenstein G., Rabin M., *Advance in Behavioral Economics*, Princeton University Press, 2004.

[260] Camarena E. A., Gracia C., Sixto J. M. C., "A Mixed Integer Linear Programming Machinery Selection Model for Multifarm Systems", *Biosystems Engineering*, Vol. 87, No. 2, 2004.

[261] Carter M. R., Yao Y., "Local versus Global Separability in Agricultural Household Models: the Factor Price Equalization Effect of Land Transfer Rights", *American Journal of Agricultural Economics*, Vol. 84, No. 3, 2002.

[262] Chancellor W. J., "Tractor Contractor System in Southeast Asia and the Suitability of Imported Agricultural Machinery", *Kishida Y. Agricultural Mech in South East Asia*, 1971.

[263] Chenery HB, "The Structural Approach to Development Policy", *American Economic Review*, Vol. 65, No. 2, 1975.

[264] Clark C. G., *Condition of Economic Progress*, London: Macmillan, 1940.

[265] Coase R. H., "The Nature of the Firm", *Economica*, Vol. 4, No. 16, 1937.

[266] Coffey W. J., Mario Polese, "Producer Service and Regional Development: A Policy – Oriented Perspective", *Papers in Regional Science*, Vol. 67, No. 1, 1989.

[267] Collier P., "Malfunctioning of African Rural Factor Markets: Theory and a Kenyan Example", *Oxford Bulletin of Economics and Statistics*, Vol. 45, No. 2, 1983.

[268] Collier P., Dercon S., "African Agriculture in 50 Years: Smallholders in a Rapidly Changing World?", *World Development*, Vol. 63, 2014.

[269] Dahlman C. J., "The Problem of Externality", *The Journal of Law and Economics*, Vol. 22, No. 1, 1979.

[270] Davis J., Caskie P. and Wallace M., "Economics of Farmer Early

Retirement Policy", *Applied Economics*, Vol. 41, No. 1, 2009.

[271] Debertin D. L., Aoun P. A., "Determinants of Farm Mechanization in Kentucky: An Econometric Analysis", *North Central Journal of Agricultural Economics*, Vol. 4, No. 2, 1982.

[272] Felson M., J. Spaeth, "Communitive Structure and Collaborative Consumption", *American Behavioral Scientist*, Vol. 21, No. 4, 1978.

[273] Geoffrey A. J., Philip J. R., *Advanced Microeconomic Theory (Third Edition)*, Financial Times/ Prentice Hall, 2011, p. 148.

[274] Gillian Patricia Hart, Andrew Turton, Benjamin White, *Agrarian Transformations: Local Processes and the State in Southeast Asia*, Berkeley: University of California Press, 1989.

[275] Greenfield H. I., *Manpower Andt He Growth of Producer Services*, New York: Columbia University Press, 1966.

[276] Jacoby H. G., "Shadow Wages and Peasant Family Labor Supply: An Econometric Application to the Peruvian Sierra", *Review of Economic Studies*, Vol. 60, No. 4, 1993.

[277] Justin Yifu Lin, "Institution Reform and Dynamics of Agricultural Growth in China", *Food policy*, Vol. 22, No. 3, 1997.

[278] Kevane M., "Agrarian Structure and Agricultural Practice: Typology and Application to Western Sudan", *American Journal of Agricultural Economics*, Vol. 78, No. 1, 1996.

[279] Key N., Janvry A. D., "Transactions Coast and Agricultural Household Supply Response", *American Journal of Agricultural Economics*, Vol. 82, No. 2, 2000.

[280] Li Min, Terry Sicular, "Aging of The Labor Force and Technical Efficiency in Crop Production—Evidence from Liaoning Province", *China Agricultural Economic Review*, Vol. 5, No. 3, 2013.

[281] Mellor John W., *The New Economics of Growth: A Strategy for India and the Developing world*, Ithaca, N. Y.: Cornell University Press, 1976.

[282] Minami R., Ma X. X., "The Lewis Turning Point of Chinese Econ-

omy: Comparison with Japanese Experience", *China Economic Journal*, Vol. 3, No. 2, 2010.

[283] Nakajima C., "Subsistence and Commercial Family farms: Some Theoretical Models of Subjective Equilibrium", in Subsistence Agriculture and Economic Development, Wharton CR (ed.), Chicago: Aldine Publishing, 1969, pp. 65 - 90.

[284] North D. C., "Institutional Change and Economic Growth", *Journal of Economic History*, Vol. 31, No. 1, 1971.

[285] Olmstead A. L., "The Mechanization of Reaping and Mowing in American Agriculture, 1883 - 1870", *Journal of Economic History*, Vol. 35, No. 2, 1975.

[286] Otsuka K., "Food Insecurity, Income Inequality, and the Changing Comparative Advantage in World Agriculture", *Agricultural Economics*, Vol. 44, No. s1, 2013.

[287] Pingali P., "Agricultural Mechanization: Adoption Patterns and Economic Impact", in Evenson R & Pingali P (ed.), Handbook of Agricultural Economics, Amsterdam: Elsevier B. V., 2007, pp. 2780 - 2800.

[288] Popkin S. L., *The Rational Peasant: The Political Economy of Rural Society in Vietnam*, Berkeley: University of California Press, 1979, p. 41.

[289] Prahalad C. K., Hamel G., "The Core Competence of the Corporation", In: Hahn D, Taylor B. (eds) Strategische Unternehmungsplanung – Strategische Unternehmungsführung. Springer, Berlin, Heidelberg, 2006.

[290] Prabhu Pingalia, "Agricultural Mechanization: Adoption Patterns and Economic Impact", In Agricultural Development: Farmers, Farm Production and Farm Markets, Handbook of Agricultural Economics, Vol. 3, 2007, pp. 2779 - 2805.

[291] Ranis G. and Fei J. C. H., "A Theory of Economic Development", *American Economic Review*, Vol. 51, No. 4, 1961.

[292] Reid D. W., Bradford G. L., "A Farm Firm Model of Machinery Investments Decisions", *American Journal of Agricultural Economics*, Vol. 69, No. 1, 1987.

[293] Renkow M., Hallstrom D. G., Karanja D. D., "Rural Infrastructure, Transtractions Costs and Market Participation in Kenya", *Journal of Development Economics*, Vol. 73, No. 1, 2004.

[294] Ruttan Vernon W., *Sustainable Agriculture and the Environment*, San Francisco: Westview Press, 1992, p. 180.

[295] Rozelle S., Taylor J. E., Debrauw A., "Migration, Remittances, and Agricultural Productivity in China", *American Economic Review*, Vol. 89, No. 2, 1999.

[296] Robinson John B., *Life in 2030: Exploring a Sustainable Future for Canada*, Vancouver: UBC Press, 1996, p. 98.

[297] Singh I., Squire L., Strauss J., "Agricultural Household Model: Extensions, Applications and Policy", *American Journal of Agricultural Economics*, Vol. 69, No. 2, 1986.

[298] Simon H. A., *The Administrative Behavior*, New York: The Free Press, 1950.

[299] Taylor J. E., Adelman I., "Agricultural Household Models: Genesis, Evolution, and Extensions", *Review of Economics of the Household*, Vol. 1, No. 1, 2003.

[300] Takigawa T., Bahalayodhin B., Koike M., et al., "Development of the Contract Hire System for Rice Production in Thailand", *Journal of the Japanese Society of Agricultural Machinery*, Vol. 64, 2002.

[301] Timmer C. P., *A World without Agriculture: The Structural Transformation in Historical Perspective*, The AEI Press, 2009.

[302] Wander A. E., Birner R., Wittmer H., "Can Transaction Cost Economics Explain the Different Contractual Arrangements for the Provision of Agricultural Machinery Services? A Case Study of Brazilian State of RIO Grande do sul", *Teoria e Evidencia Economica*, Passo

Fundo, Vol. 11, No. 20, 2003.

[303] Whitson R. E., Kay R. D., Lepori W. A., Rister E. M., "Machinery and crop selection with weather risk", *Transactions of the ASAE*, Vol. 24, No. 2, 1981.

[304] Williamson O. E., "Transaction – cost Economics: The Governance of Contractual Relations", *Journal of Law and Economics*, Vol. 22, No. 2, 1979.

[305] Williamson O. E., "Transaction Cost Economics and business Administration", *Scandinavian Journal of Management*, Vol. 21, No. 1, 2005.

[306] Williamson O. E., "Transaction Cost Economics: The Natural Progression", *American Economic Review*, Vol. 100, No. 3, 2010.

[307] Zhang X., Yang J., Wang S., "China has Reached the Lewis Turning Point", *China Economic Review*, Vol. 22, No. 4, 2011.

[308] Zhang X. B., J. Yang and R. Thomas, "Mechanization outsourcing cluster and division of labor in Chinese agriculture", *China Economic Review*, Vol. 43, 2017.

[309] Zhao Yaohui, "Leaving the countryside: Rural – to – urban migration decisions in China", *American Economic Review*, Vol. 89, No. 2, 1999.

后 记

本书是四川省社会科学研究"十三五"规划 2018 年度课题"中国农业转型与农机服务的发展（专著）"的最终研究成果。该项目研究是在我的博士论文《农业经营主体分化视角下农机作业服务的发展研究》基础上延伸展开的。同时，感谢四川大学公共管理学院的资助。

农业转型是一个世界性的共同课题。中国农业也一直在努力追求现代化转型。由于农业现代化进程对实现国家经济社会转型、食物安全、生态环境等其他发展目标都至关重要，因此，农业转型不仅是农业自身发展的需要，更是宏观经济增长与社会结构转型的外在客观要求。应当承认，改革开放以来，中国农业发展取得了令人瞩目的重大进展，不仅从根本上解决了长期困扰的农产品短缺矛盾，实现了农民收入的较大幅度增长，而且有效支撑了中国国民经济的持续增长。但是，由于整体进入从传统农业向现代农业过渡的重要转型期，中国农业正面临一系列新的严峻挑战。在中国农业快速发展进程中，如何成功推动农业转型的问题备受热议，成为亟待回答的重大理论和实践问题。

国际经验表明，现代农业是建立在社会分工协作基础上的社会化农业，离不开农业生产性服务的大力支撑。受资源禀赋及制度安排等现实约束的中国农业，由于经营规模等农业内部条件短期内无法取得明显突破，因此，客观上又进一步强化了生产性服务等外部条件对中国农业转型的支撑作用。农机服务是农业产中生产性服务的重要内容，同农业生产环节的经营主体联系最直接、对农业生产的影响也最直观。农业机械化也是农业现代化的重要特征。加快发展农机服务产业，建立和完善农机服务体系，不仅关系到破解"谁来种田""如何种田"等现实难题，更是建设现代农业产业体系、实现中国农业现代化的关键所在。

基于此，本书将农机服务发展作为观察中国农业转型的窗口，探讨农机服务发展的需求市场容量和供给结构究竟如何？农机服务发展对农业转型究竟产生了怎样的积极效应？传统农区农机服务的引进真的实现了传统农业的改造吗？应当如何进一步优化农机服务水平以激发其对农业转型的积极作用？这些问题的回答，对于把握中国农机服务的发展趋势，调整并优化农机服务发展，从而实现对农业转型升级的支撑作用具有重大意义。

在本书即将付梓之际，心中也是感慨万千。回想起来，博士毕业正好三年，从学生到老师的角色转变让我更加体会到了科研教学之路的压力与责任。曾无数次被问及"为何选择科研之路"时，我总是自信大方地说"我喜欢这个专业，科研让我感觉找到了人生方向，看见了自己的未来"。然而，当真正走上科研教学岗位时，我才理解到：要将情怀和兴趣变成一种能力，远比想象中艰难。

幸运的是，求索路上，充满了鼓励、指导与帮助！

本书的出版，要特别感谢我的博士研究生导师，国家发改委产业经济与技术经济研究所姜长云研究员。姜老师认真、严谨、实事求是的学术态度深深地影响着我。每次收到姜老师的邮件，看着姜老师认真、严谨的批注，心中都是既感动又羞愧。也特别感谢姜老师对调研工作的大力支持，对我的信任，及无私地将调研所获全部数据供我研究使用。在此，也感谢调研的所有组织者和参与者。此外，姜老师在做人做事方面的教诲也都让我受益终身。

感谢田维明教授。当我在春节期间收到田老师的修改意见时，看着田老师细致、严谨的批注，内心紧张、羞愧、感动极了。田老师朴实的学风、严谨的治学态度，还有大家风范，都令我十分敬仰。

感谢杜志雄研究员的帮助与鼓励。杜老师无私地提供了他们对家庭农场的前期研究成果，这对我完善论文中的核心章节非常有启发和借鉴价值。同时，也谢谢杜老师的鼓励与支持。

感谢博士论文开题的专家组老师：何秀荣教授、田维明教授、肖海峰教授。感谢博士论文预答辩的专家组老师：武拉平教授、司伟教授、苏保忠副教授、中国社会科学院农村发展研究所的任常青研究员、西北农林科技大学经济管理学院的赵敏娟教授、中国人民大学农业与农村发展学院的周立教授。感谢博士论文答辩的专家组老师：中国农业科学院农业经济与发展研究所的王济民研究员、中国农业科学院农业信息研究所的聂凤英研究员、武拉平教授、肖海峰教授、陈永福教授、韩青教授、李军教授。同时，也要感谢匿名评审专家。专家们所提建议很有针对性，也很中肯，他们的宝贵意见对修改完善我的博士论文都非常有帮助。

感谢何秀荣教授。何老师以广博的视野、深邃的思维引导和启发着我，对我学术思维的发展和个人成长都产生了重要影响。至今仍清晰记得何老师在第一次上课时讲到：农经研究要保持"历史的视角，宏观的视野"。也谢谢何老师在学习、出国、工作等方面的解疑释惑，都让我受益终身，也让我坚定了前行的方向。

感谢李秉龙教授。李老师的关心与教诲，让我备感温暖。李老师知道我在学校里师兄/弟、师姐/妹较少，所以，经常邀我参加他们师门的讨论、聚会，这些都让我感受到了团队的快乐与温暖。

同窗之间的相互鼓励、交流、帮助也为我的博士学习增添了温暖和感动。感谢博士三班的每一位同学！

特别感谢我的硕士研究生导师郭晓鸣研究员。每当我迷茫、难过、怀疑自己时，您都会鼓励；每当我困惑、不知所措时，您总会伸出援手；每当我有些浮躁、兴奋时，您又会及时提醒。此份恩情永生难忘！

最后，感谢我的父母，感谢你们用满满的爱和无私的行动支持我。从大学到硕士研究生，再到博士研究生，再到四川大学公共管理学院，这一路走来，你们辛苦了！有你们，我真的很幸福。

也感谢自己的坚持！科研之路，艰苦并快乐着。前路漫漫，希望自己继续努力！

董 欢
2019 年 7 月